MITOS

QUE LOS CRISTIANOS CREEMOS Y COMPARTIMOS

GARY S. SHOGREN

Editorial CLIE

EDITORIAL CLIE
C/ Ferrocarril, 8
08232 VILADECAVALLS
(Barcelona) ESPAÑA
E-mail: clie@clie.es
http://www.clie.es

CLIE

Mitos que los cristianos creemos y compartimos

ISBN: 978-84-19779-13-7
Depósito legal: B 11098-2024
Pseudo blasfemia, herejía y apostasía
REL115000

Impreso en Estados Unidos de América / *Printed in the United States of America*

Acerca del autor

Gary S. Shogren es doctor en Exégesis del Nuevo Testamento por el Kings College, de la Aberdeen University; Master en Divinidades y en Nuevo Testamento por el Biblical Theological Seminary; B. S. en Biblia y Estudios Pastorales, Philadelphia College of Bible. Ordenado como pastor bautista, ejerció el pastorado en Penacook Bible Church. Posteriormente fue profesor de Nuevo Testamento en el Conservative Baptist Seminary of the East y el Biblical Theological Seminary en los Estados Unidos. Desde 1998 es profesor de Nuevo Testamento en el Seminario ESEPA, en San José, Costa Rica. Sirve como editor de la Biblia para Asociados Wycliffe. Es autor de numerosos libros en inglés y español entre los que destacan sus comentarios a Romanos, 1 Corintios, y 1 y 2 Tesalonicenses, y también libros prácticos como ¡*Témpano a la vista!: Cuando los obreros de Dios chocan* con la fría y dura realidad.

Gracias a Federico Arias Naranjo y a Rodrigo Aymerich Blen, por su labor en la redacción de este libro.

Algo de esta materia se encuentra en mi sitio web, www.razondelaesperanza.com

SIGLAS BÍBLICAS

Antiguo Testamento:

Génesis	Gn	Jeremías	Jr	Romanos	Rm
Éxodo	Éx	Lamentaciones	Lm	1 Corintios	1 Cor
Levítico	Lv	Ezequiel	Ez	2 Corintios	2 Cor
Números	Nm	Daniel	Dn	Gálatas	Gá
Deuteronomio	Dt	Oseas	Os	Efesios	Ef
Josué	Jos	Joel	Jl	Filipenses	Flp
Jueces	Jc	Amós	Am	Colosenses	Col
Rut	Rt	Abdías	Abd	1 Tesalonicenses	1 Ts
1 Samuel	1 S	Jonás	Jon	2 Tesalonicenses	2 Ts
2 Samuel	2 S	Miqueas	Mi	1 Timoteo	1 Tm
1 Reyes	1 R	Nahúm	Na	2 Timoteo	2 Tm
2 Reyes	2 R	Habacuc	Hab	Tito	Tt
1 Crónicas	1 Cr	Sofonías	So	Filemón	Flm
2 Crónicas	2 Cr	Hageo	Hag	Hebreos	Hb
Esdras	Esd	Zacarías	Za	Santiago	St
Nehemías	Neh	Malaquías	Ml	1 Pedro	1 P
Ester	Est			2 Pedro	2 P
Job	Job	**Nuevo Testamento:**		1 Juan	1 Jn
Salmos	Sal	Mateo	Mt	2 Juan	2 Jn
Proverbios	Prov	Marcos	Mc	3 Juan	3 Jn
Eclesiastés	Ecl	Lucas	Lc	Judas	Jd
Cantares	Ct	Juan	Jn	Apocalipsis	Ap
Isaías	Is	Hechos	Hch		

ÍNDICE

MITOS SOBRE LA BIBLIA

MITOS SOBRE EL HEBREO, EL GRIEGO Y LA TRADUCCIÓN BÍBLICA

PRÓLOGO

Vivimos tiempos convulsos, no cabe duda: el siglo XXI comenzó con un hecho que sacudió los cimientos de nuestra civilización, el atentado de las Torres Gemelas de Nueva York (11S/2001) y muchos otros eventos que se han seguido. Parece como si el presente siglo se hubiera separado del anterior y vagara a la deriva desgajado de la historia hacia un destino incierto. La pandemia COVID19 como un torpedo que ha impactado bajo la línea de flotación de nuestro mundo ha exacerbado las tendencias y agrietado aún más los fundamentos sobre los que este se asienta.

Al mismo tiempo, algo existente desde que el mundo es mundo, ha cobrado relevancia social, política y religiosa: el desarrollo de las últimas generaciones de teléfonos móviles o celulares, esos llamados *Smartphones*, permite que en cuestión de segundos un bulo, mito, o como queramos llamarlo –todo menos "noticia"– se extienda exponencialmente por todo el planeta, siempre en beneficio de alguien y en perjuicio de otros. Es un fenómeno imparable. No hablamos solo de "mentiras", palabra que implica que la persona intenta engañar. Hay toda una gama de falsedades con las que nos topamos cada día: bulos; medias verdades; rumores; noticias falsas. Una persona puede publicar unas pocas palabras en las redes sociales, y esa misma tarde millones de personas pueden haberlas visto y aceptado como ciertas.

En este libro Gary S. Shogren se propone desenmascarar algunos mitos, bulos o lo que en su idioma se llaman *fake-news*, que circulan particularmente en nuestros círculos 'cristianos' de manera muy especial, y ciertamente lo consigue.

Se ocupará de unos cuantos casos representativos, pero él mismo reconoce –y nosotros lo sabemos– que hay muchos más. Incluso nos previene para los que surgirán *"dentro de 5 años. O en 10 años. O 50"*.

El escritor, respaldado por una formación académica consistente y demostrada, por una experiencia y fe cristiana innegable, y una perspicacia bien desarrollada, nos guía a través de sus indagaciones bien fundamentadas a descubrir la falsedad de determinados mitos, bulos o leyendas urbanas que circulan ¡y se propagan!, entre creyentes, algunas desde hace siglos; otras son más modernas, y algunas muy recientes.

El libro se divide en tres apartados que agrupan los mitos o bulos por esas mismas categorías:

1. Mitos sobre la Biblia.
2. Mitos sobre el hebreo, el griego y la traducción bíblica.
3. Mitos sobre el mundo moderno y el fin de los tiempos.

El primer apartado trata de temas muy populares como el supuesto descubrimiento de los huesos de los gigantes de Génesis, los "mensajes divinos", escritos en arameo, en el ADN humano; la ubicación del paso del mar Rojo; el cuento de que la NASA probó el día alargado de Josué; la identificación de Gog y Magog como Rusia, etc. El libro desmonta eficazmente cada una de las creencias erróneas o infundadas que tantos creyentes creen como "bíblicos".

El propósito de Gary no es atacar esos mitos de manera visceral para dejarlos en ridículo, demostrando así su "saber". Se trata, sobre todo, de desmontarlos para evitar sus perjuicios, pues además de desacreditar la fe cristiana dejando en ridículo al cristianismo y a los cristianos, en ocasiones sus consecuencias son fatales y trágicas: se piensa en el caso de *Los Protocolos de los Sabios de Sion*, que sirvieron de justificación para el exterminio nazi de judíos.

No le importa si los bulos van contra la Iglesia Católica o contra el Islam, le importa la verdad, como nos debe importar a todos nosotros si nos identificamos con "la verdad" que es Cristo.

Así escribe al final de su libro:

Como cristianos, todos debemos comprometernos a defender la verdad, todo el tiempo, y punto. Y sí, incluso si al desacreditar una mentira se ayuda potencialmente a un grupo al que no pertenecemos o que incluso no nos gusta. Si queremos ser "contadores de la verdad", tenemos que hablar de nuestros adversarios con tanta precisión, entusiasmo y amor como lo hacemos con nuestros más queridos amigos y aliados.

En el segundo apartado trata de los idiomas bíblicos –el Dr. Shogren tiene su doctorado en la exégesis griega– un asunto sobre el que hay mucha confusión entre los creyentes. Demuestra que no hay ninguna conspiración contra las Sagradas Escrituras, que ni Rupert Murdoch ni los Masones ni los Illuminati ni Roma han producido las nuevas versiones bíblicas para destruir la Palabra de Dios. También escribe sobre el nombre del Señor Jesús y por qué se usa el griego *Iesous* a través del Nuevo Testamento. Un aspecto interesante que trata con precisión es esa tendencia de algunos a recurrir a nombrarlo todoen hebreo para recuperar –eso dicen– la esencia de las cosas de Dios, ya que supuestamente el hebreo es la lengua que habló Adán y la que se hablará en el cielo.

Muchos creyentes –y desgraciadamente líderes– cristianos se dejan llevar por los que el autor llama *sesgo cognitivo* o *sesgo confirmatorio*, según los cuales siempre tenderemos a aceptar como verdad aquello que va de acuerdo con lo que nosotros creemos o simpatizamos. Lo triste es que muchos creyentes no quieren discernir qué es verdad. Si escuchan que, por ejemplo, la ONU ha anunciado que llevar a tu hijo a la iglesia es abuso, nos agarraremos a esa "noticia", aunque sea fácilmente refutable. Conocer la verdad –mediante el estudio y la comprobación– no nos liberará completamente de tales sesgos; sin embargo, estaremos en mejor condición de poder discernir la veracidad de algunos de estos bulos. Personalmente, el estudio de las Escrituras ha desvanecido de mi mente muchos de estos mitos, y muchos otros.

En cuanto al tercer apartado, nos alerta sobre creer cualquier cosa que vemos en determinados medios como, por ejemplo, YouTube. Hoy cualquiera cuelga en la plataforma sus teorías o supuestos estudios e investigaciones. Durante la pandemia y consiguiente confinamiento de millones de personas, la inventiva y el ingenio han proliferado, en algunos casos para bien, pero en otros para mal. ¡Cuántos falsos profetas, negacionistas, conspiracionistas, supuestos médicos, expertos en tal o cual materia etc., han proliferado como hongos! La verdad es que muchas de estas cosas divulgadas hacen daño. Gary Shogren nos recomienda comprobar-las antes de darlas por ciertas y, por supuesto, no contribuir a la difusión de "noticias" no confirmadas. De eso se quejan los profesionales de los medios de comunicación, ellos están obligados a comprobar las fuentes y la veracidad de las informaciones –aunque no todos lo hacen– porque son responsables de lo que publican y puede resultarles muy caro no hacerlo; pero los montones de *influencers* desparramados por ahí dicen lo que les da la gana y queda como verdad. La gente prefiere creer a ese tipo de información más "independiente", simplemente porque "suena mejor", es lo que quiere oír.

Al final del libro, el autor nos añade un apéndice donde nos da al-gunas recomendaciones para discernir –en la medida de lo posible– la veracidad de las "informaciones" que nos llegan. Son consejos muy inte-resantes y útiles.

El lector, si sigue el libro con atención, verá que el autor responde a las preguntas que plantea con un NO rotundo, un SÍ. O, NO LO SABEMOS, PROBABLEMENTE NO, o recomienda ser prudentes, lo que nos muestra que no es alguien dogmático. Cuando dice "no" o "sí" es porque lo ha comprobado acudiendo a las fuentes. Y si hay alguna probabilidad, nos lo dejará saber, lo cual me habla de su *fiabilidad*.

Definitivamente, *Mitos que los cristianos creemos y compartimos* de Gary Shogren es un libro que merece la pena leer y aplicar su conteni-do. Nuestra responsabilidad como cristianos frente al mundo nos exige liberarnos de prejuicios, de supuestas "verdades" no demostradas –o más bien demostradamente falsas– porque nuestra credibilidad –y en verdad la credibilidad de Dios– está en juego.

José Mª Baena
Septiembre de 2023

PREFACIO

¡Ojalá que toda la gente tuviera acceso a toda la verdad! Entonces el engaño no podría existir.

O así era la esperanza original de Internet. El sueño de que los errores de hecho se derretirían bajo el sol caliente del conocimiento.

¡Eso resultó ser el mayor mito de todos!

Tomemos como ejemplo que, ahora cualquiera puede leer el mito más feo y más perverso del último siglo y medio. *Los Protocolos de los Sabios de Sion* era un documento que "revelaba" que los judíos dirigían el mundo desde la sombra. Como amos de las marionetas, manipulaban la economía, los medios de comunicación, fomentaban la apostasía religiosa y el malestar social. En 1921, el *Times* de Londres lo desacreditó completamente como un engaño. Sin embargo, *Los Protocolos* sirvió de justificación para los campos de exterminio de la Alemania nazi.

Los mitos pueden matar a millones.

Hace décadas, uno habría tenido que ir a una biblioteca universitaria para buscar un ejemplar de los *Protocolos*. Hoy la gente puede descargarse el libro en cuestión de minutos y decidir si le parece o no verdadero.

Los mitos están al alcance de la mano.

En mi investigación para este libro, descubrí que las fuentes de información cristianas a veces son tan poco fiables como las no cristianas. O incluso menos fiables. Mientras realizaba la edición final de este libro, recibí tres rumores cristianos falsos (y ridículos) a través de Facebook. Y los no cristianos se burlaban de nosotros por ser tan crédulos.

Los mitos erosionan nuestro testimonio ante el mundo.

Hay leyendas inofensivas, como por ejemplo una que intenta explicar la anchura de los rieles de un ferrocarril. Supuestamente tienen exactamente la misma anchura que las ruedas de carruajes de la antigua Roma y la gente seguía utilizando la misma medida sin detenerse a preguntar por qué.

Otra leyenda tiene que ver con una mujer que siempre cortaba una parte de un trozo de carne antes de asarlo. Cuando su marido le preguntó por qué, ella respondió: "Bueno, ¡es como siempre lo hizo mi mamá!". Cuando él le preguntó a su suegra, contestó: "Bueno, ¡es como siempre lo hizo mi mamá!". Y cuando fue a preguntarle a la abuela, esta dijo: "¡Ah, *eso*! Es porque no teníamos una sartén lo suficientemente grande, ¡así que por eso teníamos que partirla, para que cupiera!".

Hay historias sobre personas que supuestamente han muerto pero que siguen vivas. Lo dicen de Elvis Presley, Pedro Infante, Alan García. La leyenda del rap Tupac Shakur supuestamente no fue asesinado a tiros, sino que se esconde en La Habana. Y por supuesto: ¡Adolf Hitler supuestamente huyó a la Patagonia! La gente quiere oír los secretos de los famosos, y por eso hay extraños rumores sobre Ricky Martin, Lady Gaga, KISS, La Oreja de Van Gogh, etc.

Quizás haya oído que las alcantarillas de Nueva York están infestadas de caimanes gigantes.

Por supuesto, unos rumores resultan ser ciertos, como por ejemplo la historia de un hombre que en el 2013 demandó a Apple por haberse hecho adicto a la pornografía. *¡Mentira!*, dije yo cuando lo escuché. Pero, en realidad, sí ocurrió. (El hombre perdió el caso; véase más adelante).

Todos los anteriores podemos etiquetarlos como "mitos seculares" de la cultura general.

A mí me interesan los mitos cristianos y lo preocupante de esto es que, parecen tener, si usamos el término técnico, una "semivida" más larga que sus homólogos seculares. Entre los casos que vamos a mostrar como ejemplo, están: la historia de la computadora conocida como "La Bestia", que ha circulado durante más de medio siglo; o donde se dice que los científicos demostraron el Largo Día de Josué.

Otro ejemplo es la leyenda de que José construyó las grandes pirámides de Guiza para almacenar granos para la hambruna que se avecinaba, misma que tiene más de mil años.

Mucho después de que el mundo se canse de "contar historias" sobre Lady Gaga, estos mitos cristianos seguirán vigentes.

No exploraremos en este libro cuestiones exegéticas, por ejemplo: tengo opiniones firmes sobre el Hombre Miserable de Romanos 7, sobre la Segunda Venida, los dones espirituales y la capacidad de las mujeres para diferentes ministerios; pero estas, son cuestiones de *interpretación* bíblica.

Lo que nos interesa en este libro no es la buena o mala "interpretación", sino la "desinformación", los falsos rumores que sesgan nuestra visión de Dios y del mundo.

Pablo dijo a Timoteo: "Timoteo, ¡cuida bien lo que se te ha confiado! Evita las discusiones profanas e inútiles, y los argumentos de la falsa ciencia" (1 Tm 6:20 NVI). ¡Y debería alarmarnos recordar que "la falsa ciencia" en el contexto de Pablo, provenía de personas que se identificaban como creyentes cristianos!

Es razonable suponer que los cristianos deberíamos ser más perspicaces y estar mejor informados que el resto del mundo. Y como instaremos en la conclusión, que seamos ejemplos de personas que aman la verdad y se aman los unos a los otros.

Espero que esta obra sirva como medida de ayuda.

REFERENCIAS:

"Todavía se las creen: las 17 leyendas urbanas más disparatadas de la historia pop". https://elpais.com/elpais/2017/02/24/icon/1487938785_981010.html.

"Un hombre demanda a Apple por su adicción a la pornografía". https://www.eleconomistaamerica.com/empresas-eAm-usa/amp/4998184/Un-hombre-demanda-a-Apple-por-su-adiccion-a-la-pornografia.

Jan Harold Brunvand, *The baby train and other lusty urban legends* (New York: W. W. Norton & Co., 1993), dice que los mitos se dividen en las siguientes categorías: leyendas sobre automóviles; leyendas sobre animales; leyendas de terror; leyendas sobre accidentes; leyendas sobre sexo y escándalos; leyendas sobre crímenes; leyendas sobre negocios y profesionales; leyendas sobre gobiernos (incluida la ciencia frente a la religión); rumores y leyendas sobre famosos; leyendas académicas.

INTRODUCCIÓN

Recuerdo la primera vez que escuché un "mito cristiano". Tenía unos 12 años y estábamos en la clase de la escuelita dominical. Nuestra maestra nos informó de que "todas las niñas nacen con un número *par* de costillas, dos grupos de doce. Y a todos los niños les falta la vigésima cuarta costilla y, por tanto, tienen un número *impar*. Eso es porque mientras Adán dormía, Dios tomó una de sus costillas, y cerró la carne en su lugar cuando formó a Eva. Y desde entonces, por esa supuesta razón: ¡a todos los varones les falta esa costilla! Y eso demuestra a su vez que nuestra Biblia es cierta".

Mi reacción inmediata fue, en retrospectiva, la correcta. Mientras la lección continuaba, conté disimuladamente mis propias costillas a través de mi camisa. Y las volví a contar: por lo que pude determinar, yo tenía un número *par*, a pesar de ser varón.

Años más tarde, me hicieron una radiografía y me confirmaron que tenía todas las costillas. Y como aprendí en la escuela secular, normalmente tanto los hombres como las mujeres suelen tener 12 pares de costillas. Además, el hecho de que un hombre pierda una parte de su cuerpo no significa que su descendencia vaya a nacer con la misma parte que le falta. Conozco a un hombre que perdió parte de sus dedos en un accidente de trabajo; por supuesto, todos sus hijos nacieron con dedos normales.

La "costilla perdida" es un mito. Un mito que sigue circulando.

Esa categoría es notoriamente difícil de definir. Aquí utilizaremos "mito" para denotar una creencia popular que no tiene base en los hechos. La gente siempre ha creído y compartido historias falsas; a veces lo hacen con mala intención y otras veces lo hacen porque es lo que "ellos creen". Los medios de comunicación digitales han dado alas a los mitos, de modo que un individuo puede transmitir uno a millones de personas en una fracción de segundo.

He aquí un segundo ejemplo, que vi en una revista cristiana. Estaba etiquetado como "la verdad":

> En el sur de Estados Unidos, dos hombres conducían por una carretera rural. Vieron a un hombre haciendo "autostop" y se ofrecieron llevarle. Se sentó atrás y los tres hablaron durante un rato; pero luego, el hombre declaró abruptamente: "Jesús va a volver y muy pronto". Cuando se volvieron para preguntarle qué quería decir con esto, ¡vieron que el desconocido había desaparecido!

Hay más en la historia, que entra en una categoría especial de mito: la "leyenda urbana". Más tarde volveremos a hablar sobre al "autoestopista desaparecido", antes de concluir este volumen.

Ya sea en conferencias o en las redes sociales, respondo preguntas sobre rumores que circulan en los círculos grupos cristianos: *¿Tiene la lata de la bebida energética Monster el 666 en letras hebreas? ¿Probó la NASA matemáticamente el "Largo día de Josué"? ¿Se han descubierto esqueletos de gigantes humanos que prueban el Génesis 6?* Y la lista continúa, con nuevos rumores cada mes.

En los años 90 y principios de los 2000, las historias se enviaban a través de correos electrónicos en masa. Una persona recibía un anuncio urgente. El mensaje exigía que el destinatario lo transmitiera a todos sus conocidos. Y así lo reenviaba a todas las personas de su lista. Luego, usted recibiría el correo electrónico viral y su nombre podría ser uno de los cientos de la lista de destinatarios. Ahora lo mismo sucede a través de Twitter, Facebook y otros medios.

Las cosas no han hecho más que empeorar, especialmente cuando se inventó YouTube en 2005. Una vez un estudiante me habló de algo que había visto en YouTube. Intenté corregir lo que había visto. "Sí —contestó—, pero es que, ¡lo he visto en YouTube!". Le señalé que, aunque una cosa esté en YouTube, puede ser poco fiable. "Pero... pero... pero... ¡YouTube!", fue su horrorizada respuesta.

Ah, sí, YouTube: mientras que antes se buscaba la verdad en el púlpito o en el periódico, ahora se busca en vídeos hechos por aficionados. Actualmente estoy echando un vistazo a vídeos que demuestran que el Arca de la Alianza está escondida en Arizona, Estados Unidos. Otro, que el rey Salomón tenía una máquina voladora, provista por extraterrestres. Otro, que hay mensajes divinos ocultos en el ADN humano. Estos mitos son relativamente inofensivos, pero otros son un veneno mortal: en YouTube se dice que una determinada versión de la Biblia es una "perversión" satánica; o que si se pronuncia el nombre del salvador como "Jesús" no se puede salvar.

Como todas las personas, tenemos la tendencia a creer las cosas que queremos que sean verdaderas (a mí también me gustan los titulares que dicen: "¡Prueba de que la Biblia es realmente cierta!"), o que nos *parecen* verdaderas. Del mismo modo, rechazamos lo que nos *parece* falso. Es por ello, que entre nuestros capítulos incluiremos breves descripciones sobre los recientes descubrimientos acerca de la "cognición humana": es la ciencia que pretende explicar por qué pensamos como lo hacemos y nos formamos opiniones como lo hacemos.

Para los cristianos, es crucial que digamos la verdad y que evitemos lo que no es cierto. Esto no es simplemente para que podamos estar mejor informados; es porque nuestro deber ante Dios es no dar falso testimonio. ¿Cómo aceptará el mundo nuestra verdad principal, la resurrección de Jesús, si somos personas que se creen historias sin probarlas?

Mi reto: antes de transmitir algo como verdadero, detengámonos y preguntémonos: "¿Cómo sé que esto *es* cierto? ¿Qué haría falta para convencerme de que *no* es cierto? ¿Es tan urgente que no puedo dedicarle unos minutos de investigación antes de transmitirlo?".

En este volumen nuestro lema será "el discernimiento cuidadoso".

NO seguiremos este axioma: **"Una cosa SÍ es probablemente verdadera a menos que podamos demostrar que es falsa".**

SÍ, nuestro principio será uno de discernimiento riguroso: **"Una cosa NO está probada, hasta que se demuestre que es cierta".**

Mientras usted lee, puede sentir que se resiste a mis conclusiones. "Un momento; tal o cual cosa es cierta", dirá usted, "es que, lo he oído de una persona de confianza. Y además encaja con lo que yo creo". Por supuesto, puede que mi opinión sobre una cosa sea errónea y que usted tenga razón. Sin embargo, puedo advertirle por experiencia personal: cuando alguien trata de corregir lo que ya creemos, respondemos de forma emocional. Porque alguien está insinuando que hemos sido engañados, "embaucados" por otra persona, podríamos sentirnos avergonzados.

¡Entiendo el dolor de ser engañado por un mito! Hace muchos años, vi un anuncio de la televisión musical MTV, donde decían que iban a dedicar un día entero a mostrar vídeos de música de ópera. "¡Por fin! —pensé—. En lugar de todos esos vídeos de música pop, ¡algo de música clásica!". Incluso les conté a algunos amigos lo que la MTV planeaba hacer. Así que imagínese mi vergüenza cuando me di cuenta de que todo era una broma. En algunos países, el 1 de abril es el "Día de los Inocentes" y en Estados Unidos es costumbre gastar bromas a los demás. ¡El anuncio de la ópera era una broma del Día de los Inocentes! Me habían engañado, *¡a mí!*

Cuando tratamos la verdad y la falsedad, debemos dejarnos guiar por el Espíritu, que sobre todo quiere guiarnos en toda la verdad y, sobre todo, mostrarnos amor los unos a los otros. Espero que nadie sienta que quiero burlarme de él o ella por aceptar y transmitir un mito. Mi propósito es invitarles a considerar información que quizá no conozcan, para tomar mejores decisiones.

El Señor dijo a sus discípulos: "Los envío como ovejas en medio de lobos. Por tanto, sean astutos como serpientes y sencillos como palomas" (Mateo 10:16 NVI). Dijo "sencillos"; no "ingenuos".

Aunque probablemente haya cientos de estos rumores en el aire, nos ocuparemos de menos de treinta. Tendrán que ver con la Biblia, los idiomas bíblicos y los rumores modernos. A continuación, plantearemos cuestiones sobre cómo detectar nuevos mitos cuando aparezcan, ¡y aparecerán nuevos!, para que no nos sorprendan en el futuro.

Cuando veamos algo interesante, algo que parezca confirmar lo que queremos creer, en lugar de aceptarlo al pie de la letra, detengámonos y "contemos las costillas".

MITOS SOBRE LA BIBLIA

Capítulo 1

¿LA "REGLA DE PRIMERA MENCIÓN" ES UN PRINCIPIO DE INTERPRETACIÓN BÍBLICA? APARENTEMENTE NO.

Una regla del estudio de la Biblia es dejar que la Escritura interprete la Escritura. Pero algunos tratan de extraer más "jugo" del que realmente puede contener "la fruta", de encontrar un significado que no es obvio para el lector. Al respecto E. W. Bullinger lo explica así (para facilitar la consulta, todas nuestras fuentes y recursos se agruparán al final de cada capítulo):

> *...La primera mención de palabras, expresiones, y elocuciones son generalmente esenciales para su interpretación.* Esta es una ley que llevamos poniendo en práctica desde hace tiempo, y que todavía no ha fallado ni una sola vez. La primera mención de una palabra, o expresión, o una elocución es la clave para su uso y significado subsecuente; o por lo menos una guía en el punto esencial conectado con ella...

A veces se empaqueta como: si uno realmente cree en la Biblia, entonces creerá en la ley de la primera mención, ¡la inspiración lo garantiza! La "regla" se basa en la suposición de que, si con Dios no hay coincidencias, entonces cada cosa que encontramos en la Biblia tiene un significado oculto.

Pongámoslo a prueba con un ejemplo común: la primera mención de una serpiente en la Biblia es en el Edén, en Génesis 3 y la serpiente representa, a veces, a Satanás en pasajes posteriores.

Sin embargo, Bullinger se desvía hacia la presunción cuando afirma sobre la regla que, "...todavía no ha fallado ni una sola vez...". Por ejemplo, he aquí un ejemplo en el que sí falla: David Jeremiah invoca el mismo principio para entender el significado de "adoración". Dice que el primer uso de la palabra hebrea "adorar" se encuentra en Gn 18:2, donde Abram se inclinó ante los visitantes, sin saber que eran divinos. ¡Luego dice que esa referencia no cuenta, porque la primera mención que realmente significa "adorar a Dios" se encuentra en Gn 22:5! Entonces, ¿cuál es la primera referencia: 22:5, o –como literalmente es el caso– 18:2? Entonces, "serpiente" funciona, pero "adorar" no; ¿cómo se puede afirmar que la regla es infalible?

¿Por qué otra razón podría ser problemática esta "regla"?

¡No hay ninguna referencia a la regla de la primera mención en la Biblia!

Se trata de un argumento a partir del silencio, pero en este caso es válido: que, si la primera mención es una clave vital para "estudiar la Biblia de forma seria", ¡en algún momento, algún protagonista bíblico, Moisés o Ezequiel o Pablo, la habría mencionado! Pero nunca lo hacen.

De hecho, durante años he impartido el curso de interpretación bíblica (hermenéutica) antes de oír hablar de este principio. Créame, si los expertos en interpretación bíblica hubieran observado la regla por medio de estudio inductivo, ¡habrían escrito libros enteros sobre ella! (El lector debería ver mi artículo "La letra mata y el Espíritu vivifica", véase más adelante, en el que trato otra supuesta regla de la hermenéutica).

Otro problema fundamental: ¿Qué es lo que viene "primero" en la Biblia?

Este principio debe presuponer que los libros de nuestra Biblia están en el orden preciso en que deben estar, desde Génesis hasta Malaquías, desde Mateo hasta el Apocalipsis. Pero esto es insostenible. Ni siquiera en el canon judío están los libros en el orden de nuestra Biblia: sus 24 libros (¡no 39!) están en un orden diferente: Reyes (1 y 2 Reyes, juntos forman un libro; igualmente sucede con Samuel y Crónicas) es seguido inmediatamente por Isaías; Malaquías por los Salmos; Daniel viene después de Ester; Crónicas (1 y 2 están combinadas) es el libro final del Antiguo Testamento judío. Así que, a menos que estemos dispuestos a inventar una nueva doctrina, que Dios inspiró el *orden* correcto de los libros, exactamente en la forma que tenemos hoy, entonces: ¿cómo se puede encontrar la "primera" mención de una cosa? El Nuevo Testamento es igualmente complicado: el Apocalipsis quizás es el último libro escrito, pero 1 Tesalonicenses es muy probablemente el primero. Las cartas de Pablo aparecen en orden descendente de tamaño, no de fecha. Algunos manuscritos tienen los evangelios en el orden "occidental": Mateo, Juan, Lucas, Marcos. Así que la "primera mención" tendría que ser una idea secreta que Dios nos da en nuestras Biblias protestantes impresas, pero que no le dio a Israel o a la iglesia primitiva.

La primera mención lleva a la gente a ignorar el contexto

Un ejemplo: el primer uso de Elohim se encuentra justo al principio de la Biblia, la tercera palabra de Gn 1:1 en hebreo. Se refiere al verdadero "Dios", el Creador. ¿A dónde nos puede llevar este principio? Consideremos que el término Elohim se aplica a otros "dioses" en los Diez Mandamientos (Éx 20:3); a los ángeles (Sal 8:5); a los jueces humanos (Sal 82:6). ¿Cómo interpretamos Elohim en estos tres textos? No por Gn 1:1, sino por sus contextos específicos. En este caso, o nos basamos en el contexto o nos basamos en la "primera mención", pero no podemos hacer ambos.

El problema de los contraejemplos

Tomemos como ejemplo al azar la primera referencia a un "cuerno" en la Biblia. Según Gn 22:13 NVI: "Abraham alzó la vista y, en un matorral, vio un carnero enredado por los *cuernos*". Si utilizamos ese verso para interpretar Ap 13:1 NVI – "Entonces vi que del mar subía una bestia, la cual tenía diez cuernos y siete cabezas", ¿qué tipo de interpretación artificial produciría?

Ni siquiera menciono otra obvia señal de alerta: si la primera mención tiene que ser la palabra hebrea, o su traducción al español; la elección de una u otra llevará a resultados diferentes. Entonces, en el caso de "adorar", tanto Gn 18:2 como 22:5 utilizan el verbo hebreo *javah*. ¿Pero qué pasa con el verbo *barakh*, que es un sinónimo? ¿Y cómo ayuda su uso en Génesis a desentrañar los intricados de Gn 24:11 NVI, donde el siervo de Abraham "hizo que los camellos se arrodillaran (el verbo *barakh*) junto al pozo de agua"?

El objetivo de la "hermenéutica" es llegar al significado de la Biblia, de la manera que la Biblia indica. Esas reglas artificiales e indemostrables, como la "primera mención", pueden alejar al creyente del estudio cuidadoso de la Palabra en su contexto.

RESUMEN

- La Biblia no habla en ninguna parte del principio de la primera mención; hay que importarlo al texto bíblico.
- Los autores de la Biblia no utilizan este principio en ninguna parte.
- A veces da lugar a interpretaciones descontextualizadas o forzadas.
- Si una regla funciona solo ocasionalmente, e incluso entonces parece caprichosa, entonces no es una regla.

FUENTES

E. W. Bullinger, *Cómo disfrutar de la Biblia*. https://www.scribd.com/document/166812741/Como-Disfrutar-de-La-Biblia-Ew-Bullinger. Lo hemos parafraseado para suavizar el estilo en español.

Este estudio emplea la supuesta regla: "La Biblia y los eventos del porvenir", http://williancan.blogspot.com/p/blog-page_13.html.

David Jeremiah, *My Heart's Desire: living every moment in the wonder of worship* (Nashville: Integrity Publishers, 2002), p. 63. https://www.google.com/books/edition/My_Heart_s_Desire/EO4EZfJThiYC?hl=en&gbpv=0.

Gary Shogren, "La letra mata y el Espíritu vivifica", en *Cuando venga el Consolador: ensayos sobre el don del Espíritu y su poder en la iglesia* (Barcelona: CLIE).

La mente humana:
Patrones

Entre los capítulos de este libro, incluiremos breves secciones sobre la cognición, el estudio de cómo pensamos. En las últimas décadas, los expertos en cognición humana han podido describir con mayor precisión cómo procesamos los datos. Las secciones sobre cognición son un poco técnicas, y el lector puede saltárselas, pero pueden ayudar a explicar cómo y por qué creemos lo que creemos, ¡incluso cómo llegamos a creer un mito! Nuestro primer tema es "Patrones".

Dios nos creó para poder ver datos y detectar patrones en ellos. ¡Sin esa capacidad no podríamos vivir! Un ejemplo útil: cuando estamos sentados alrededor de una mesa con amigos y una persona se aclara la garganta, reconocemos ese patrón de la conversación humana y pensamos que podría tener algo que decir.

Si una persona tiende a ver conexiones irreales entre datos no relacionados, podría estar experimentando la apofenia: "consiste en percibir patrones, conexiones o ambos en sucesos aleatorios o en datos aparentemente sin sentido". (Aunque la Wikipedia no siempre es fiable, sí es para estas definiciones de varios términos cognitivos). Por ejemplo, unos jugadores compulsivos creen ver patrones significativos, tienen "sistemas." La ruleta ha dado rojo las últimas cinco veces, por lo tanto, ¡la próxima también tendrá que ser roja!

Otro tipo de función cognitiva relacionada recibió el nombre de sus descubridores. "El Fenómeno Baader-Meinhof (también conocido como *Ilusión de frecuencia* o *catapulta*) sucede cuando una persona, después de haber aprendido algún hecho específico, una frase, una palabra, o la existencia de una cosa por primera vez, se la encuentra de nuevo, quizá muchas veces en un periodo corto después de haberlo aprendido". Por ejemplo, usted puede pasar toda su vida sin oír una palabra sobre la regla de primera mención; pero después de oírla una vez, ¡de repente la verá por todas partes! Esto se debe a que nuestra mente no verá un patrón de una cosa si no lo hemos visto la primera vez.

Un ejemplo cristiano: dos amigos míos dijeron que habían visto una sorprendente coincidencia la semana anterior. El primero dijo que había estado leyendo el Apocalipsis y que se sintió fuertemente atraído por Ap 11:3 NVI – "Por mi parte, yo [Dios] encargaré a mis dos testigos que, vestidos de luto, profeticen durante mil doscientos sesenta días". El segundo amigo dijo entonces: "Esta semana yo estaba cortando el césped y vi un trozo de papel en la hierba. Lo recogí para tirarlo, y por casualidad lo miré: ¡era una página de la Biblia y también contenía Ap 11:3!".

Se preguntaban si Dios les decía que debían trabajar juntos en algún ministerio. En este caso, no recuerdo que les ocurriera nada especial como resultado. De hecho, uno murió poco después y el otro, creo, se apartó de la fe.

La lección: el hecho de que veamos patrones o sigamos viendo una cosa después de conocerla por primera vez no implica necesariamente que sea significativa.

FUENTES

"Apofenia". https://es.wikipedia.org/wiki/Apofenia.

"El Fenómeno Baader-Meinhof". https://es.wikipedia.org/wiki/Fen%C3%B3meno_Baader-Meinhof.

Capítulo 2

¿HAY MENSAJES DIVINOS ESCONDIDOS EN EL ADN HUMANO? NO.

Este será un ejemplo fácil.

El titular del 22 de junio de 2014 gritaba: "Primera prueba científica de Dios encontrada" (First Scientific Proof of God Found). Los científicos habían descubierto que el "ADN basura" humano, cuando se descifra correctamente, ¡contiene un mensaje de Dios en arameo! Por lo menos, eso fue lo que dijeron los científicos del Wyoming Institute of Technology (W. I. T.; en español se llamaría Instituto de Tecnología de Wyoming).

El titular contiene varios problemas. En primer lugar, ¡*no existe* un Wyoming Institute of Technology! (*Sí* hay un Wyoming Technical Institute [Instituto Técnico de Wyoming], el cual es un instituto académico legítimo).

Otra consideración: el ADN humano no puede comunicar mensajes en arameo, ni en ninguna lengua.

Y el golpe de gracia: en realidad toda la página web del W. I. T. (witscience.org) contiene como es bien sabido, historias falsas, ofertas de trabajo falsas y descripciones de proyectos ficticios en los que estaban trabajando. Fue el W. I. T. el que "descubrió" que los paneles solares están "agotando el sol de su propia energía, posiblemente con consecuencias catastróficas mucho peores que el calentamiento global". Otra de sus historias fue que: "Se está intentando clonar a Jesús". O qué tal: "El procedimiento de cambio de sexo ya está disponible para las mascotas". De eso, el W. I. T. inventó "olfatovisión" ("smellovision"), televisión que produce olores según el programa de televisión, pero que –¡por supuesto!– el gobierno no permitiría su fabricación. Ya ve a dónde va esto.

La historia del ADN fue, por cierto, escrita por un Dr. DasMeerungeheuer, cuyo apellido significaría "El monstruo del mar" en alemán. Dijo que la investigación fue escrita en parte por académicos de la fundamentalista Universidad Bob Jones, ¡otra pista de cómo se burlan del cristianismo!

El cuento del ADN fue una historia inventada por bromistas que intentaban hacer que los creyentes en la Biblia parecieran crédulos. Y lo consiguieron.

RESUMEN

- Cuidado con la "ciencia" de Facebook.
- Cuando se informa ampliamente de que un sitio es satírico: ¡créalo que es satírico!
- Parece que hay más sitios de sátira en inglés que en español. Sin embargo, los artículos en inglés aparecen a menudo traducidos al español.

FUENTES

Este grupo W. I. T. solía tener una página web (witscience.org), pero ya no está operativa. Sin embargo, he recuperado el artículo sobre el ADN: "First scientific proof of God found" (Primera prueba científica de Dios encontrada). https://web.archive.org/web/20140625090326/http://witscience.org/first-scientific-proof-god-found/

En Facebook, witscience todavía tiene una página, pero no ha publicado nada desde 2015: https://www.facebook.com/witscience/. Su último post se burlaba de los seguidores de Donald Trump: "Un estudio pionero publicado por el Wyoming Institute of Technology ha descubierto que el liberalismo es una condición causada por *cromorsomas* defectuosos". Y sí, escribieron mal "cromosomas", ¡en broma, supongo!

Otro ejemplo satírico del "Instituto" – "Según un Estudio del Instituto de tecnología de Wyoming, uno de cada tres americanos ya podrían ser implantados con un chip RFID". 2014. http://www.rfidhy.com/es/many-amazing-uses-rfid-technology/

La historia de los paneles solares del W. I. T fue copiada y republicada por otro sitio web satírico, The National Report, aquí: https://national-report.net/solar-panels-drain-suns-energy-experts-say/

Hay una lista de sitios y artículos satíricos: "'Por favor, pásame la sal' y otros estudios satíricos escritos por científicos". https://eldefinido.cl/actualidad/mundo/8852/Por-favor-pasame-la-sal-y-otros-estudios-satiricos-escritos-por-cientificos/. Uno en inglés es https://en.wikipedia.org/wiki/Parody_science.

La mente humana:
Considerar la fuente

Cuando escuchamos una afirmación impactante, debemos considerar la fuente. ¿Cómo sabemos que una historia es cierta? Un paso es considerar su fuente. He aquí algunas pautas que yo sigo:

1. Tenga diversas fuentes de información. Lea ampliamente.
2. Tenga cuidado con las fuentes que terminan en **com.co** o **lo**. A veces parecerá una fuente confiable, pero tendrá una letra adicional: para inventarse una, en lugar de www.lanacion.com podría ser www.i.lanacion.com. Tenga cuidado con las historias anónimas; eso podría significar que nadie se hace responsable de su contenido.
3. Distinga entre los desplantes emocionales y las declaraciones de hechos. Si ¡¡¡**UNA HISTORIA SE PARECE A ESTO!!!** puede ser una información falsa.
4. Tenga cuidado con términos como "nuevo descubrimiento" o "misterio finalmente resuelto" o "todos los expertos se oponen a mi punto de vista, ¡pero eso es solo debido a sus prejuicios!".
5. Busque de dónde ha sacado su fuente la información.
6. Tenga cuidado con las páginas web que acogen cualquier aporte sin comprobar su validez.
7. Tenga cuidado con los sitios satíricos como Wyoming Institute of Technology o World News Daily Report o Before It's News.
8. Las fuentes cristianas no son necesariamente más fiables que las no cristianas.
9. Ore para discernir, pero recuerde que la oración no es un filtro mágico.
10. No sea usted mismo una mala fuente de información. Sea un cristiano bien informado que se niega a sacar conclusiones precipitadas. Y que no pasa "información" en su turno.

En latín se dice *caveat emptor*, que significa: "el comprador tenga cuidado". Tengamos cuidado antes de aceptar una historia como un hecho real.

Capítulo 3

¿SE DESCUBRIERON ESQUELETOS DE GIGANTES ANTIGUOS? NO, POR LO MENOS NO HASTA EL MOMENTO. ¿LA BIBLIA DICE QUE LOS NEFILIM VOLVERÁN EN LOS ÚLTIMOS TIEMPOS? LA BIBLIA NO LO DICE.

Comenzando a principios del siglo XXI y floreciendo desde entonces están las fotos de obreros, pala en mano, de pie junto a gigantescos esqueletos que aparentemente acaban de desenterrar. Este tema es más complejo que otros, por lo que esta sección será más larga. Empezamos con el texto bíblico.

Los Nefilim y otros gigantes

Gn 6:4 es un texto de difícil interpretación. Una traducción del texto hebreo tal como se representa en la RV 1960:

Había gigantes en la tierra en aquellos días, y también después que se llegaron los hijos de Dios a las hijas de los hombres, y les engendraron hijos. Estos fueron los valientes que desde la antigüedad fueron varones de renombre.

La antigua versión griega de la Septuaginta es similar en la primera frase; en cambio, traduce "gigantes" en la segunda frase: "Estos fueron los gigantes..." (La identidad de los "hijos de Dios y las hijas de los hombres" es un tema diferente; lo he tratado en otro artículo, véase el enlace más adelante).

El hebreo detrás de "gigantes" en 6:4 a es *nephilim*, una palabra que presenta otro enigma. El léxico hebreo estándar *HALOT* sugiere que procede del verbo n-ph-l, "caer"; quizás eran gigantes porque cayeron cuando sus madres "abortaron"; o los seres cayeron del cielo; o cayeron heroicamente en la batalla. Ez 32:27 refleja este texto con su "poderosos gigantes", pero quizás sencillamente significa caídos guerreros. La Biblia deja sin explicar cuál es la relación entre ellos y los rafaítas postdiluvianos de Gn 14:5, los *nefilim* de Nm 13:33, los hijos de Anac, el rey Og y otros, y, por supuesto, Goliat. Las únicas descripciones de los Nefilim de Génesis 6 son muy posteriores; incluso *1 Enoc* se escribió mucho: "Quedaron encinta y engendraron enormes gigantes de tres mil codos [137 metros] de talla cada uno. Consumían todo el producto de los hombres, hasta que fue imposible a estos alimentarlos". (*1 Enoc* 7.2 versión Diez Macho; en nuestro capítulo 4 aprenderemos más acerca de *1 Enoc*).

La medida del hombre más alto de la Biblia, ya que la descripción del lecho o quizá de la tumba de Og (Dt 3:11) no denota necesariamente la altura de Og, es Goliat. En el texto masorético de 1 S 17:4, Goliat mide unos 3 metros; otros textos (un rollo de Samuel del mar Muerto, algunos testigos de los LXX, Josefo) afirman que mide unos 2 metros.

Ya sean *nephilim*, rafaítas u otros, nuestra preocupación tiene que ver con el descubrimiento y el análisis erudito de restos de esqueletos humanos.

¿En la antigüedad vieron los antiguos restos de gigantes humanos?

Los griegos y los romanos se encontraron con huesos de animales antiguos; los esqueletos de mamut se parecían a los de un cíclope, por lo que dedujeron que sus hallazgos eran de antiguos gigantes. Un artículo de la *Biblical Archaeological Review* resume el descubrimiento de restos de animales antiguos en Israel, por ejemplo, elefantes, mamuts y el rinoceronte gigante (véase más adelante). El autor sugiere que cuando Josefo habla de huesos gigantes, estaba confundiendo animales antiguos con seres humanos: "…Quedaba todavía [en Hebrón] la raza de los gigantes; tenían un cuerpo tan grande y un rostro tan distinto de los demás hombres que asombraban con su presencia e impresionaban con su voz. Los huesos de esos hombres todavía se exhiben ahora, diferentes a los de todos los demás hombres". (*Antigüedades de los judíos*, 5.125, versión de CLIE).

¿No se han descubierto restos de gigantes humanos en los últimos años?

Mi tema aquí no es la historicidad de la Biblia, sino si los descubrimientos actuales son auténticos o bromas. Basta con buscar "gigantes esqueletos" en YouTube y encontrará un vídeo o una foto tras otra que lo anuncian: *La prueba de que la Biblia es cierta. Los estudiosos han desenterrado el esqueleto de un enorme gigante. Fue encontrado en Australia. (O en Crimea, o en México, o en Rumanía, o en Níger, o en Perú, o en España. O ¡en el fondo del océano!).* Hay uno en Arabia Saudí que, según dicen, ¡mide entre 18 y 24 metros! El canal de televisión conocido como History (previamente conocido como The History Channel), ese proveedor de historia alternativa, ha emitido un programa entero –"En busca de los gigantes perdidos" ("Search for the Lost Giants")– desde 2014 hasta la actualidad. Sus presentadores, los hermanos Vieira, son albañiles, es decir, formados en la construcción de muros, pero no en ninguna de las ciencias. Pero History sigue enviándoles cheques, ya que están ganando dinero para este canal; ya que los hermanos siguen prometiendo a sus espectadores: "¡Estamos a punto! ¡Casi, casi, encontramos las pruebas en la próxima cueva! ¡Vean nuestro próximo programa!".

La reivindicación de los esqueletos gigantes, al igual que el Largo Día de Josué que aparece más adelante en este libro, sigue esta línea argumental:

A. La Biblia dice X.

B. Los científicos seculares se burlan de la Biblia porque dice X.

C. Alguna persona acaba de encontrar pruebas que demuestran que X es cierto.

D. Los científicos seculares destruyen las pruebas que demuestran X, para que nadie recurra a la Biblia.

E. Sin embargo, los cristianos se sienten reivindicados, ya que se ha demostrado que la Biblia es cierta.

F. Los cristianos comparten la historia con sus amigos.

Y esto es precisamente lo que ha ocurrido en este caso. (A) y (B): los estudiosos dicen que los antiguos israelitas, junto con muchas otras culturas, creían en un *mito* sobre criaturas temibles que hace tiempo desaparecieron de la tierra.

Agregamos que, ningún erudito "secular" niega que algunas personas, a lo largo de los tiempos, hayan experimentado el gigantismo. En los tiempos modernos, Robert Wadlow fue el hombre más alto del que se tiene conocimiento. Medía 2,72 metros, es decir, 2 o 3 cm menos que la altura de Goliat. El hombre más alto en el momento en que escribo es el Sultán Kösen, de 2,46 metros. También existe el esqueleto de un hombre relativamente gigantesco de Lucena, al-Ándalus, del siglo XI, de más de 2 metros, cuyos vecinos tenían una media de 1,5 metros. Asimismo, los gigantes de Longshan, de China, de hace 4000 años, eran relativamente gigantes, con 1,8 metros. La confusión llega cuando la gente dice: "Ay, un hombre gigante en China o en al-Ándalus: por lo tanto había gigantes", aunque nunca se haya descubierto un esqueleto tan alto como Goliat.

Y eso nos lleva a (C), las "nuevas pruebas", todas esas fotos de cráneos gigantes, esqueletos, cajas torácicas que vemos en Internet. Hasta donde podemos decir, todos los que se han examinado han demostrado ser producto del Photoshop. De hecho, la razón por la que estos esqueletos empezaron a aparecer es que en 2002 hubo un concurso en el que se pedía a la gente que creara imágenes de falsos descubrimientos arqueológicos.

El ganador fue una imagen manipulada con Photoshop de un enorme esqueleto humano, ¡que se mostraba junto a excavadoras de tamaño normal! El esqueleto principal pertenecía a una foto de un mastodonte que fue tomada en Hyde Park en Nueva York; y el diseñador de la foto se contentó con añadir una imagen ampliada de un cráneo humano. Ha admitido gustosamente que solo tardó una hora y media en producirla, e incluso ha mostrado sus fotos del "antes" y el "después". (Véase el enlace más adelante, IronKite). ¡Para mostrar cómo estas imágenes circulan y pierden credibilidad, otro sitio dice que la misma foto fue tomada en Arabia Saudí!

Se creó un engaño similar con una foto de un esqueleto de dinosaurio encontrado en Níger, y con un cráneo humano ampliado digitalmente al lado.

Lo que sí tendría valor es que auténticos expertos en arqueología, anatomía humana y ADN humano, y datación radiométrica examinen un hueso para ver si es antiguo, humano y gigantesco. Deben figurar la ubicación específica del hallazgo; los nombres de los verdaderos expertos; y también el laboratorio donde se está examinando. A partir de décadas de fotos de gigantes, nada de eso ha ocurrido con ninguno de esos huesos, al menos no en el momento en que escribo esto.

¿Hay una conspiración para encubrirlo?

¿Cómo puede la gente ser tan enfática en que se han descubierto esqueletos gigantes? Como es tan común, hay una teoría de conspiración. Examinemos una: Richard J. Dewhurst, *Los antiguos gigantes que gobernaron América: los esqueletos desaparecidos y el gran encubrimiento del Smithsonian* (Ancient Giants who Ruled America: the missing skeletons and the great Smithsonian cover-up) publicado en 2013.

Dewhurst no es historiador, ni arqueólogo, ni está formado en ninguna de las ciencias pertinentes; como muchos investigadores aficionados, estudió periodismo; como muchos autores de historia falsa, trabajó para el canal de televisión History. Su objetivo declarado: "Solo la verdadera investigación histórica, no empañada por los prejuicios, nos dirá finalmente la respuesta". Esto es admirable, pero cuando un hombre no está en absoluto capacitado para hacer una investigación histórica, ¡apenas es una meta realista!

De hecho, su libro es un ejemplo de la falacia de que "un gran montón de pruebas muy débiles es igual a una prueba sólida", a través de cientos y cientos de páginas que solo dan información de segunda mano o de tercera o cuarta mano. Su libro "incluye más de 100 fotografías raras e ilustraciones de las pruebas perdidas". "...se han desenterrado miles de esqueletos gigantes en los sitios de los constructores de montículos en todo el continente, solo para desaparecer del registro histórico". Se refiere a "...otros descubrimientos gigantescos ocultos".

¿Se da cuenta del tema que se plantea? *Pruebas perdidas. Desaparece del registro histórico. Ocultos.* En otras palabras, le está diciendo que no tiene ninguna prueba tangible, ya que el 100% de los restos físicos están perdidos. Esa es su justificación para no realizar investigaciones de laboratorio, de campo, radiométricas o de ADN. Tampoco expone un factor conocido por los historiadores de los Estados Unidos: que en los siglos XVIII, XIX y principios del XX, los periódicos locales tenían pocas noticias para informar, por lo que escribían bulos para llenar las páginas. "...los nuevos periódicos, para satisfacer las demandas de los lectores, debían ofrecer historias convincentes que el público quisiera seguir. Como los lectores no se preocupaban necesariamente por la credibilidad de las fuentes, estos periódicos publicaban a menudo historias escandalosas de crímenes y borracheras (con vividos detalles locales) e incluso relatos inverosímiles y extraños de descubrimientos (pseudo)científicos" (véase Castagnaro, más adelante). ¡Y estos son los mismos "datos" en los que se basa Dewhurst para su libro! Respondemos que, cien columnas de periódicos antiguos no tienen el valor de un solo hueso gigante, examinado en un laboratorio.

Para que su teoría funcione, Dewhurst necesita un villano: "El Smithsonian ha suprimido activamente las pruebas físicas durante casi 150 años". El Instituto Smithsonian es una red de museos e instalaciones de investigación que tiene relación con el gobierno de Estados Unidos, pero que actúa de forma independiente. Dewhurst utiliza al Smithsonian como el diablo de la historia: ¡decenas de miles de esqueletos gigantes han sido destruidos u ocultados por ellos! (Otra versión dice que el Smithsonian y el Vaticano trabajan juntos, echando miles de esqueletos a las profundidades del océano). Cada vez que la gente desentierra esqueletos gigantes en sus jardines o en el desierto, los agentes del Smithsonian –algo así como Will Smith en "Hombres de Negro"– llegan para confiscar los huesos y amenazar a la gente para que guarde silencio. El "documental" llamado "Una raza de gigantes: Nuestra historia prohibida" (A Race of Giants: our forbidden history, 2015), adopta la misma historia sobre el Smithsonian. No creo que den crédito al libro de Dewhurst, pero al igual que él, se refieren a historias del siglo XIX de periódicos sensacionalistas locales como "prueba"; muestran el esqueleto de Hyde Park y otros; insinúan que tanto el Smithsonian como también el Vaticano están encubriendo pruebas.

¡Pero un momento! Hay un capítulo adicional en el mito: "El Instituto Smithsonian admite haber destruido miles de esqueletos de humanos gigantes a principios del 1900". Dice que el Instituto Americano de la Arqueología Alternativa (American Institution of Alternative Archaeology) había solicitado a la Corte Suprema de EE. UU. que obligara al Smithsonian a admitir que había mentido y a hacer pública toda la información que tenía sobre los esqueletos.

¿Qué es el origen de esta historia?

- El artículo apareció por primera vez en el World News Daily Report (véase más adelante). Esto debería ser una señal de alerta inmediatamente. Su lema es "World News Daily Report: Donde los hechos no importan". WNDR es un sitio web de humor, que anuncia expresamente "el carácter satírico de sus artículos y la naturaleza ficticia de su contenido". Veamos algunos de los titulares de hoy jueves: "Las pirámides se construyeron con ayuda de los dinosaurios, afirma un egiptólogo de alto nivel"; "Un refugiado sirio renuncia al islam después de probar la tocineta por primera vez"; "Capturan un tiburón prehistórico de 15 toneladas frente a la costa de Pakistán", y tiene una imagen, cortesía de Photoshop. Ya ve la tendencia.
- El artículo de WNDR se publicó por primera vez en diciembre de 2014. Parece depender directamente del libro de Dewhurst, que se publicó en diciembre de 2013.
- El "informe" no da ninguna fecha para el veredicto, ni número de caso, ni cita del veredicto; es decir, tiene toda la vaguedad típica de los artículos sensacionalistas.
- He comprobado cuidadosamente en la base de datos oficial de la página web de la Corte Suprema: no contiene ninguna sentencia sobre "gigantes" o el Instituto Americano de la Arqueología Alternativa en ninguno de sus veredictos. Nunca.
- Y para terminar: el Instituto Americano de la Arqueología Alternativa ni siquiera existe, salvo en el artículo del World News Daily Report y en los sitios que hacen referencia al artículo.

¿Podría el racismo ser un tema?

La lógica de Dewhurst tiene un elemento inquietante. Señala, correctamente, que en el siglo XIX, muchos historiadores norteamericanos, incluido el Smithsonian, restaron importancia o incluso borraron los hechos sobre la cultura indígena americana avanzada.

Pero la narrativa de Dewhurst es potencialmente más racista. Si hubo civilizaciones avanzadas en América, dice, no fueron establecidas por los habitantes nativos americanos que conocieron a Colón. Esta es una versión más de un prejuicio contra los pueblos antiguos o indígenas: los egipcios no pudieron construir las pirámides, por lo que debieron ser extraterrestres; los gigantes construyeron el enorme templo de Baalbek; se utilizó tecnología extraterrestre para construir las gigantescas estatuas de Maoi. Y por último según Dewhurst: los enormes edificios de Estados Unidos deben haber sido construidos por gente alta *y blanca*. Los nativos de piel más oscura eran más bajos y culturalmente inferiores: "En estas páginas y páginas de documentación hemos visto ahora la amplia presencia de los gigantes americanos, sus sofisticadas culturas, su estatus real, sus vínculos genéticos **caucásicos**..." (énfasis añadido). El documental "Una raza de gigantes" implica lo mismo: había gigantes blancos con pelo rubio o pelirrojo.

Joseph Smith ofrece un paralelismo. En el Libro de Mormón, los americanos superiores eran hebreos, que habían navegado hasta América; los nativos americanos eran una raza degradada, cuyo pecado hacía que su piel se volviera "roja". No es de extrañar que algunos mormones expresen su interés por la teoría de los antiguos gigantes, y por el libro de Dewhurst en particular.

Unas preguntas que se debe hacer:

- ¿Dónde están esas decenas de miles de esqueletos? ¿Dónde están siquiera diez? ¿Dónde está *tan solo uno*?
- ¿Por qué suponer que el Instituto Smithsonian controla toda la investigación científica en este campo, no solo en Norteamérica, sino en todo el mundo?
- ¿Dónde está la prueba de que todos los esqueletos gigantes fueron enviados a un solo lugar, el Smithsonian, y no a las numerosas universidades de Estados Unidos y del mundo?

- ¿Por qué no se han realizado pruebas de laboratorio de ningún supuesto esqueleto gigante?
- ¿Cómo es posible que el todopoderoso Smithsonian haya permitido que todas estas fotos de esqueletos gigantes se escapen a Internet?

Los Nefilim y los "últimos días"

Un tema más antes de continuar: algunos dicen que antes de la venida del Señor, los gigantes Nefilim volverán a la tierra y que quizás el anticristo será uno de estos superhumanos. Algunos relacionan a los Nefilim con Pie Grande, con los ovnis, con los mayas y quién sabe qué más. No veo ninguna indicación de esto en la Biblia, ni siquiera en el Discurso del Olivar.

Tenemos que examinar con cuidado lo que Jesús dijo exactamente en Mt 24:37 NVI (y su paralelo en Lc 17:26): "La venida del Hijo del hombre será como en tiempos de Noé". Pero ¿exactamente cómo en tiempos de Noé? Jesús mismo nos dice: "Porque en los días antes del diluvio comían, bebían y se casaban y daban en casamiento, hasta el día en que Noé entró en el arca; y no supieron nada de lo que sucedería hasta que llegó el diluvio y se los llevó a todos. Así será en la venida del Hijo del hombre" (Mt 24:38-39). El punto de similitud es: la gente no estaba preparada en absoluto para el desastre.

Solo porque el final será como los días de Noé en este sentido, no significa que serán como los días de Noé en todos los sentidos.

RESUMEN

- Génesis 6 habla quizás de gigantes humanos; otros pasajes lo hacen más explícitamente.
- Hasta la fecha, las muchísimas fotos de esqueletos gigantes parecen haber sido retocadas con Photoshop.
- El canal History es famoso por promover la pseudohistoria; un ejemplo desde 2014 es "En busca de los gigantes perdidos".
- Los gritos de "pruebas perdidas" no sirven para un estudio serio.
- El Instituto Smithsonian nunca admitió que suprimiera las pruebas de los gigantes, ni la Corte Suprema les ordenó que las hicieran

públicas; la verdad es que, ningún caso de los gigantes nunca ha llegado a la Corte Suprema estadounidense.

- Deberíamos exigir pruebas por parte de auténticos expertos en arqueología, anatomía y ADN humanos, y que la datación radiométrica examine un hueso para ver si es antiguo, también humano y también gigante.

FUENTES

Gary Shogren. "¿Qué son los 'hijos de Dios' en Génesis 6?" https:// razondelaesperanza.com/2010/06/04/que-significa-el-pasaje-sobre-los-hijos-de-dios-en-genesis-6/

"Encounters with Fossil Giants" (Encuentros con gigantes fósiles). *Biblical Archaeological Review* 47.3 (2021). https://www.baslibrary. org/biblical-archaeology-review/47/3/15.

Josefo habla de huesos de gigantes en Hebrón. "Quotes from Josephus concerning Giants" (Citas de Josefo sobre los gigantes). https://www. generationword.com/notes/bible-topics/josephus_giants.htm.

Durante muchos años, los periódicos locales de Estados Unidos llenaron sus páginas con historias falsas. Esto se encuentra en la tesis de Mario Castagnaro, "Embellishment, fabrication, and scandal: hoaxing and the American press". (Adorno, fabricación y escándalo: el hoaxing y la prensa estadounidense). https://www.proquest.com/ openview/23a503fdfdbc615b4081813deffa6deb/1?pq-origsite=gscholar&cbl=18750.

"Personas más altas del mundo". https://es.wikipedia.org/wiki/Anexo:Personas_m%C3%A1s_altas_del_mundo#:~:text=El%20estadounidense%20Robert%20Wadlow%20(1918,del%20mundo%20en%20la%20actualidad.

IronKite y su "esqueleto" de Hyde Park: Martín Bonfil Olivera, "La verdad en los tiempos del Photoshop". https://lacienciaporgusto.blogspot.com/2004/08/la-verdad-en-los-tiempos-del-photoshop.html.

Gigantes de Longshan: "Los gigantes sí existieron, encuentran sus tumbas y casas en China". https://news.culturacolectiva.com/noticias/ descubren-tumbas-esqueletos-de-gigantes-china-5-mil-anos/

El gigante de Lucena: "Un gigante vivió hace 1000 años en al-Ándalus". https://elpais.com/elpais/2015/03/26/ciencia/1427374084_380009.html.

La estafa sobre cómo el Smithsonian "admitió que mintieron", versión en español: "El Instituto Smithsonian admite haber destruido miles de esqueletos de humanos gigantes a principios del 1900". https://exociencias.wordpress.com/2015/02/08/el-instituto-smithsonian-admite-haber-destruido-miles-de-esqueletos-de-humanos-gigantes-a-principios-del-1900/; y un vídeo sobre el mismo tema: "¡Impactante, esqueletos de gigantes fueron destruidos para esconder la verdad!". https://www.youtube.com/watch?v=E5rejgUqC8E.

Artículo original de World News Daily Report: "Smithsonian admits to destruction of thousands of giant human skeletons in early 1900's" (El Instituto Smithsonian admite haber destruido miles de esqueletos de humanos gigantes a principios del 1900). https://worldnewsdaily report.com/smithsonian-admits-to-destruction-of-thousands-of-giant-human-skeletons-in-early-1900s/.

La mente humana:
Mito hasta que se pruebe lo contrario

Recuerde la guía que seguimos en nuestra búsqueda de mitos: una cosa no se prueba hasta que se comprueba que es verdadera. Por supuesto, algunas historias son difíciles de probar o refutar, pero hay un factor añadido: existe toda una industria, ¡muy lucrativa!, basada en contar historias falsificadas o bulos o teorías paranoicas.

Por ejemplo, existe un sitio llamado "Before It's News – People-Powered News" (Antes de que sea noticia – Noticias creadas por las personas; www. beforeitsnews.com). Ahora mismo estoy mirando su página de inicio y no encuentro nada que sea remotamente creíble. Lo que ocurrió hace unos años fue que encontré el sitio, me sentí tan repelido que escribí mi propio artículo tonto de pseudociencia; luego tardé cinco minutos en registrarme como "reportero aprobado" para Before It's News; y lo publiqué en su página. Lo dejé allí durante no más de 24 horas, pero antes de que pudiera borrarlo, mi "anuncio" sobre los girasoles tóxicos ya había dado la vuelta al mundo, especialmente en Rusia, donde más de 70 sitios lo copiaron y pegaron. ¡Lo dejé en el sitio, brevemente, en 2017, y aún hoy *sigue circulando como si fuera la verdad*! De hecho, ¡alguien publicó un vídeo en YouTube, analizando mis "afirmaciones científicas"! (Envié al autor un correo electrónico, diciéndole de dónde había salido la historia).

También hay sitios cristianos que se limitan a transmitir historias sin que ninguna persona calificada las investigue. Esto viene en dos variedades: (1) tanto el titular como la historia no son verdaderos o están distorsionados. O (2) es "ciberanzuelo" (en inglés, "clickbait"; también cibercebo, cebo de clics o anzuelo de clics), donde la historia puede contener algo de verdad, pero el titular es engañoso. Wikipedia describe el ciberanzuelo (clickbait) como "los contenidos en internet que apuntan a generar ingresos publicitarios usando titulares y miniaturas de maneras sensacionalistas y engañosas para atraer la mayor proporción de clics posibles. Los titulares *clickbait* típicamente apuntan a explotar la 'brecha de curiosidad', proporcionando la información suficiente para provocar curiosidad al lector, pero no para satisfacer su curiosidad sin hacer clic en el contenido enlazado". Clickbait puede ser una foto llamativa, a veces de naturaleza sexual ("¡Miren a esta actriz en la playa!") o algo que pretende provocar una respuesta emocional negativa.

Y los cristianos en los medios sociales hacen lo mismo si se trata de una historia que parece ser cierta.

He aquí un ejemplo de clickbait emocional de 2015: "Un parque acuático del Reino Unido prohíbe los bikinis y ordena a los visitantes que lleven ropa islámicamente apropiada". El clickbait original proviene del periódico sensacionalista británico el *Daily Express*. De hecho, mostraron una foto de archivo de una mujer con *burka*. Qué escándalo, ¿verdad? Y hubo una gran reacción en todo el país y gritos furiosos de que los musulmanes están implementando la ley *sharía* (ley islámica). Entonces, usted hace clic para leer el artículo, y si lo lee con atención, verá que esto fue solo para una noche, después de que el parque estuviera cerrado, cuando algunas musulmanas habían alquilado todo el parque para su propio evento. También dijeron al público que cualquier mujer era bienvenida. Los organizadores sencillamente pidieron que las mujeres acudieran vestidas, no con un *burka*, como se podría haber deducido del titular y la foto, sino con pantalones de deporte y camisetas.

Por supuesto, el *Daily Express* podría poner una cara inocente y decir que solo había informado de la verdad. No es casual: consideremos el ciberanzuelo en el titular, el hecho de que la dirección web del artículo contuviera "burka", la foto y la información incompleta. Ellos tenían la intención de engañar. Y toda intención de engañar es falsedad.

Recuerde: si algo parece demasiado exagerado para ser cierto, posiblemente sea falso.

Capítulo 4

¿EL *LIBRO DE ENOC* ES UNA REVELACIÓN ANTIGUA? NO.

¿Cuántos estudiantes de la Biblia se han detenido, se han quedado mudos, al leer Judas 14-15 NVI:

> También Enoc, el séptimo patriarca a partir de Adán, profetizó acerca de ellos: "Miren, el Señor viene con millares y millares de sus ángeles para someter a juicio a todos y para reprender a todos los pecadores impíos por todas las malas obras que han cometido, y por todas las injurias que han proferido contra él".

¿De dónde procedió este texto de Judas?

Hay varias teorías sobre de dónde sacó Judas esta cita, pero la fuente es obvia: el libro apócrifo conocido como *1 Enoc*. En mi clase de Trasfondo del Nuevo Testamento leemos secciones o libros enteros de la época del judaísmo del Segundo Templo, el tiempo que va desde la finalización del templo de Zorobabel hasta su destrucción por los romanos (cerca 515 a. C. – 70 d. C.). Exploramos dos rollos del mar Muerto, la Sabiduría de Ben Sirac, algunos textos de Josefo y Filón, y los 108 capítulos de *1 Enoc*. Entre nuestras lecturas está nuestro texto relevante, *1 Enoc* 1:9 (versión Diez Macho): "He aquí que llegará con miríadas de santos para hacer justicia, destruir a los impíos y contender con todos los mortales por cuanto hicieron y cometieron contra él los pecadores e impíos".

1 Enoc 1 por supuesto habla de Yahweh; es una paráfrasis de Dt 33:2 (RV 60): "Jehová vino de Sinaí, y de Seir les esclareció; resplandeció desde el monte de Parán, y vino de entre diez millares de santos, con la ley de fuego a su mano derecha".

Judas está identificando la segunda venida del Señor Jesús como la venida de Yahvé Dios. Así Judas es un paralelo a otros textos del N. T.: el Señor Jesús vendrá "con todos sus santos" (1 Ts 3:13 NVI); "el Hijo del hombre ha de venir en la gloria de su Padre con sus ángeles, y entonces recompensará a cada persona según lo que haya hecho" (Mt 16:27 NVI); y la oración *Maranatha* ("Ven, Señor [Jesús]").

1 Enoc fue escrito en el género "apocalíptico". Un apocalipsis era el relato de algún personaje bíblico famoso que supuestamente recibía revelaciones de épocas pasadas, del mundo celestial o incluso de la época venidera. *1 Enoc* 1:2 hace explícita esta agenda: "Hubo un varón justo, cuyos ojos fueron abiertos por Dios, que tuvo visiones santas y celestiales, lo que me han mostrado los ángeles, de quienes todo oí y comprendí lo que veía; visiones que no son para esta generación, sino para una lejana, que ha de venir".

Hay quienes argumentan que, si Judas afirma que el Enoc histórico dijo esto, entonces el libro de *1 Enoc* debe haber sido una verdadera revelación de Dios; y que de alguna manera fue transmitido de Moisés a Noé y al pueblo de Dios durante milenios, y que luego fue citado por Judas.

De hecho, no hay pruebas de que *1 Enoc* sea auténtico o antiguo, y sí muchas de que fue escrito entre el siglo II a. C. y el I d. C. Por ejemplo, en realidad no es un libro, sino cinco libros separados que se unieron con una introducción general. Al parecer, fue escrito en arameo (unas pocas palabras de 1:9 están incluidas en el fragmento del mar Muerto, escrito en esa lengua) y posteriormente traducido a otras lenguas. El arameo no fue un idioma muy antiguo, entonces, ¡apenas el idioma de Enoc! Forma parte de un grupo de libros "enoquianos" que incluye *2 Enoc* y *3 Enoc*; citaremos *3 Enoc* en el capítulo sobre "Gog y Magog".

La cuestión de la pseudonimia

Al igual que otros libros de su género, el autor o los autores de *1 Enoc* seleccionaron una figura bíblica famosa y pusieron en su boca la agenda del judaísmo del Segundo Templo. Enoc fue una elección natural, dado su misterioso final: "En total, Enoc vivió trescientos sesenta y cinco años, y como anduvo fielmente con Dios, un día desapareció porque Dios se lo llevó" (Gn 5:23-24 NVI).

¿Por qué alguien haría eso?

Supongamos que un oscuro hombre de hoy, un cierto "Pedro", quisiera abordar los problemas del siglo XXI. La agenda: Si el pueblo de Dios no cambia sus costumbres –¡es decir, si no hace lo que Pedro piensa que debe hacer!– entonces Dios lo destruirá. Sin embargo, si escribe un libro y afirma que Dios le dio una revelación y trata de publicarlo como *Advertencias de Dios dadas a través del Hermano Pedro*, convencerá a pocas personas. Así que Pedro elige un nombre de la Biblia (Abednego, digamos) y lo llama el Apocalipsis de Abednego. "Abednego" tiene entonces una visión en la que Dios le dice lo que ocurrirá en el Fin de los Tiempos. Y ¡qué predicción tan acertada! Describe el surgimiento del SIDA; el comunismo en Cuba; el matrimonio homosexual; la pornografía en Internet; el liberalismo teológico. Y Dios enviará una plaga mundial, que suena mucho a COVID. Pedro entonces "descubre" este antiguo pergamino, lo "traduce", lo publica y vende un millón de ejemplares.

Existe una etiqueta técnica para este tipo de profecía: *Vaticinium ex eventu* significa literalmente "predicción a partir del evento"; también se llama predicción *a posteriori*. Alguien escribe sobre acontecimientos actuales y pretende que alguien lo haya predicho hace tiempo. Así, *1 Enoc* 85-90 ofrece una amplia descripción de la historia de Israel desde la creación hasta el reino mesiánico. Los *Oráculos sibilinos* (libro judío, con algunas interpolaciones cristianas) tienen *Vaticinio* en toda su extensión; los estudiosos pueden datar algunas de las secciones comparándolas con los acontecimientos históricos que la sibila "predijo". Por ejemplo, la conquista de Mesopotamia por Roma por Septimio Severo en los primeros años del siglo III d. C.: "reinará su linaje después sobre todos, hasta el Éufrates y el Tigris por en medio de los ríos de la tierra de los asirios, por la que se extendieron los partos. Así será en el futuro, cuando todo esto suceda". (*Or. sib.* 11.159-162, versión Diez Macho).

Esto es precisamente lo que hicieron estos escritores anónimos del Segundo Templo: eligieron nombres como Adán, Set, Abraham, Moisés, Enoc, etc., "predijeron" acontecimientos que ya estaban ocurriendo a su alrededor y llamaron a Israel al arrepentimiento.

Podríamos considerar un paralelo moderno del siglo XX, un documento llamado "Communist Rules for Revolution" ("Reglas comunistas para la revolución"). Se publicó por primera vez en Estados Unidos en 1946, pero el documento era supuestamente décadas más antiguo. Algunas de las reglas son "corromper a los jóvenes; fomentar las huelgas laborales; alejar a la gente de la religión". El documento concluye: "Ahora, deténgase y piense: ¿cuántas de estas reglas se están llevando a cabo en esta nación hoy en día? No veo cómo ninguna persona pensante puede decir sinceramente que los comunistas no tienen parte en el caos que está trastornando nuestra nación" (estadounidense). Y así, el documento aparentemente predijo cómo sería el mundo en 1946, ¡y esto se toma como prueba de que es genuino! Pero las "Reglas comunistas para la revolución" son, con mucha seguridad, una predicción *a posteriori*, o sea, después del evento: ¡la razón por la que el documento parecía hacerse realidad en 1946 fue porque *fue escrito en 1946*!

¿Por qué *1 Enoc* no está en la Biblia?

Se trata de una cuestión compleja, dado que históricamente algunos cristianos la aceptaron como auténtica, sobre todo la Iglesia ortodoxa etíope. A pesar de que algunos de los primeros cristianos lo citaron (*Epístola de Bernabé*; Clemente de Alejandría; Tertuliano), no fue aceptado en el canon; en parte, esto se debe a que los judíos no lo habían aceptado como Palabra de Dios. Por la misma razón, la iglesia no venera la *Vida de Adán y Eva*, el *Apocalipsis de Adán*, el *Apocalipsis de Abraham* y otros. (No tratamos aquí la Sabiduría de Salomón, Judit, 1 Macabeos, etc., libros "apócrifos" o deuterocanónicos, que los judíos no recibieron, pero que son aceptados por las iglesias romana y ortodoxa).

Es común escuchar que "la Iglesia católica romana suprimió ciertos libros que deberían haber estado en la Biblia; o que alguien eliminó libros del canon; o que ciertos libros fueron ocultados porque eran peligrosos. Pero ahora puede comprar mi DVD y oír hablar de los libros ocultos". ¡Todo el mundo está fascinado por el coraje que le supuso a este experto renegado sacar a la luz la verdad! Este tipo de publicidad vende DVDs, pero no es una erudición sólida.

¿Por qué entonces cita Judas a *1 Enoc*?

Volvemos al punto de partida, la desconcertante cita de Judas. Algunos de los primeros cristianos (Tertuliano, por ejemplo) opinaron que, porque citaba *1 Enoc*, entonces ese apocalipsis debía ser genuino. Otros pensaban que, si Judas citaba *1 Enoc*, ¡entonces Judas no debía ser aceptado como genuino! (La gente cita a Eusebio para arrojar dudas sobre Judas y otras epístolas, pero en realidad Eusebio da una conclusión positiva al asunto: "me consta que tanto estas como las otras se usan en público en la mayoría de las Iglesias"; véase Eusebio, *Historia eclesiástica* 2.23, edición CLIE).

Mientras consideramos la cita de *1 Enoc*, debemos considerar también la alusión al pseudoepigráfico *Testamento de Moisés* (o quizás a otro libro, la *Asunción de Moisés*; ambos son fragmentarios) en Jd 9 NVI:

> Ni siquiera el arcángel Miguel, cuando argumentaba con el diablo disputándole el cuerpo de Moisés, se atrevió a pronunciar contra él un juicio de maldición, sino que dijo: "¡Que el Señor te reprenda!".

Este evento no se encuentra en la Biblia, que solo dice:

> Allí en Moab murió Moisés, siervo del Señor, tal como el Señor se lo había dicho. Y fue sepultado en Moab, en el valle que está frente a Bet Peor, pero hasta la fecha nadie sabe dónde está su sepultura (Dt 34:5-6 NVI).

R. J. Bauckham ofrece el mejor análisis de estos textos: que Judas pertenecía a un círculo que conocía estos libros; que Judas aludió a ellos varias veces, no solo dos; que sabía que sus oponentes los habrían reconocido como autorizados, por lo que las referencias fueron útiles para convencerles de su pecado. A mi parecer, hay un paralelismo en el uso que hizo Pablo de los autores griegos en el Areópago en Hch 17:28: "De él somos descendientes" proviene de *Phaenomena* 5 por Arato, poeta estoico del siglo III a. C.; también "puesto que en él vivimos, nos movemos y existimos" quizás provenga del poeta Epiménides del siglo VI a. C. Pablo las citó como expresiones de la verdad y las consideró apropiadas para un público que conocía y apreciaba la poesía y la filosofía (véase también Hch 14:15-17). En cambio, cuando predicaba a Israel, citaba el Antiguo Testamento (véase, por ejemplo, Hch 13:13-41; 17:11).

¿Es *1 Enoc* –o *2 Enoc,* o *3 Enoc*– una guía para el futuro?

Debido a su insaciable hambre de conocimientos proféticos hoy en día, la gente recurre a *1 Enoc* para obtener información adicional sobre el Fin de los Tiempos. Por ejemplo, ya que Enoc habla de los Nefilim, entonces supuestamente los gigantes o genéticamente superhombres vendrán a la tierra en la tribulación; vea *Nephilim and the Pyramid of the Apocalypse* por Patrick Heron (Nefilim y la pirámide del apocalipsis, 2007, dice que los gigantes construyeron las pirámides, van a volver en el Fin de los Tiempos). O puede buscar Nephilim/Nefilim y Enoc en YouTube. La gente no se conforma con leer solo la Biblia, no cuando puede obtener información secreta.

¿Mi consejo? Consiga una Biblia y léala.

RESUMEN

- *1 Enoc* da todos los indicios de no ser antiguo, sino un libro de la época del Segundo Templo; lo mismo ocurre con el *Testamento –o Asunción– de Moisés.*
- Fue escrito en el género popular de los apocalipsis seudónimos: supuesta revelación divina, escrita bajo un nombre falso, para promover una agenda contemporánea.
- Sus predicciones son *Vaticinium ex evento,* escritas después de los eventos.
- No fue considerado por Israel como Escritura; que solo ha sido considerado como genuino por una pequeña minoría de cristianos.
- No se sabe con certeza por qué Judas citó el *Testamento de Moisés* y *1 Enoc*; la mejor explicación es que sabía que eran textos que sus oponentes respetaban y que les empujarían a arrepentirse de su apostasía.

FUENTES

F. Klein, "Libro de Enoc" en *Gran Diccionario Enciclopédico de la Biblia*, ed. A. Ropero B. (Barcelona: CLIE, 2013), pág. 757-59.

Alejandro Díez Macho, ed., *Apócrifos del Antiguo Testamento*. Tomo IV: Ciclo de Enoc. Madrid: Ediciones Cristiandad, 1984. Libro completo de *1 Enoc* aquí: https://pdfcoffee.com/el-libro-de-enoc-federico-corriente-y-antonio-pieropdf-pdf-free.html.

R. J. Bauckham, *2 Peter, Jude*. WBC: 50 (Dallas: Word, 1983). Él, y Peter Davids en su propio comentario, afirman que Judas consideraba el libro como una verdadera profecía, aunque este punto de vista no es sostenido por todos los estudiosos.

La mente humana:
M.A.P.A. = El miedo a perderse algo

¡Hay un nuevo acrónimo! M.A.P.A = el Miedo a Perderse Algo (en inglés es "Fear Of Missing Out" = FOMO). Es un sentimiento de ansiedad que tiene una persona de que algo maravilloso está ocurriendo sin ella y se perderá la experiencia.

Ejemplo: las amigas de Sara deciden ir a tomar un café. A Sara no le apetece salir esa noche, pero tiene miedo de que ocurra algo interesante; o de que sus amigas se unan más. Y así, decide acompañarlas.

En la era digital, esto ha dado lugar a otra cuestión: la gente ve fotos de famosos con ropa elegante, viajando por el mundo, pisando la alfombra roja. O ven fotos de sus amigos y de sus hijos y hogares perfectos. Y se sienten deprimidos porque se están perdiendo la vida.

¿Hay M.A.P.A en la iglesia? Sí.

Digamos que su amigo fue a una conferencia increíblemente "ungida". Utiliza términos nuevos que usted no ha oído, y suenan realmente perspicaces. O ha leído un libro o ha visto un vídeo que es "lo único que debe ver" para entender realmente los caminos de Dios.

Los mitos también viajan por el ferrocarril del M.A.P.A. Alguien le dice que tiene que usar el nombre "Yeshua", y usted teme no ser aceptado por la gente informada. Usted nunca había oído hablar de la regla de la primera mención, y ahora siente que se ha quedado atrás. Cuando Rusia aparece en las noticias, usted oye que "¡Todo el mundo sabe que eso es Gog y Magog!" –y, ¿cómo es que ellos lo saben y usted no?

La gente ansía estar "en el saber", y eso la deja abierta a los mitos. La presión por avanzar en nuestros conocimientos es algo saludable, si la manejamos con diligencia, paciencia y humildad. Se convierte en un problema espiritual cuando simplemente tratamos de encajar con otros seres humanos.

Capítulo 5

¿LA BIBLIA HABLA DE LAS GRANDES PIRÁMIDES DE GUIZA? NO.

A pesar de que Abraham, José, Moisés y los hijos de Israel debieron ver las Grandes Pirámides, la Biblia nunca se refiere a ellas. Sin embargo, la gente imagina que José o los esclavos hebreos tuvieron alguna participación en su construcción.

Veamos algunos de los problemas, empezando por el más fácil.

¿Esclavos o trabajadores remunerados?

El historiador Heródoto (siglo V a. C.) es la primera referencia conocida a la teoría de que los esclavos construyeron las pirámides: ¡100 mil de ellos! De hecho, ahora hay muchas pruebas de que la teoría de la "esclavitud" es errónea y de que las pirámides fueron construidas por trabajadores asalariados. Los esqueletos de esos trabajadores muestran que estaban bien alimentados y gozaban de buena salud.

¿Extraterrestres o humanos?

Es un mito común que las pirámides no pudieron ser construidas por los antiguos egipcios. En particular, Elon Musk declaró que "obviamente" fueron construidas por extraterrestres. Las autoridades egipcias le reprendieron y se retractó.

Cuando visité las pirámides, nuestro guía señaló el defecto fatal de la teoría de los extraterrestres: antes de la Gran Pirámide, los egipcios habían construido otras. La Pirámide Escalonada de Zoser (cerca de 2650 a. C.) fue la primera. Empezó como plataforma plana, y luego agregaron otras en forma de escalones. Estaba construido con piedra caliza, que se cortaba o tallaba con simples herramientas de cobre. La Pirámide Acodada (c. 2600 a. C.) comenzaba en un ángulo pronunciado, 54 grados. Durante la construcción, tuvieron que cambiar a un ángulo menos pronunciado, 43 grados, para la mitad superior. Los ingenieros habían determinado que, si continuaba a 54 grados, se derrumbaría. Entonces, se puede ver que el diseño de las pirámides se desarrolló con el tiempo. La Gran Pirámide de Jufú (c. 2570 a. C.) geométricamente fue una verdadera pirámide. Reflejó los logros alcanzados a través de la dura experiencia pasada: se encuentra a 51,5 grados, que era el ángulo óptimo para una pirámide más inclinada y a la vez la más firme. La Gran Pirámide también está orientada a los cuatro puntos de la brújula, pero esto es fácil de hacer con la astronomía básica y las cuerdas. Hoy en día se conservan antiguas canteras con bloques a medio terminar; se sabe cómo se cortaron y se trasladaron en barcazas; incluso existe un antiguo libro (el papiro más antiguo conocido) que es un diario de la construcción de la Gran Pirámide. En él, el supervisor de la construcción, Merer, relató los detalles de su trabajo. Sus documentos datan definitivamente la pirámide en la época de Jufú. (Otros la datan mucho antes de sus fechas tradicionales. Estas teorías se desmoronan a la luz de esta nueva información). Al parecer, 10 mil personas trabajaron en el proyecto durante 30 años, utilizando herramientas y tecnologías ya conocidas. Todo para decir que no hay ninguna prueba –o necesidad– de que los extraterrestres cortaran rocas y las hicieran levitar hasta el lugar y las apilaran durante unas semanas.

¿Egipcios o hebreos?

Cuando el primer ministro Menájem Beguín de Israel visitó Egipto en 1977, anunció: "Nosotros [los israelitas] construimos las pirámides". Como ocurrió después con Elon Musk, esto provocó un escándalo internacional, ya que Egipto está muy orgulloso de que los egipcios las hayan construido.

Beguín se equivocó, los egipcios tenían razón. Si uno sigue la datación tradicional, José y los hijos de Israel llegaron a Egipto después del año 1900 a. C. Pasaron 430 años allí, y la última parte de su estancia sirvieron como esclavos: "Les impusieron trabajos forzados, tales como los de edificar para el faraón las ciudades de almacenaje Pitón y Ramsés" (Éx 1:11 NVI). Si estamos atentos a los detalles de la Biblia, los hebreos construían ciudades, no pirámides. Trabajaron con mezcla y ladrillos (1:14); las pirámides, por el contrario, se construyeron principalmente con piedra caliza cortada.

No hay pruebas de que los hebreos tuvieran ningún papel en la construcción de las pirámides. Ya eran antiguas, más de 1000 años, cuando los esclavos hebreos construían Pitón y Ramsés.

¿Tumbas o silos?

Una idea más improbable es que las pirámides fueron construidas por José como almacenes de grano, en preparación para la hambruna de siete años. "Durante los siete años de abundancia la tierra produjo grandes cosechas, así que José fue recogiendo todo el alimento que se produjo en Egipto durante esos siete años, y lo almacenó en las ciudades" (Gn 41:47-48 NVI). La idea de que los almacenes tenían algo que ver con las pirámides se remonta a la Edad Media: por ejemplo, hay un cuadro en la catedral de San Marcos de Venecia de 1204 d. C. que muestra a José de pie cerca de las pirámides. Un agujero en la parte superior de una de ellas es donde vertían el grano.

Una vez más es el hecho de que, las Grandes Pirámides fueron construidas siglos antes de que José fuera llevado a Egipto. Y no se necesita ningún experto para ver que las pirámides no fueron construidas para almacenar grano. Son casi de roca sólida, es decir, no hay espacio para el grano; las pinturas interiores demuestran que son tumbas; las entradas son estrechas. Lo más revelador es que, geométricamente, la forma de la pirámide es la forma menos adecuada para almacenar el grano; verter el grano en la parte superior es fenomenalmente desaconsejable, ya que es casi imposible subir a la cima, especialmente con cargas pesadas.

Por si fuera poco, los arqueólogos han descubierto auténticos almacenes de grano de la antigüedad. Egipto tenía un sistema muy desarrollado;

algunos silos que han descubierto tenían entre 5,5 y 6,5 metros de diámetro, es decir, fácilmente accesibles para almacenar y recuperar el grano. Aunque los hebreos podrían haber construido almacenes como estos, no construyeron las pirámides de piedra.

RESUMEN

- A pesar de que la gente del Antiguo Testamento debió ver las Grandes Pirámides, nadie las mencionó.
- No son almacenes de grano.
- No pudieron ser construidas por José ni por esclavos hebreos; las pirámides llevaban allí muchos siglos antes de los acontecimientos relevantes del Génesis y el Éxodo.
- Seguimos esperando pruebas definitivas para los extraterrestres; por lo menos se puede concluir que, ¡no fueron necesarios para construir las pirámides!

FUENTES

"Heródoto y la historia de la Gran Pirámide". https://cienciaes.com/ulises/2010/04/18/piramide_guiza/

Elon Musk y los ovnis – "Elon Musk afirma que las pirámides fueron hechas por extraterrestres y Egipto lo invita a conocerlas". https://rpp.pe/tecnologia/mas-tecnologia/elon-musk-afirma-que-las-piramides-fueron-hechas-por-extraterrestres-y-egipto-lo-invita-a-conocerlas-noticia-1283987.

Datos sobre la Gran Pirámide, incluso el diario de Merer, supervisor de la construcción – https://www.bbvaopenmind.com/ciencia/fisica/la-fisica-desvela-los-misterios-de-las-piramides-de-egipto/

Graneros auténticos de Egipto: "Descubren almacenes completos de Ramsés II en el norte de Egipto". https://rpp.pe/mundo/africa/descubren-almacenes-completos-de-ramses-ii-en-el-norte-de-egipto-noticia-1202026.

La mente humana:
La ciencia cognitiva

Digamos que hay un accidente de automóvil. Hay cuatro testigos. Y cuando la policía los interroga, cada uno de los cuatro tiene un relato diferente: a veces las discrepancias son triviales, (¿el motorista hizo sonar la bocina antes de la colisión?); otras veces son importantes, (¿estaba el semáforo en rojo? ¿Quién conducía el Honda?).

Usaremos materias de Wikipedia para nuestras definiciones; el lector puede buscar más información allí.

La ciencia cognitiva ha recorrido muchos kilómetros en las últimas décadas. Ahora sabemos que nuestra mente no absorbe los datos ni los guarda con objetividad, como ocurre con la cinta de vídeo; y que gran parte de lo que recordamos está filtrada y analizada por nuestra mente, por el filtro del sesgo cognitivo.

El sesgo cognitivo. Este es el fenómeno de que, nuestras mentes tienden a interpretar los datos de forma individualista. Si usted cree que los pobres son siempre honestos, esto afectará a la forma en que procese su interacción con el próximo pobre que conozca. Por supuesto, el sesgo cognitivo también puede manifestarse como racismo. O, si alguien cree que la NASA siempre miente en todo, estará predispuesto contra su próximo anuncio. Si le dicen: "¿Cree usted *todo* lo que le dice la NASA? Por lo tanto, están mintiendo sobre *esto*". No es una afirmación justa, y difícilmente lógica.

El sesgo de confirmación o **sesgo confirmatorio** es "la tendencia a favorecer, buscar, interpretar y recordar la información que confirma las propias creencias o hipótesis, dando desproporcionadamente menos consideración a posibles alternativas" (Wikipedia). Si usted cree que debe haber un solo pastor que dirija una congregación, sus ojos se verán atraídos por los versículos bíblicos que parecen favorecer eso. Del mismo modo, si usted cree que una iglesia debe ser gobernada por múltiples ancianos. El proverbio dice: "El primero en presentar su caso parece inocente, hasta que llega la otra parte y lo refuta" (Prov 18:17 NVI). Pero creo que también podemos aplicarlo en una segunda dirección: "La persona que presenta su caso, pero cuya conclusión no coincide con nuestras creencias previas, parece equivocada; entonces, cuando la siguiente persona presenta su conclusión, y esta se sincroniza con nuestro sistema de creencias, parece acertada". Lo siguiente nos da algo de perspectiva: ¡YouTube también está lleno de vídeos sobre cómo la NASA demuestra que el islam y el Corán son verdaderos! ¡Y que los ateos son tontos!

Hace unos años, tres hombres anunciaron públicamente que eran exterroristas musulmanes. Por un lado, lo que dijeron fue todo lo que la gente pensó que dirían: se sentía como algo verdadero, por lo tanto, debe ser cierto. Por otro lado, algunos sospecharon que apelaban al sesgo de confirmación de cierto público, para engañarlo.

Todos tenemos nuestros prejuicios y sesgo cognitivo. Yo tengo el sesgo cognitivo, de eso estoy seguro. Y también lo tenemos todos. Y una persona que cree que no tiene sesgos es probablemente la más ciega a su propio proceso de pensamiento, y la más propensa a acusar a todos los demás de pensar de forma sesgada.

Quizás ha visto cierta serie de películas que son producidas por cristianos y para cristianos. Los creyentes de la historia son bondadosos, sinceros, intrépidos, razonables. Los ateos son siempre arrogantes, poco razonables, inflexibles, motivados por el odio. Los cristianos son siempre perseguidos, los ateos siempre los perseguidores, y encarcelarían a los creyentes si pudieran. Las películas apelan deliberadamente al "sesgo de confirmación" de un determinado público, que cree que la historia es realista, porque confirma lo que ya cree.

No somos criaturas objetivas. Vi un comentario bíblico que se anuncia de esta manera: "Es un estudio objetivo de la Biblia". No puedo estar de acuerdo; puede ser *relativamente* objetivo, pero no totalmente. ¡Ni mis propios comentarios bíblicos son "objetivos"! La objetividad es una meta, pero no una realidad en esta vida. Solo en el siglo venidero obtendremos un impulso para entender las cosas como deberíamos: "Ahora conozco en parte; pero entonces conoceré como fui conocido".

Parte de nuestra vida espiritual es la práctica de la "humildad cognitiva e intelectual". Debemos preguntarnos: "¿Qué creo que yo sé?" y "¿Por qué creo que lo que yo sé es cierto?". Podemos aceptar que otra persona esté mejor informada que nosotros. Podemos orar para obtener una mejor comprensión de la verdad, mediante la "renovación de su mente". Podemos asumir que las personas que no están de acuerdo con nosotros, no están necesariamente engañadas ni son malvadas. Pablo es un modelo de humildad cognitiva en su vida espiritual, cuando confiesa que no puede ser objetivo, ni siquiera sobre sus propios pensamientos: "ni siquiera me juzgo a mí mismo. Porque aunque la conciencia no me remuerde, no por eso quedo absuelto; el que me juzga es el Señor" (1 Cor 4:3b-4 NVI).

Un elemento más: la verificación de hechos

"Cuestiona siempre todo lo que oigas, pero solo cuando no quieras que sea verdad". Eso dice un amigo. Por cierto, ¡hablaba con ironía!

Conozco esta carga. Por ejemplo, en uno de mis proyectos de escritura, tardé decenas de horas en localizar información sobre una sola palabra griega; el resultado no acabó siendo más que una frase en mi artículo. Al escribir este libro, he pasado muchas, muchas horas investigando estos mitos. En particular, el "Largo día de Josué" (cap. 23) y el "Computador la Bestia" (cap. 25) requirieron viajes a la biblioteca y horas en Internet. Esto se debe a que, por naturaleza, me gusta verificar mis datos; también creo que es importante conocer lo que es verdadero.

[La] verificación de hechos (en inglés, fact-checking) consiste en detectar errores y noticias falsas en los medios de comunicación (Wikipedia).

Vivimos en una época de noticias falsas, mitos y afirmaciones no verificadas; también vivimos en una época en la que la gente muestra mayor compromiso con una plataforma política que con los hechos. Un político insiste: "**¡Yo nunca dije eso!**". Pero alguien mira y, efectivamente, ¡hay un vídeo en la que el político, palabra por palabra, dice eso mismo! Ahora bien, si el político admite que estaba mintiendo o –como sucede– que simplemente lo ha olvidado, es comprensible. ¿Pero qué ocurre? Algunos presionarán aún más la cuestión y responde: "**¡Yo nunca dije eso, y si usted vio un ví**deo fue falsificado! Y si los testigos que estaban presentes dijeron que me oyeron decirlo, ¡son corruptos! Y si usted está de acuerdo con ellos, ¡está ayudando a nuestros enemigos!".

Esto explica un meme que he visto, que "la verificación de hechos es tontería, es mentira". "Tontería" es mi propia paráfrasis, ya que en inglés era mucho más vulgar. Por supuesto, uno creo que es una "tontería" cuando apoya las creencias de mis enemigos, ¡pero sabia y precisa cuando apoya las mías!

Lamentablemente, vivimos hoy en una hambruna de honestidad, incluso entre el pueblo de Dios. Un amigo me cuenta: cuando cierto hombre fue elegido presidente de Estados Unidos, una creyente le envió a él y a muchos otros un correo electrónico viral que contenía feas acusaciones sobre él. Me informa: "Cuando le señalé a ella que el correo electrónico era en su mayoría falso, declaró que no le importaba. El hombre no le gustaba. Y por eso ella pensaba seguir reenviando este tipo de correos electrónicos".

Hagamos una pausa y reflexionemos sobre cómo esa frase llegó a la boca de un creyente: "No me importa". "¡Ay de los que a lo malo dicen bueno, y a lo bueno malo!" (Is 5:20 a RV 60).

Y si un mito se filtra a través de nuestros sesgos será mucho más probable que lo creamos y lo compartamos con los demás.

RESUMEN

- Nosotros sencillamente no "absorbemos datos", sino que, lo que creemos que es cierto, ya fue filtrado y procesado por nuestra mente; en particular, por lo que creíamos previamente que era cierto.
- Nadie es totalmente objetivo; la objetividad es un ideal hacia el que podemos avanzar. Esto implica, una actitud humilde hacia nuestros propios pensamientos.
- La ciencia cognitiva nos ayuda a comprender lo que dice la Biblia, sobre cómo la gente rechaza la verdad y abraza la falsedad.
- La verificación de hechos es una forma de poner a prueba y quizás empezar a superar nuestros propios prejuicios.

FUENTES

"Sesgo cognitivo". https://es.wikipedia.org/wiki/Sesgo_cognitivo.
"Sesgodeconfirmación".https://es.wikipedia.org/wiki/Sesgo_de_confirmaci%C3%B3n.

¡La NASA prueba el Corán! "NASA Confirms Quran Scientific Prediction and a Shock to Atheists" (la NASA confirma la predicción científica del Corán, impactando a los científicos). https://www.youtube.com/watch?v=j0D15C56DJg.

"Verificación de hechos". https://es.wikipedia.org/wiki/Verificaci%C3%B3n_de_hechos.

Capítulo 6

¿HAN DESCUBIERTO EL ARCA DE LA ALIANZA? ¿EL LUGAR DONDE CRUZARON EL MAR ROJO? ¿LOS CARROS EGIPCIOS BAJO SUS AGUAS? ¿LAS TABLAS ORIGINALES DE LOS DIEZ MANDAMIENTOS? ¿LAS ANCLAS DEL BARCO DE PABLO? ¿Y UNA LISTA DE OTRAS COSAS? NO, CASI SEGURO QUE NO.

El canal History está repleto de documentales sobre tesoros enterrados, historias secretas, arqueología alternativa, ovnis y gigantes antiguos. La mayoría de estos programas son un entretenimiento más que una investigación seria; casi nunca son el resultado de investigaciones a cargo de científicos especialistas. Los vídeos sobre la Biblia son una buena inversión para ganar dinero para la empresa, por ejemplo, estos tres: "Los secretos revelados de la Biblia"; o "El Éxodo descodificado", o "Resurgir de la Atlántida", todos realizados por Simcha Jacobovici. Él es periodista, no historiador. La mayoría de estos "periodistas-exploradores" basan sus programas en simples especulaciones, presunciones y rumores sin aportar prueba verificable, pero que resultan muy atractivos para el público.

Veamos algunos ejemplos extremos de autoproclamados "expertos en arqueología bíblica". Puede que nunca haya oído el nombre de Ron Wyatt. Pero si ha oído alguna vez la historia de que hay ruedas de carros y esqueletos de caballos bajo las aguas del mar Rojo; o ha visto los mapas que muestran la "verdadera" ubicación del Sinaí en Arabia Saudí; o ha visto la foto de Durupınar que supuestamente es el arca de Noé en Turquía; se habrá topado con los supuestos hallazgos de Wyatt.

Ron Wyatt se autoproclamaba como el "Indiana Jones de la arqueología bíblica". Sus carteles le incluían a menudo con un sombrero como el que llevaba Harrison Ford. Pero esto no es Hollywood: en la vida real, Indiana Jones sería considerado, no un erudito, sino un traficante internacional de antigüedades robadas.

Wyatt escapó a los cargos de tráfico ilegal, simplemente porque, ni siquiera tenía artefactos en su equipaje. Esto se debe probablemente a que nunca *encontró* artefactos antiguos. Según él, Wyatt "descubrió" más cosas que las que podrían encontrar una docena de estudiosos en una docena de vidas. A ver: el arca de la alianza; el verdadero monte Sinaí en Jebel al-Lawz, en Arabia Saudí; el lugar del terremoto de Coré; el verdadero lugar del cruce del mar Rojo; un pilar construido por Salomón para conmemorar ese cruce; esqueletos de caballos y ruedas de carros bajo las aguas del mar Rojo; la roca que Moisés golpeó para liberar el agua; el arca de Noé en el sitio de Durupınar; la tumba de Noé; la casa de Noé; la tumba de la esposa de Noé (que contenía un tesoro de oro y joyas). Wyatt hizo cálculos de ingeniería (¡sin formación de ingeniero!) y demostró la única manera en que las pirámides pudieron haber sido construidas. "Descubrió" Sodoma y Gomorra; la Torre de Babel; las tablas originales de los Diez Mandamientos, unidas con bisagras de oro; la espada de Goliat; el verdadero lugar de la crucifixión de Jesús, con agujeros en el suelo donde se erigieron las cruces, y un agujero donde se colocaron las tres señales que se colgaron sobre las tres cruces; e increíblemente, manchas de la sangre de Jesús en el arca de la alianza, que "envió a los científicos": ¡y –él reclamó– ellos demostraron que el ADN de la sangre era de un hombre que había nacido de una virgen!

Ninguno de sus descubrimientos está respaldado por datos científicos; ni los auténticos eruditos pensaron en él como algo más que un hombre "en busca del arca perdida" (les refiero a Standish y Standish, *Holy Relics or Revelation*, que echaron por tierra las afirmaciones de Wyatt y otros pseudo-estudiosos). En cualquier caso, Wyatt abrió la cueva donde estaba escondida el arca de la alianza, y tomó un vídeo borroso, ¡pero salió sin arca ni foto del arca! Su explicación: bueno, ¡no podíamos abrir la puerta, porque eso dañaría los artefactos! Así que todo lo que el espectador puede ver en el vídeo son unos tablones de madera y unas rocas. Él usa palabrería "científica" que es simplemente inventada: por ejemplo, no existe ningún análisis de sangre que demuestre que alguien nació de una virgen. Cita mal a los expertos, los saca de contexto o directamente miente sobre los hallazgos. En el caso del arca de Noé, del monte Sinaí, de Sodoma y Gomorra, trazó el mapa del lugar con un "Generador de Frecuencia Molecular" ("Molecular Frequency Generator"); pero el lector apenas sabrá que eso no es más que una palabra elegante para una varilla de adivinación. Afirma que desenterró un montón de madera

petrificada, brea y sofisticados utensilios de hierro, pero no eran lo que afirmaba. Informó de que el gobierno turco creía su teoría sobre el arca de Noé y que construiría un parque a su alrededor para los turistas, así como una gran autopista hasta el lugar; el gobierno turco responde que no sabe nada de todo esto.

Wyatt fue un ejemplo asombroso de sesgo de confirmación, desechando cualquier prueba que no le respaldara. Su "hallazgo" más famoso, el arca de Noé, es de hecho, una formación de basalto oblonga. Es una formación rocosa conocida, de hecho, hay otras que están cerca del emplazamiento del "arca". Supongo que el arca *podría* estar enterrada en Durupınar, pero nadie ha presentado pruebas reales. No importa el explorador, el lema siempre es "¡El próximo año!".

Parece que fue uno más en la línea de descubridores de la verdadera arca, que incluye a Fernand Navarra y su viga de madera: *Yo he tocado el arca de Noé* (1980); y también el grupo de cineastas cristianos (como es típico: son cineastas, no arqueólogos) de Hong Kong en 2010. Una y otra vez debemos exigir: Si han encontrado el arca, ¡muéstrennos el arca! Por su parte, los chinos ofrecieron al mundo un vídeo de 2,5 minutos de una especie de estructura de madera. Se han mantenido firmes en su afirmación, pero años después, *¡todavía no hay arca!*

Wyatt siempre tenía una excusa para su ausencia de pruebas: *el gobierno israelí ordenó que volviéramos a enterrar los objetos; las fotos desaparecieron; mis pruebas fueron confiscadas por la policía; los terroristas nos robaron* y así sucesivamente. El lector debe reflexionar sobre lo que esto significa: en muchos de los ejemplos de Wyatt, sencillamente *no hay pruebas más allá de lo que dijo haber visto*. ¡Esto significa que, sus pruebas para sus hallazgos son más débiles que las de los círculos en los cultivos, donde al menos hay fotos aéreas claras y un montón de testimonios de testigos oculares que fueron a verlos! Si Wyatt encontró realmente la espada de Goliat, debería haber hecho lo que cualquier explorador serio hace: pasarla a expertos en armas históricas, a varios laboratorios para que comprobaran los metales, la edad del objeto, etc. ¿Por qué no lo hizo? Y por qué, cuando hubo un vídeo que hablaba de esa espada, no mostraron el artefacto real, sino que lo sustituyeron por uno que *podría* haberse parecido al que Wyatt dijo haber visto: pero, ¿dónde está el verdadero que encontró?

En las conferencias, el anuncio era siempre el siguiente: "Nos estamos preparando para volver al lugar y necesitamos financiación"; o "Si duda, venga con nosotros y ayude a excavar"; o "Algún gobierno está a punto de hacer un anuncio importante".

Cuando la gente critica a Wyatt en Internet, sus amigos saltan en su defensa con un celo casi religioso: ¡era un gran hombre! He leído a un defensor de él diciendo: "Acabo de regresar del verdadero sitio del monte Sinaí en Jebel al-Lawz: *debe ser* el verdadero sitio, todo lo confirma". A estos, por cierto, no mostraron datos que se opusieran a Jebel al-Lawz, ni parecen ser personas con la formación necesaria para analizar críticamente las pruebas.

Digo yo que, por supuesto, quizás Jebel al-Lawz en Arabia sí sea el Monte de Sinaí. No obstante, si Wyatt lo descubrió, fue por pura suerte.

Tradicionalmente, las Biblias incluyen mapas en las páginas posteriores. Lamentablemente, los editores de la Reina Valera BTX IV tienen mapas que aparentemente proceden de Ron Wyatt, pero no veo dónde lo acreditan. Dice: "Las imágenes (1, 2, 3 y 4) muestran el lugar geográfico por donde el pueblo de Israel cruzó el mar Rojo. Científicos y exploradores documentaron los hallazgos arqueológicos con cámaras robóticas submarinas mostrando un campo de batalla bajo el agua, donde cientos de carros de guerra egipcios están esparcidos por el fondo del mar". La rueda de carro fotografiada y el coral que parece tener forma de eje están mal etiquetados como "permanecen incrustados en los corales submarinos en el fondo del océano". Sencillamente, nada de eso es verdad. Toda esta nota es inexcusable para una Biblia de estudio.

El año anterior a su muerte, Wyatt dio una entrevista titulada "La batalla invisible – Ron Wyatt habla de por qué la mayoría de los eruditos y científicos no aceptan los descubrimientos" (nuestra traducción, véase el enlace más adelante). Como siempre, insistió mucho en su afirmación de que todo esto era una batalla *espiritual*; que él era el principal arqueólogo bíblico de la actualidad y que cualquiera que no estuviera de acuerdo con él era, bueno, del diablo.

Aunque no lo mencionó en esta entrevista en particular, Wyatt creía en la doctrina de los Adventistas del Séptimo Día, "el espíritu de profecía". La doctrina indica que, en el fin de los tiempos, Dios pueda dar una nueva revelación a su pueblo. Dijo: "Creo que fui el único que se ofreció en el momento en que Dios estaba preparado para revelar todas estas cosas". Este es el argumento falaz conocido como, Apelación al Cielo (técnicamente llamado *Argumentum ad coelum*), que, sé que esto es verdad porque Dios me dijo que era verdad y si no estás de acuerdo conmigo eres anti-Dios. En el caso de Wyatt: si un erudito cree que el arca está en un lugar distinto a Durupınar; o que la ley se dio en la península del Sinaí, no en la península arábiga; es porque Satanás los levantó para difundir mentiras. Y (¡lo más irónico!) estos otros lo hicieron por atención o por dinero. Por otro lado, Wyatt "simplemente sabía" en su mente dónde estaban las cosas. Wyatt era popular en algunos círculos adventistas, aunque los eruditos adventistas que conozco –¡y que creen en el espíritu de profecía!– más los adventistas Russell R. Standish y Colin D. Standish que publicaron *Holy Relics or Revelation*, aparentemente consideran a Wyatt una vergüenza. También Wyatt hizo la afirmación espiritualmente inquietante de que: "Mi opinión personal es que [mi descubrimiento del arca de la alianza] es la culminación de todo el plan de salvación". Apela, oblicuamente, a la doctrina del espíritu de profecía. Crea así un vínculo con algunos adventistas, mientras incomodando a los adventistas que tienen un juicio más sano.

Observe cómo el argumento de Wyatt se saboteó a sí mismo: afirmó que él podía encontrar estas cosas, con ayuda celestial, porque es el Fin de los Tiempos, "en el momento en que Dios estaba listo para revelar todas estas cosas". Pero ¡espere! ¿Estaba Dios preparado para revelar estas cosas *al mundo*? No, en absoluto: solo a Wyatt y a un su círculo de camaradas. Lógicamente, nuestra siguiente pregunta tiene que ser: ¿Por qué Dios eligió revelar estos maravillosos hallazgos, pero no preservó la evidencia de su existencia, en lugar de esperar que confiemos en la palabra de Wyatt de que los vio y descifró? Para encontrar un paralelismo: históricamente, Joseph Smith dijo: "Vi tablas de oro y finalmente las devolvió al ángel Moroni. Pero las traduje al inglés como el Libro de Mormón, y aquí está a la venta". Pero el caso de Wyatt sería, como si Smith hubiera dicho: "Las traduje como el Libro de Mormón, las devolvió al ángel, *¡pero la traducción del Libro de Mormón también se ha perdido!* Pero no importa, ¡les diré lo que decía!".

Al principio sugerí que la respuesta a **"¿HAN DESCUBIERTO EL ARCA DE LA ALIANZA etc.?"** era "**CASI SEGURO QUE NO**". Eso es porque, supongo que es posible que Wyatt tropezara *accidentalmente* con el arca de la alianza en una pequeña cueva en las afueras de Jerusalén. Por cierto, regularmente se dice que el arca está en algún lugar u otro, y esto en sí mismo debería hacernos menos confiados. Afirman que el arca está en Inglaterra, en Jordania, en Sudáfrica, en Francia, en Estados Unidos, en Canadá, en –por supuesto– el Vaticano, etc. La Iglesia etíope la tiene supuestamente en una sala cerrada, pero no permiten que nadie la examine. Es bien posible que algún día se descubra. Pero si lo es, se aplica la misma regla: "No hable de posibles interpretaciones, ni de mitos, ni de rumores, ni de fotos perdidas; ¡muéstrenos el arca!".

Debido a las exageradas afirmaciones que hizo, Wyatt se quedó con dos y solo dos opciones:

Uno, aunque no tenía formación en arqueología (Wyatt era enfermero), ni en historia, ni en ninguna de las ciencias relevantes y tampoco formación en lenguas antiguas; aun así, el 100% de sus hallazgos provienen de la revelación de Dios (¡porque Wyatt es, en sus propias palabras, "el único que se ofreció"!), y las afirmaciones contradictorias provienen de Satanás.

O *Dos*, que no tenía ni siquiera los conocimientos de un aficionado a la arqueología; ni tampoco entendía ninguna de las lenguas antiguas y de hecho, otros eruditos están realizando un trabajo creíble durante muchas décadas y aportando excelentes datos (en Turquía, actualmente están haciendo enorme progreso en las ruinas de Éfeso, Hierápolis, Laodicea, Colosas); que las pruebas de Wyatt no eran invisibles porque hubieran desaparecido, sino porque jamás existían; que la creencia de que "Satanás engaña a todos menos a mí" es un juego peligroso.

Bob Cornuke es un discípulo de Wyatt. Como Eliseo heredando el manto de Elías, Cornuke ahora se llama el nuevo Indiana Jones de la arqueología. Su doctorado es de la no acreditada Louisiana Baptist University y no es en estudios de arqueología. Como *Holy Relics or Revelation* demuestra ampliamente, fue un documento de copiar y pegar, no una investigación a nivel de doctorado. ¡No importa! Pues Cornuke "descubrió" las anclas del naufragio de Pablo en la isla de Malta (véase Hch 27:40). Publicó sus hallazgos en *The Lost Shipwreck of Paul* (El naufragio perdido de Pablo, 2005). O puede comprar el DVD; como en muchos de estos documentales de "historia", hay mucha charla, pero pocas anclas. Pero ¡espere! ¡Parece que Cornuke ha vuelto a "perder" el arca de la alianza! Eso permite que, ¡está en una búsqueda para *realmente* encontrarla! ¡Pero tiene que comprar el vídeo "Search for the Ark of the Covenant" (Búsqueda del Arca de la Alianza) por 15 dólares! (Un spoiler, ¡está realmente en Etiopía! ¡No en Jerusalén!). "The Search for Mount Sinai: Mountain of Fire" (La búsqueda del Monte Sinaí: Montaña de Fuego) también está a la venta. En este vídeo, ¡encuentran el altar del becerro de oro! (No es altar, sino una pila de rocas). Cornuke, al igual que otros en este ámbito, se acerca a los donantes a través de la psicología del "fraude por afinidad", es decir, encuentra personas que comparten sus valores cristianos y las recluta para que financien su trabajo.

Wyatt y Cornuke no son los únicos "En búsqueda del arca perdida", busque en Internet y verá decenas de teorías y fantasías. Una persona era Tom Crotser en *Elijah, Rothschilds and the Ark of the Covenant* (Elías, los Rothschilds y el Arca del Pacto, 1983). Consiguió unir sus fotos del arca (¡que ya han sido "analizadas" durante cuatro décadas!), una teoría de la conspiración sobre la familia Rothschild, y establecer una fecha de 1988 para la Segunda Venida. Ah, y aparentemente crear su propia secta. También "descubrió" la Torre de Babel. Y, cómo no, el arca de Noé.

¿Cómo saber si un supuesto arqueólogo es ilegítimo? No es una pregunta fácil. Por ejemplo, aunque muchos judíos y cristianos consideran que sus conclusiones son radicalmente escépticas, Israel Finkelstein es un erudito altamente calificado y respetado. He aquí algunas ayudas para encontrar a los fraudulentos:

- Pregunte a un profesor del seminario.
- Busque en Google el nombre de la persona. Si la gente dice que "no es que estemos en desacuerdo con Fulano-de-tal, es que es un farsante", entonces es importante saberlo. Si se busca en Google "Ron Wyatt" se encontrarán dos grupos de resultados: "Wyatt fue un erudito maravilloso, piadoso y brillante"; o "Wyatt fue un fraude". Esto es una señal de alerta.
- Los expertos se apresuran a hablarle de cómo todos los demás son perezosos, prejuiciosos, engañados por Satanás.
- Se jactan de cuántos títulos universitarios tienen, aunque son imprecisos sobre dónde estudiaron. O se jactan de que, al no tener formación formal, no tienen prejuicios.
- Recaudan constantemente fondos para nuevos y asombrosos proyectos que, "¡De una vez por todas convencerán al mundo de

que la Biblia es verdadera! ¡Ya casi lo hemos conseguido! ¡El año que viene!".

- Anuncian sus descubrimientos en YouTube o en reuniones de la iglesia o en *bestsellers*; pero no en conferencias académicas o en revistas revisadas por colegas calificados (por ejemplo, el *American Journal of Archaeology*).

- Permiten que solo los miembros de su equipo o las personas que están de acuerdo con ellos examinen sus hallazgos; en la vida real, la gente permite que estudiosos respetados y ajenos a sus proyectos examinen todos sus datos y los evalúen.

- Bob Cornuke y Ron Wyatt (y Michael Rood y Miles R. Jones, véase más adelante en el libro) forman parte de una tribu de personas que enseñan arqueología sin entenderla. No puedo adivinar cuál sería su motivación; quizá Wyatt fuera sincero en su fe. Sin embargo, después se puede ver dónde acaban la mayoría de estos pseudo-estudiosos: con acuerdos de producción televisiva, libros, vídeos superventas y la admiración de la multitud.

RESUMEN

- La mayor parte del trabajo arqueológico es una labor ardua y aburrida. La gran mayoría de los arqueólogos nunca ven un artefacto que se mencione en la Biblia. Un ejemplo positivo de 1975 es el asombroso descubrimiento de un minúsculo sello de arcilla con el nombre Baruc, tal vez el asociado de Jeremías. https://www.biblehistory.net/es/Baruc_Jeremias.pdf. ¡Pero si nos creemos los documentales de televisión, este tipo de cosas se descubren todos los días!

- Hay muchas afirmaciones sobre descubrimientos asombrosos; muchas de ellas son creadas para vender libros o programas de televisión.

- Muchas de estas afirmaciones son anunciadas por personas sin formación en la materia; o manipulan a los verdaderos expertos para que digan cosas que hacen que los pseudo-expertos parezcan legítimos.

- La razón por la que los falsos descubrimientos parecen plausibles es porque algunos cristianos asumen que los medios de comunicación o la NASA o el gobierno siempre miente sobre todo; y porque tienen un sesgo, como todos los creyentes, de aceptar cualquier cosa que parezca "probar que la Biblia es cierta".

- Los verdaderos descubrimientos arqueológicos no se "encubren", pero se tarda años en analizar lo que significan, y los estudiosos legítimos pueden tener opiniones diferentes.

FUENTES

El canal "Historia" en español. https://www.history.com/espanol/schedule.

Wyatt Archaeological Research (ronwyatt.org). Si se mira el sitio, se puede concluir que su principal tarea es vender cosas (libros, DVDS, viajes, derechos de televisión), o buscar inversores.

Análisis del "arca de Noé" por D. F. Fasold, "Bogus Noah's Ark from turkey exposed as a common geologic structure" (La falsa Arca de Noé de Turquía queda expuesta como una estructura geológica común). Note que Fasold sí es geólogo. http://www.csun.edu/~vcgeo005/bogus.html.

G. Amirault, "A Great Christian Scam" (Un gran engaño cristiano). https://www.tentmaker.org/Dew/Dew7/D7-AGreatChristianScam.html. También, "Ron Wyatt Archaeological Research Fraud Documentation" (Ron Wyatt Investigación arqueológica Documentación de fraudes"). https://www.tentmaker.org/WAR/

Russell R. Standish y Colin D. Standish, *Holy Relics or Revelation* (Reliquias sagradas o revelación, Hartland Institute, 1999) da pruebas detalladas y bien documentadas de que los "descubrimientos" de Wyatt eran falsos; los autores son adventistas.

La rueda de carro egipcia se desmiente: "Fake News in Biblical Archaeology". (Noticias falsas en la arqueología bíblica) https://biblearchaeologyreport.com/2018/10/11/fake-news-in-biblical-archaeology/

El grupo creacionista "Answers in Genesis" tiene una larga y detallada desacreditación de Wyatt: https://answersingenesis.org/creationism/arguments-to-avoid/special-report-amazing-ark-expose/

¡Ron Wyatt contraataca! "The Unseen Battle – Ron Wyatt discusses why most scholars & scientists will not accept the discoveries"!!! (La batalla invisible – Ron Wyatt explica por qué la mayoría de los eruditos y científicos no aceptarán sus descubrimientos) https://www.youtube.com/watch?v=4OfuMwG7ZkQ.

"Chinos aseguran haber encontrado el Arca de Noé en Turquía". https://www.acontecercristiano.net/2010/05/aseguran-haber-encontrado-el-arca-de.html. Y una refutación: https://creation.com/hong-kong-ark-fiasco.

"How accurate are Bob Cornuke's claims?" (¿Qué tan exactas son las afirmaciones de Bob Cornuke)? https://www.lifeandland.org/2012/06/how-accurate-are-bob-cornuke%e2%80%99s-claims-2/

La mente humana:
Las afirmaciones extraordianarias requieren, siempre, de envidencia extraordinaria.

Como muchas de las historias de este libro son dudosas en apariencia, el principio que seguimos es que "una cosa no se prueba hasta que se comprueba que es verdadera".

Era un incrédulo, pero el astrofísico Carl Sagan ofreció este sensato principio que ayudará a los creyentes: "Las afirmaciones extraordinarias, requieren siempre de evidencia extraordinaria".

Varios de los mitos de nuestro libro son afirmaciones amplias sobre la realidad: hay mensajes divinos escondidos en el ADN humano; han descubierto el arca del pacto y las tablas originales de los Diez Mandamientos; existe un computador llamado La Bestia que tiene toda la información sobre usted. Hay todo tipo de afirmaciones circulando por el mundo que no empezaremos a tocar: las vacunas son la marca de la bestia; el Apollo 11 nunca fue a la luna; la tierra es plana; la Operación Rayo Azul se acerca; los sionistas gobiernan el mundo; ¡no, los reptilianos!; ¡no, los masones!

Cualquier afirmación de este tipo requiere pruebas sólidas; no las mismas pruebas repetidas y parafraseadas una y otra vez; no pruebas difusas como "me parece que la única solución es la mía" o "yo tenía muchas pruebas, pero me las confiscaron".

Introduzcamos un principio complementario: por lo general "es imposible probar una negativa". Esto se debe a que, hay muchas cosas que no se pueden refutar a menos que se sea omnisciente. Si alguien pregunta: "¿Puede demostrar que los marcianos *no* han visitado la Tierra?". ¡Por supuesto que no! Solo diría que parece más o menos improbable y que, por tanto, no estoy convencido. ¡No me ha mostrado pruebas extraordinarias! "¿Puede probar que Cornuke *no* encontró las anclas?". No. Pero era *su* responsabilidad demostrarlo para mí. No es mi responsabilidad refutarlo. Y las pruebas deberían ser extraordinariamente convincentes.

Cuando alguien cuente una historia extraordinaria, ¡no dude en pedir pruebas extraordinarias! Sin esas pruebas, quizás es mito.

Capítulo 7

¿LA NASA DEMOSTRÓ LA HISTORICIDAD DEL 'DÍA LARGO' DE JOSUÉ? NO.

Todos recordamos el relato del Largo Día de Josué 10. Para los que no aceptan lo milagros, les parecerá un mito. Pero incluso para los creyentes en el Dios de la Biblia, ha habido varias formas de leerlo: que la tierra dejó de girar; que el sol parecía no moverse y por tanto era de día durante parte de la noche (el término científico para esto es "parhelio"; se forma por un reflejo de los cristales de hielo en la atmósfera); ¡algunos incluso lo toman como prueba de una Tierra Plana!

No buscaremos una explicación científica de Josué 10, sino las raíces de un mito que ha circulado durante más de un siglo. Me tomé muchas molestias para rastrear su transmisión, por lo que incluiré los detalles.

DÍA PERDIDO EN EL UNIVERSO DESCUBIERTO POR LA NASA Y HALLADO EN LA BIBLIA

 ¿Sabía usted que el programa Espacial de la NASA en los Estados Unidos recientemente comprobó la veracidad de un hecho en la Biblia, la cual se le había considerado como un mito? (…) El señor Harold Hill, presidente de la compañía automotora Curtis de Baltimore, Maryland y consejero del programa espacial, relata el siguiente suceso: Una de las cosas más asombrosas que DIOS ha hecho entre nosotros sucedió recientemente con nuestros astronautas y científicos espaciales en Green Belt, Maryland. Estaban verificando la posición del sol, la luna y los planetas para saber dónde se encontrarían dentro de cien años y en los próximos mil años. Es indispensable saber esto para poder enviar satélites al espacio y evitar que choque con algo una vez que han entrado en órbita. Se debe proyectar la órbita en términos de la vida del satélite y saber la posición de los planetas para que no destruyan los satélites. Se hizo que la computadora corriera a través de los siglos y de repente se detuvo. La computadora empezó a dar una señal roja de alerta indicando que había algún error en la información con la que había sido alimentada o con los resultados al ser comparados con las normas establecidas. Decidieron entonces llamar a la oficina de mantenimiento para revisarla; los técnicos encontraron que la computadora estaba en perfectas condiciones. El director de operaciones de IBM preguntó cuál era el problema y para su sorpresa la respuesta fue: "Hemos encontrado que falta un día en el universo del tiempo transcurrido en la historia".

¡Empezaron a rascarse la cabeza! ¡No había respuesta! En el equipo había un cristiano que dijo: "Una vez escuché en un estudio bíblico en la iglesia [otras versiones "como niño en la escuela dominical"] que el sol se detuvo". Ellos no le creyeron, pero como no tenían ninguna respuesta, le dijeron: "Muéstranos". Él entonces tomó su Biblia y leyó en el libro de Josué algo bastante ridículo para alguien con "sentido común". En ese pasaje Dios decía a Josué: "No tengas miedo, porque los he entregado en tus manos ninguno de ellos te podrá resistir". Josué estaba preocupado porque el enemigo los había rodeado y si oscurecía, el enemigo podría derrotarlos. Entonces Josué pidió al Señor que detuviera al sol. Y así sucedió. "El sol se detuvo y la luna se paró... y no se apresuró a ponerse casi un día entero". Los ingenieros del Programa Espacial dijeron: "¡Ese es el día que falta!". Rápidamente verificaron en la computadora retrocediendo en el tiempo a la época descrita en la Biblia y descubrieron que se aproximaba, mas no era el lapso de tiempo exacto. El lapso que faltaba en la época de Josué era de 23 horas y 20 minutos, no era un día completo.

Leyeron nuevamente en la Biblia y allí decía: "CASI un día entero" (Josué 10:13). Estas "palabritas" en la Biblia son muy importantes.

Parte del problema había sido solucionado. No obstante, faltaban 40 minutos. Esto ocasionaba un grande problema. Si no aparecían esos 40 minutos, había grandes discrepancias en los cálculos espaciales debido a que los minutos se multiplican muchas veces en órbitas. Este cristiano recordó que hay un lugar en la Biblia donde se menciona que el sol retrocedió. Sus compañeros le dijeron que estaba loco. Sin embargo, permitieron que les mostrara en el segundo libro de Reyes, capítulo 20:8-10, donde la Biblia narra que Ezequías, quien estaba a punto de morir, fue visitado por el profeta Isaías, el cual le dijo que no moriría. Ezequías no creyó y le pidió por tanto una señal diciendo: "Avanzará la sombra diez grados o retrocederá diez grados". Y Ezequías respondió: "Fácil cosa es que la sombra decline diez grados, pero no que la sombra vuelva diez grados". Diez grados son exactamente 40 minutos. 23 horas y 20 minutos en Josué, más 40 minutos en Segundo de Reyes completan las 24 horas que los hombres del Programa Espacial tuvieron que añadir a la historia como el día que faltaba en el universo.

[Esta versión de la historia termina con una exhortación] DEFINITIVAMENTE LA BIBLIA NO ES UN LIBRO MÁS, PORQUE DIOS MANIFIESTA NUEVAMENTE LA VERACIDAD DE SU PALABRA ESCRITA EN LA BIBLIA Y EL SEÑOR CUMPLE SUS PROMESAS. ¿CÓMO NO HEMOS DE VIVIR EN SANTIDAD? SABIENDO QUE LA VENIDA DEL SEÑOR JESUCRISTO ESTÁ CADA VEZ MÁS CERCA.

Este relato está lleno de defectos.

Manejo descuidado del relato bíblico

La Biblia dice "el sol se detuvo en el cenit y no se movió de allí por casi un día entero" (Jos 10:13 NVI). El empleado de NASA dijo que Josué debía significar 23 horas y 20 minutos, exactamente. Este número aleatorio no tiene ninguna base en el texto bíblico, y en la tradición judía no canónica el fenómeno era de dos días enteros (24 horas más otras 24 horas más), por ejemplo: Eclesiástico 46:4 DHH – "Por medio de él se detuvo el sol y un solo día se convirtió en dos". Pero, en cualquier caso, la gente de la antigüedad era capaz de calcular una longitud de tiempo solo mirando el movimiento del sol; si el sol no se mueve, entonces "como un día", no puede ser una fracción científica, sino una impresión subjetiva por un observador humano. Y de hecho, el texto hebreo puede traducirse no como "casi", sino de otra manera, "*como* un día entero", tal y como lo traducen LBLA y otras versiones.

El otro texto bíblico dice que Jehová "hizo que la sombra retrocediera diez peldaños en la escalinata de Acaz" (2 R 20:11 NVI; hay paralelo en Is 38:7-8). El científico de la NASA concluye que esto debe significar 40 minutos, ¡ni más, ni menos! De hecho, debería estar claro para nosotros los lectores que, el científico tenía que decir "40 minutos", porque él ya había adivinado al azar que "casi un día" significa 23 horas y 20 minutos, es decir, un día, menos cuarenta minutos.

Aunque tradicionalmente se representa el milagro de 2 Reyes como si ocurriera en un reloj de sol, el texto no dice eso: la sombra subía "por los escalones" no "alrededor del disco (horizontal)". " ...el planteamiento de mayor sentido común [es] que los 'escalones de Acaz' eran precisamente eso: escalones construidos hasta un techo o una estructura más alta, sobre los que se proyectaba la sombra en determinados momentos del día. [Pero] si el dispositivo se utilizaba como medio para indicar la hora es poco probable, ya que no se indica". (WBC 13:294, nuestra traducción). Por eso la traducción de la RV 60: "el reloj de Acaz" no es la mejor; la de la NVI, "diez peldaños en la escalinata de Acaz", es una interpretación más literal. Incluso si los peldaños marcaran el tiempo, no tenemos ni idea de lo que representan diez peldaños: 40 minutos o 4 horas.

Errores fundamentales de la ciencia

(1) La historia se basa en la suposición de los aficionados de que los satélites duran cien o mil años. *Falso*. El satélite normal dura sólo unos pocos años.

(2) "Se debe proyectar la órbita en términos de la vida del satélite y saber la posición de los planetas para que no destruyan los satélites". *Falso*. Mientras que la gravedad de la Tierra, el Sol y la Luna pueden afectar a la órbita de un satélite, los demás planetas no lo hacen. Un satélite no puede colisionar ni siquiera con el planeta más cercano, a no ser que se desvíe millones y millones de kilómetros, es decir, solo después de que se haya vuelto totalmente inútil para la NASA.

(3) *Un computador de la década de 1960 podría calcular todos los momentos de la historia. Absolutamente falso.* Una versión de la historia dice que "introdujeron todos los acontecimientos de la historia en los bancos del computador". Pongamos un ejemplo minúsculo: imagine que usted le cuenta a un computador todos los acontecimientos de un solo miércoles de su vida, desde la hora de despertarse, la ducha, el desayuno, lo que hizo en el trabajo, cómo llegó a casa, cuánto tardaron en cocinarse los frijoles, cómo se acostó. Dígale cuántos segundos, milisegundos, dura cada actividad. Piense en cómo asignar minutos para cuando conduzca el carro y se tome un café al mismo tiempo. ¿Se imagina un computador que trabaje y trabaje y que luego emita una señal roja para decir: "¡Espera, faltan 3 segundos en tu día! El tiempo debe haber retrocedido". Como afirma nuestro amigo Robert Newman, doctor en astrofísica por la Universidad de Cornell: "Pero ¿es posible este tipo de detección? Piense que, para que las computadoras o sus programadores humanos puedan detectar un día faltante, los programadores deben ingresar un marcador de tiempo fijo que sea anterior al día faltante". Además, para hacer cualquier cosa como este cálculo, "necesitamos dos puntos fijos: uno antes del tiempo de Josué y otro entre el tiempo de Josué y el de Ezequías. Estos puntos fijos deben ser conocidos por los astrónomos y los historiadores con una precisión de unos pocos minutos para que sea posible la detección de una discrepancia tan exacta". Pero no existe nada de eso.

Género de la historia, la versión que incluye la NASA

La historia tiene varios rasgos de mito. Los científicos incrédulos se burlan de la Biblia. Utiliza términos coloquiales –"evitar que choque con algo"– en lugar de científicos. Un momento dramático: "¡una señal roja de alerta!". Y otro más: "¡aún faltan 40 minutos!". Los brillantes científicos no pueden responder a un problema que hasta un niño de la escuela dominical podría resolver. El cristiano tiene por casualidad su Biblia a mano. Los científicos se ven obligados a aceptar la verdad de la Biblia. Según algunos, la NASA encubrió la historia, ¡porque odian a Dios!

Por supuesto, estos factores no desmienten la historia, pero son típicos de las historias de "los cristianos son vindicados" que circulan tan libremente, ¡reafirman nuestro sesgo cognitivo!

Problemas con la transmisión de la historia

La leyenda tiene una larga y confusa historia; cuenta con un extraño elenco de personajes. En su forma actual (que hace referencia a la NASA) circula desde finales de la década de 1960. El predicador Harold Hill solía contarla en conferencias de jóvenes para demostrar la verdad de la Biblia. Cuando empezó a circular en los periódicos, un periodista se puso en contacto con Harold Hill, quien dijo que la historia era cierta, pero que había perdido la prueba; también confirmó que solo la había oído de segunda mano. Otro indicio de que se trata de una leyenda, los detalles han cambiado desde los años 60: en una versión anterior, estaban planeando el primer alunizaje, no el lanzamiento de un satélite; Harold Hill fue ascendido de lo que sabemos que era su verdadero trabajo, un ingeniero eléctrico, a, en otra versión, ¡el "director" del programa espacial!

La NASA ha estado negando la historia desde hace más de medio siglo. A algunos esto les parece siniestro, pero dada la incertidumbre de la historia, es casi seguro que la NASA está diciendo la verdad. Y lo que es más grave, tenemos pruebas impresas de que la historia había estado circulando *80 años antes de que Hill empezara a compartirla*. El experto en leyendas urbanas, Jan Harold Brunvand, escribió todo un ensayo sobre su historia. Robert Newman también tiene un estudio completo y detallado sobre este rumor y muchos otros artículos sobre la Biblia y la ciencia (véase los enlaces más adelante).

Resumiré los puntos más destacados de Newman: el cuento tuvo su inicio, no con la NASA ni con Harold Hill. Una versión anterior fue contada en 1936 por el (pseudo)científico Harry Rimmer en su *Harmony of Science and Scripture* (Armonía de la Ciencia y la Escritura). Es evidente que se trata de *la misma historia, pero sin la NASA, ni los computadores, ni los satélites e IBM*. A su vez, Rimmer dice que *su* fuente fue un escritor del siglo XIX, Charles Totten. He aquí el relato de Rimmer, *Harmony of Science and Scripture* (nuestra traducción):

El profesor Totten escribió sobre un colega, un destacado astrónomo, que hizo el extraño descubrimiento de que la Tierra estaba veinticuatro horas fuera de tiempo. Es decir, que se habían perdido veinticuatro horas. Al discutir este punto con su colega profesor, el profesor Totten desafió a este hombre a investigar la cuestión de la inspiración de la Biblia. Le dijo: "Usted no cree que la Biblia sea la Palabra de Dios, y yo sí. Ahora tenemos una buena oportunidad para demostrar si la Biblia es inspirada o no. Empiece a leer por el principio y lea hasta donde sea necesario, y vea si la Biblia no puede dar cuenta del tiempo que le falta".

El astrónomo aceptó el reto y comenzó a leer. Algún tiempo después, cuando los dos hombres se encontraron por casualidad en el campus, el profesor Totten preguntó a su amigo si había probado la cuestión a su satisfacción. Su colega respondió: "Creo que he demostrado definitivamente que la Biblia no es la Palabra de Dios. En el décimo capítulo de Josué, encontré las veinticuatro horas que faltaban, explicadas. Luego volví a comprobar mis cifras y encontré que en la época de Josué solo se habían perdido veintitrés horas y veinte minutos. Si la Biblia cometió un error de cuarenta minutos, ¡no es el Libro de Dios!".

El profesor Totten dijo: "Tiene usted razón, al menos en parte. Pero ¿dice la Biblia que se perdió un día entero en la época de Josué?". Así que miraron y vieron que el texto decía: "aproximadamente un día entero".

La palabra "aproximadamente" cambió toda la situación, y el astrónomo retomó su lectura. Siguió leyendo hasta que llegó al capítulo treinta y ocho del profeta Isaías. En este capítulo, Isaías nos ha dejado la emocionante historia del rey Ezequías, que estaba enfermo hasta la muerte. En respuesta a su oración, Dios le prometió añadir quince años más a su vida. Para confirmar la verdad de su promesa, Dios le ofreció una señal. Dijo: "Sal al patio y mira el reloj de sol de Acaz. Haré que la sombra del reloj de sol retroceda diez grados". Isaías cuenta que el rey miró, y mientras miraba, la sombra retrocedió diez grados, ¡por lo que ya había bajado diez grados! Esto resuelve el caso, pues ¡diez grados en el reloj de sol son cuarenta minutos de un reloj analógico! Así que la exactitud del libro quedó establecida a satisfacción de este crítico tan exigente. Cuando el astrónomo encontró el día perdido así explicado, cerró el libro y empezó a adorar a su Escritor, diciendo: "¡Señor, creo!".

Así que, Rimmer declaró que él mismo tampoco era un testigo ocular, al igual que Hill cuatro décadas después.

Entonces, preguntamos, ¿quién era el profesor Charles Totten? Era un teniente que enseñaba ciencias militares en Yale y que más tarde renunció para dedicarse a sus estudios religiosos. Es conocido por enseñar el angloisraelitismo, por su cruzada contra el sistema métrico, y por varias doctrinas extrañas sobre la segunda venida. La historia de Totten que Harry Rimmer transmitió aparece en la obra de Totten, *Joshua's Long Day and the Dial of Ahaz: a scientific vindication* (El 'Día largo' de Josué y el reloj de Acaz: una vindicación científica), publicada en 1890. Podemos echar un vistazo al mundo mental interior de Totten con una sola asombrosa frase, en la que data Josué 10: "la conjunción del 'Día largo' de Josué fue el miércoles, el día 1 194 006, es decir, 173 932 semanas y 6 días antes del 17 de junio de 1890".

¡Un día más o menos, por supuesto!

Robert Newman agrega: "La lectura del libro de Totten deparó otra sorpresa: la historia dramática del escéptico convencido no aparece. En cambio, Totten mismo, un no-escéptico en todo momento, intenta demostrar que hay 24 horas faltantes en el tiempo pasado, de las cuales 23 horas y 20 minutos se perdieron en el día de Josué y 40 minutos en el tiempo de Ezequías". Y para que el cálculo funcione asume un día preciso para la creación, el lunes 22 de septiembre de 3996 a. C. "El trabajo de Totten no provee ningún apoyo objetivo de los relatos bíblicos. Totten sí cita la fuente de su fecha exacta de la creación. Fue calculada por la British Chronological Association (Asociación Cronológica Británica). Este grupo, liderado por el cronologista principal, Jabez Bunting Dimbleby, solía publicar un almanaque titulado *All Past Time* (Todo tiempo pasado), en que decían poder llevar la cuenta de *cada día desde la creación*" (énfasis agregado).

Como muchos estudios de esta naturaleza, las matemáticas y la lógica de Totten son inescrutables y casi ilegibles; para hacer un paralelismo más reciente, ¡solo Harold Camping podría entender sus propios cálculos! Por ejemplo, Totten anuncia que la experiencia de Ezequías tuvo lugar precisamente el día 1 202 744 de la existencia de todo el mundo. Él supone que los sacerdotes de la época de Ezequías sabían por tradición que el día de Josué era precisamente de 23 horas y 20 minutos, y por lo tanto "sabían" que los diez grados significaban exactamente 40 minutos. Y también supone que después del 'Día largo' en Josué 10, la Tierra, la Luna y el Sol "saltaron hacia adelante" hasta donde habrían estado si no se hubieran detenido. Es decir, que solo los 40 minutos se habrían perdido durante unos siglos, para luego reinsertarse en la época de Ezequías.

La existencia del libro de Totten demuestra que la versión de la NASA de la historia es una encarnación más reciente de un relato *más* antiguo. Es derivada, copiada y pegada, y, por tanto, está desacreditada. Y Totten no necesitaba un computador de la NASA en su historia: la versión del siglo XIX utiliza un *almanaque impreso*, un libro maravilloso que daba cuenta de "todos los días desde la creación".

La historia del 'Día largo' ha recorrido un largo camino: desde (a) Jabez Bunting Dimbleby y el almanaque of the Asociación Cronológica Británica, a (b) Charles Totten, a (c) Harry Rimmer, a (d) Harold Hill, a (e) digamos, el boletín de su iglesia o el predicador de la radio a algún amigo de FB que acaba de enviarle la noticia de que la NASA "recientemente comprobó" la Biblia, a etc, etc. Y sin duda circulará así durante muchos años.

¿Qué hacía Dios en Josué 10? Su acto milagroso encuentra su base en el Génesis y en el hecho de que Dios lo creó todo y no tenía ningún rival celestial. En la época del Éxodo, para mostrar su soberanía, envió a Moisés a degradar a los dioses de los egipcios. Esos dioses eran supuestamente los dueños del Nilo, de los animales, del sol, de la muerte, de las moscas, del clima, del mar Rojo, pero Jehová mostró su control sobre ellos. También Josué 10 fue una demostración del poder de Dios: Él era el creador del sol y la luna, y los colocó en los cielos para que dieran su luz en determinados momentos. Pero el Creador no estaba limitado por la creación natural. Si decidía soberanamente detenerlos en el cielo, también podía hacerlo. Al igual que en Egipto, donde insultó a los ídolos locales, esos dioses cananeos del sol y la luna y también al poderoso Baal Hadad, el dios del granizo (Jos 10:11 NVI – "el Señor mandó del cielo una tremenda granizada que mató a más gente de la que el ejército israelita había matado a filo de espada"). Y, por último, la parte más maravillosa de la historia no es el milagro, sino que Dios escuchó una voz humana (10:14).

El mito sobre la NASA desvía la atención de la Palabra de Dios, en lugar de exaltarla.

RESUMEN

- El mito en su versión de la NASA no es "reciente"; ha circulado desde los años 60.
- Tampoco fue creado en los años 60; se desarrolló a lo largo de todo un siglo, añadiendo en el camino a la NASA, cohetes, computadores.
- Al igual que con los esqueletos gigantes, tiene muchos elementos de un mito del tipo "La Biblia reivindicada": la Biblia dice una cosa; los incrédulos se burlan de ella; la ciencia demuestra más tarde que la Biblia era cierta todo el tiempo; los cristianos se sienten reivindicados; los incrédulos "encubren" las pruebas; pero por lo menos un científico del siglo XIX se arrepintió: "¡Señor, creo!".

FUENTES

Nuestro ejemplo del mito es de: "Falta un Día en el Universo". http://webcatolicodejavier.org/24h.html.

Harry Rimmer, *Harmony of Science and Scripture* (Armonía de la Ciencia y la Escritura, Grand Rapids: Eerdmans, 1936), pp. 251-83.

Robert C. Newman, quien tiene su doctorado en astrofísica, "El 'Día largo' de Josué y las computadoras de la NASA". https://es.ciencia.misc.narkive.com/LHw9MsFY/el-dia-largo-de-josue-y-las-computadoras-de-la-nasa. Según Newman, Totten aceptó una fecha de 4004 a. C. para la creación. *A mí* me parece que Totten utilizó la fecha de 3996. El lector podría compadecerse de la discrepancia, dada la extraordinaria densidad de números en la obra de Totten.

Charles A. L. Totten, *Joshua's Long Day and the Dial of Ahaz: a scientific vindication.* (New Haven, CT: The Our Race Publishing Co., 1890). https://archive.org/details/joshuaslongdaydi00tottrich.

Jan Harold Brunvand, el experto en mitos y leyendas (véase nuestro capítulo sobre el autoestopista desaparecido) dedicó un capítulo entero al día perdido en *The Truth Never Stands in the Way of a Good Story* (La verdad nunca se interpone en el camino de una buena historia; University of Illinois Press, 1999), pp. 137-48.

T. R. Hobbs, *2 Kings.* WBC: 13 (Dallas: Word, 1985), p. 294.

Capítulo 8

¿JEREMÍAS 10:1-5 CONDENA LOS ÁRBOLES DE NAVIDAD? NO.

Hay un meme del árbol de Navidad que anualmente colocan frente a la Casa Blanca; mide 5 o 6 metros. Bajo la imagen hay una advertencia, tomada de Jeremías 10:2-4 RV 60: "Así dijo Jehová: No aprendáis el camino de las naciones, ni de las señales del cielo tengáis temor, aunque las naciones las teman. Porque las costumbres de los pueblos son vanidad; porque leño del bosque cortaron, obra de manos de artífice con buril. Con plata y oro lo adornan; con clavos y martillo lo afirman para que no se mueva". El mensaje del meme es claro: los árboles de Navidad son ídolos; fueron específicamente condenados en Jeremías; y por lo tanto la Casa Blanca adora a un dios falso, ¡junto con otros que decoran un árbol de Navidad!

Si vamos a acusar a la gente de idolatría –el pecado más extremo de todos– debemos ser extremadamente cuidadosos con los detalles.

Examinado en su contexto, ¿se parece el tronco de Jeremías a un árbol de Navidad?

Bueno, ambos están hechos de madera, pero a partir de ahí, hay poco parecido. Jeremías habla de un trozo de madera, con sus ramas cortadas. Un árbol de Navidad es normalmente un árbol entero, con las ramas intactas. Jeremías habla de un artesano que le da forma con una herramienta (en su contexto, eso sería hacer que parezca un humano o un animal); un árbol de Navidad no tiene esa forma. En Jeremías lo "adornan", pero una mejor traducción es cubrir la madera con láminas de plata y oro batido. Esto es lo que se describe en la ley: "Las esculturas de sus dioses quemarás en el fuego; no codiciarás plata ni oro de ellas para tomarlo para ti..." (Dt 7:25 RV 60). El árbol de Navidad no tiene láminas metálicas, ni tampoco plata u oro. En Jeremías, está clavado, para que no se vuelque; un árbol de Navidad –como cualquier artefacto vertical– tiene que estar de pie, pero no clavado en el piso.

El problema del anacronismo

Un anacronismo es algo que no está en su período de tiempo apropiado; por ejemplo, "Moisés miró su reloj y dijo: 'Son las ocho'". Llamar al tronco de Jeremías árbol de Navidad es un destacado ejemplo de anacronismo, al proyectar en el siglo VII a. C. algo que no existía entonces. El árbol de Navidad tal y como lo conocemos fue inventado en el siglo XVI d. C. por Martín Lutero para honrar el nacimiento del Salvador (otro relato afirma que hubo una tradición anterior inventada por Bonifacio en el siglo VIII d. C.). De cualquier manera, esto significaría que Jeremías estaría condenando a Israel por honrar un objeto que no existiría durante muchos siglos. Y si alguien quiere afirmar que a los paganos siempre les ha gustado utilizar los árboles de alguna manera, podríamos responder: los paganos durante miles de años han utilizado, como nosotros, rituales de agua; rituales de comida; escrituras sagradas; cantos; días especiales; reuniones nocturnas; reuniones diurnas; imposición de manos; ofrendas; recitaciones; oración; profecía; utilizan la luz y la oscuridad como categorías espirituales, así como lo limpio y lo impuro y un montón de otras cosas que quizás parezcan a lo que hacemos los cristianos. La diferencia es que nosotros las hacemos para honrar a Cristo.

Ya que estamos pensando en anacronismos: ¿es cierto que Nahum predijo la invención del automóvil en Na 2:4? "Los carros se precipitarán a las plazas, con estruendo rodarán por las calles; su aspecto será como antorchas encendidas, correrán como relámpagos". Dice una persona: "Esta profecía está sacando a la luz del fin de los tiempos o los últimos días. En los días de Nahum los carros no tenían faros delanteros y no se movían como un rayo como vemos en estos días de autos veloces y vehículos con faros que están encendidos incluso durante el día". El problema aquí es de contexto: Nahum hablaba de una invasión de la ciudad amurallada de Nínive (véase 2:7), que sucedió en el año 612 a. C., no en el siglo XX o XXI. Los carros no son automóviles, sino, como dijo Nahum, "carros antiguos", el hebreo *rakav* indica montar un animal o estar en un carro tirado por un animal. Tampoco dijo que los carros tendrían "faros", sino que los carros corren por las calles "COMO antorchas encendidas, COMO relámpagos".

Y ya que estamos aquí, añadamos un anacronismo más. Jr 50:9 RV 60 dice que "sus flechas son como de valiente diestro, que no volverá vacío". ¡Para algunos, esto predice "armas inteligentes" que son guiadas por computadoras internas! Pero, de nuevo, el texto no dice nada de eso. El profeta habla de armas del siglo VI a. C., y su punto es que las flechas son lanzadas con extraordinaria precisión por hábiles arqueros, asegurando así la destrucción de Babilonia en esa época. No estaba prediciendo la guerra del siglo XXI.

Volvamos a Jeremías 10.

Que la Escritura interprete la Escritura

Jeremías 10 tiene que ver con la adoración de ídolos. Estos estaban hechos de madera o de madera recubierta de metal que eran "el camino de las naciones" de su propia época. Y el profeta escribe al estilo de muchos judíos a lo largo de la historia, siguiendo el esquema: Dios es el único Dios verdadero; la idolatría es el peor de los pecados. Dios es poderoso, está vivo, habla, escucha, responde a la oración y salva a su pueblo. El ídolo —ya sea Baal, Asera u otro— parece un ser humano, pero es débil, está muerto, es mudo y sordo, no puede caminar ni moverse en absoluto, no puede escuchar tus oraciones, ni salvarte.

El lector debe ir más allá de los pocos versículos que podrían parecerse a un árbol de Navidad, para ver lo típica que es la denuncia de Jeremías. Forma parte de una larga tradición de burlarse de estatuas, no de árboles de Navidad: 1 R 18:27; Is 30:22; 37:19; 40:19-20; 44:10-20; 45:20; Os 4:12-13; 13:2; Hab 2:18-19; Sal 115:3-8; Sal 135:15-18; Pablo en Rm 1:22-23; y otra vez en 1 Cor 12:2 NVI: "Ustedes saben que cuando eran paganos se dejaban arrastrar hacia los ídolos mudos".

Aunque los siguientes no forman parte del canon judío, siguen la misma tradición; puede buscar Sabiduría de Salomón 13:10-19 en Bible-Gateway.com. Igualmente: "Los ídolos son hechos por artesanos y orfebres, y no son sino aquello que el artista quiere que sean... ¿Cómo no se dan cuenta de que no son dioses esos que no pueden salvarse a sí mismos de la guerra y del desastre? No son más que trozos de madera recubiertos de oro y plata; por eso, tarde o temprano se verá que son un puro engaño. Todas las naciones y sus reyes reconocerán que no son dioses, sino cosas hechas por los hombres, y que en ellos no hay ningún poder divino". (Epístola de Jeremías 6:45, 49-50 DHH; también 6:8-16). Estos no son árboles, sino "trozos de madera recubiertos de oro y plata".

Jeremías 10 no está hablando de un árbol de Navidad, sino de una estatua.

Por supuesto, si decide que para usted el árbol de Navidad se convierte en su ídolo o en una tentación para adorar a un dios ajeno, ¡desmóntelo! Pero un árbol de Navidad *no* es por definición un dios extranjero.

RESUMEN

- El tronco esculpido en Jeremías 10 y un árbol de Navidad no son objetos similares; lo único que tienen en común es que ambos están hechos de madera.
- Jeremías estaba hablando específicamente "a Israel" sobre una práctica contemporánea del siglo VII a. C., adorar una estatua; no estaba hablando anacrónicamente sobre una práctica de muchos siglos en el futuro.
- El objeto en Jeremías es una descripción típica de una estatua de madera recubierta de metal.
- Como otros escritores bíblicos, Jeremías se burla de los ídolos por su debilidad.

FUENTES

La Casa Blanca, el Árbol de Navidad y Jeremías 10: https://redeeminggod.com/wp-content/uploads/2013/12/Christmas-Trees-Idols.jpg.

"Profecía sobre los automóviles y los Últimos Días". https://thetrans-lationalert.org/es/cordero/profec%C3%ADa-sobre-los-autom%-C3%B3viles-y-los-%C3%BAltimos-d%C3%ADas/

Armas inteligentes: Chuck Missler, "Technology and the Bible, Part 2". https://www.khouse.org/articles/2008/773/

Capítulo 9

¿"GOG Y MAGOG" SE REFIERE A RUSIA? NO.

Desde el principio de mi camino cristiano, me hicieron saber que la Unión Soviética estaba predicha en Ezequiel 38-39 y que Rusia y los países del Pacto de Varsovia atacarían a Israel en cualquier momento. La obra de Hal Lindsey, *The Late Great Planet Earth* [*La agonía del planeta Tierra*] fue el bestseller número 1; tenía un capítulo llamado "¿Quién es Gog?" y declaraba que hace 2500 años, la Biblia predijo una invasión soviética.

Las pruebas de Lindsey incluían citas, algunas erróneas, de fuentes antiguas, desde Heródoto en el siglo V a. C., el historiador romano Plinio el Viejo, y el historiador judío del siglo I d. C. Josefo. De hecho, ninguno de estos escritores relacionó a Magog con Rusia; el vínculo más cercano es que Josefo los identificó con los *escitas*; en cambio, otros los identifican con una variedad de pueblos antiguos.

¿De dónde sacó Lindsey su idea? En primer lugar, dependía de fuentes secundarias, como muestra en sus notas de referencia; parece que él mismo no investigó a los historiadores antiguos. En segundo lugar, porque había estudiado en el Dallas Theological Seminary, donde se seguían las enseñanzas de su fundador, C. I. Scofield. En su nota sobre Ez 38:2 en su Biblia de estudio, Scofield escribió: "*Todos están de acuerdo* que esta profecía se refiere en primer lugar a los poderes (europeos) del norte, encabezados por Rusia" (énfasis agregado).

La identificación apenas fue aceptada por "todos". Si tiene un mapa bíblico del siglo XIX, las naciones mencionadas en Ezequiel suelen estar ubicadas en Asia Menor. Pero si hoy en día busca en Google **Magog Rusia**, verá cómo muchos expertos en profecías toman el punto de vista de Scofield/Lindsey/Rusia como una cuestión resuelta, sin ninguna otra investigación bíblica o histórica de los hechos.

¿En qué se basa la gente para afirmar que Magog se refiere a Rusia? De un estudio superficial de Ez 38:2. Para empezar, la gran mayoría de las versiones bíblicas en inglés y español *traducen* la palabra hebrea "rosh" (así también NTLH en portugués). "Rosh" es la palabra hebrea común para "cabeza", por lo que sale como "principio soberano" o alguna variante. Pero otras pocas versiones *transliteran* la palabra hebrea *rosh* como Rosh, o Ros en español, una decisión posible pero improbable. Esto resultaría en, "Gog, de la tierra de Magog, príncipe de Ros, Mesec y Tubal" (así LBLA; también la Biblia Sagrada en portugués). Para algunos es un salto fácil: "Ros, ros . . . ¡a mí me suena a Rusia!". Y a partir de ahí, Mésec (o Mesec) podría sonar como Moscú; Gomer es Germania (Alemania) y así sucesivamente. Otros dicen que Tubal es la ciudad de Tobolsk en Rusia, pero esto tiene aún menos pruebas. Además, observan que los enemigos de Israel invaden "desde el norte", y una parte de Rusia sí está al norte de Israel.

He aquí los hechos en contra: ni Magog ni Mésec estaban situados en o cerca de lo que ahora se llama Rusia. Gómer, Magog, Tubal y Mésec fueron los nietos de Noé (Gn 10:2). Moscú por otro lado se fundaría 1500 años después de Ezequiel. Se sabe que Moskva, como se llama en ruso, no fue una forma de Mésec. Fue nombrado por el río Moskva en el que está situada: su nombre probablemente signifique "río pantanoso". Estos nombres en Ezequiel no tienen nada que ver con Rusia, ni entonces ni ahora.

Las naciones de Ez 38:1-6 eran pueblos y naciones que los israelitas conocían *en la época en que Ezequiel escribió su profecía*. Eran pueblos de Asia Menor (la actual Turquía). De hecho, Ezequiel ya se había referido a Mésec, Tubal y a Bet Togarma como antiguos socios comerciales de la ciudad de Tiro – "Grecia, Tubal y Mésec negociaban contigo, y a cambio de tus mercancías te ofrecían esclavos y objetos de bronce. La gente de Bet Togarma te pagaba con caballos de trabajo, caballos de montar y mulos" (Ez 27:13-14 NVI). Tubal y Mésec son naciones contemporáneas

(Ez 32:26-28). Para Ezequiel, eran naciones conocidas en lugares conocidos. Hay más prueba de eso en el salmo, donde el autor dice: "¡Ay de mí, que soy extranjero en Mésec, que he acampado entre las tiendas de Cedar!" (Sal 120:5 NVI). *Cedar* está en el desierto sirio-árabe. En cuanto a *Mésec*, el salmista estaba al menos a 3000 km del futuro emplazamiento de Moscú. Y ¡no estaba cautivo en una ciudad que se construiría por lo menos 1500 años en el futuro!

Exploremos el nombre de Gog. Muchos eruditos piensan que es el rey Giges, que gobernó sobre el Asia Menor occidental a principios del año 600 a. C., justo unos años antes de que Ezequiel escribiera su libro. La ciudad Sardes o Sardis –conocida de Apocalipsis 3– era su capital. Era conocido como Gugu en los registros asirios. "Magog" sería su tierra. El comentario erudito de Zimmerli (Hermeneia) dice que, aunque no podemos estar seguros, Ezequiel da a entender que Gog/Giges era el líder de Magog, Tubal, Mésec, Gomer y Togarma.

Hace unos años, fuimos a una excursión en autobús por la región de las Siete Iglesias del Apocalipsis, y nuestro guía señaló por la ventana y dijo: "¿Ve usted ese enorme montículo [in Karnıyarık Tepe]? Es artificial, es un *túmulo* o tumba real. Se supone que es el lugar de enterramiento de un rey llamado Giges". Se encuentra a 12 km al norte de Sardes, es decir, la tumba era visible para los cristianos a los que Juan predijo la batalla de Gog y Magog en Apocalipsis 20.

Y, ¿qué del hecho de que Gog y Magog atacan "del lejano norte" (Ez 38:6; 38:15; 39:2)? Trace una línea recta hacia el norte desde Israel, y sí, un pequeño rincón de la Rusia moderna se encuentra al norte de Israel. Pero tenemos que pensar, no en un GPS moderno, sino en cómo Israel veía el mundo y experimentaba los ejércitos invasores. Con pocas excepciones, cuando una nación extranjera atacaba a Israel, venía "del norte". Esto se debe a que seguían las rutas normales de viaje, que iban desde el norte hacia Israel en el sur. Este era el caso incluso si la nación enemiga estaba situada geográficamente al este o al oeste. Por ejemplo: "Una desgracia, una gran destrucción, nos amenaza *desde el norte* . . . ¡Miren! Del norte viene un ejército; una gran nación se moviliza *desde los confines de la tierra*" (Jr 6:1, 22 NVI, énfasis agregado). ¿Y cuál es esta nación invasora, y de dónde viene? De Babilonia, que se encuentra precisamente al *este* de Judea. Pero su ruta es semicircular, y cuando llegan, lo hacen *desde los confines de la tierra* y llegan *desde el norte*.

Si Gog y Magog hubieran invadido Israel en ese momento, entonces se habrían acercado "desde el norte". Y el norte más lejano que Israel conocía, era el mar Negro, en lo que ahora es Turquía Central. Gog y Magog habrían marchado hacia el este a través de Turquía Central, paralelamente al mar Negro, luego hacia el sur a través de Siria y Fenicia, y más al sur hacia Israel. Esto los convertiría en un "ejército invasor del norte", aunque Magog estuviera técnicamente al noroeste. Nadie necesita seguir la línea (¡moderna!) longitudinal hasta su punto más lejano (técnicamente, el Polo Norte) para dar sentido a Ezequiel; no es así como los israelitas veían el mundo.

Giges había muerto en el 640 a. C., es decir, décadas antes de que Ezequiel escribiera su profecía. Ni él ni Magog invadieron Israel en esos años. Esto no debería ser una sorpresa: Ezequiel afirma que "al cabo de muchos días" (38:8) estas naciones atacarían. Parece datar este acontecimiento después de la reunificación del pueblo de Dios y su renovación en la Nueva Alianza.

Otro punto relevante: en los siglos posteriores a la profecía de Ezequiel, "Gog/Giges" empezó a transmutarse en un símbolo de poder militar impío, como podríamos usar el nombre de Hitler o Napoleón hoy en día. Los rabinos judíos posteriores utilizaron "Gog y Magog" como símbolo de todo el mal del fin de los tiempos. Por ejemplo, en *3 Enoc* 45:5 (Diez Macho, escrito en los años posteriores a Cristo): "Vi todos los combates y guerras que Gog y Magog librarán en los días del mesías y todo lo que el Santo, bendito sea, hará con ellos en el tiempo venidero". También los musulmanes predijeron una invasión escatológica de Gog y Magog, imaginándolos como soldados medio humanos, medio salvajes.

Si presta atención, notará que los "expertos en profecía bíblica" cambian con los vientos dominantes. Hace muchos siglos, algunos «Padres de la iglesia» identificaron a Gog y Magog con los "godos" merodeadores. Luego, cuando los musulmanes comenzaron su yihad en el siglo VII, algunos pensaron que ellos eran Gog y Magog. Luego Turquía. Luego la Rusia zarista; luego la Rusia soviética. Después de la caída del Muro de Berlín, muchos expertos abandonaron la interpretación de "Gog como Rusia" y "descubrieron" que, después de todo, los islamistas invadirán Israel desde Irak, o Irán, o Siria. Entonces algunos dijeron que es el ISIS, bueno, dijeron esto hasta que el ISIS se derrumbó. Entonces Putin estaba en ascenso e invadió Ucrania: ¡así que ahora Putin es Gog y Magog, es Rusia una vez más! Este es el peligro de tener el periódico en una mano y la Biblia en la otra: el periódico suele ganar al estudio meticuloso de la Biblia.

¿Dice el Nuevo Testamento que Gog y Magog atacarán al pueblo de Dios? Sí. La invasión se producirá *después* del reino milenario, según el Apocalipsis (20:7-10). Al igual que los rabinos de su época, Juan parece estar utilizando a Gog y Magog como símbolo de todos los ejércitos malvados: el griego de Ap 20:8 puede traducirse como "las naciones que están en los cuatro ángulos de la tierra, *es decir*, Gog y Magog". El libro de Apocalipsis está diciendo al lector, si quiere saber cuándo se cumplirá Ez 38-39: (1) será en un futuro lejano; (2) "Gog y Magog" serán más que un grupo de turcos –más bien, simbolizan a todos los enemigos de Dios–; (3) vendrán de "los cuatro ángulos" del planeta, no solo del norte.

Un pensamiento más: 200 millones de soldados del este

Otra enseñanza de Hal Lindsey tiene que ver con Ap 9:16 NVI, donde dice, "Oí que el número de las tropas de caballería llegaba a doscientos millones". Hace más de 50 años, Lindsey afirmó que China tiene un ejército de 200 millones de "milicianos" (p. 109). Entonces debe referirse a China. Y la gente ha repetido la cifra de Lindsey desde entonces.

Esto me pareció poco probable y por eso investigué. Descubrí que, China nunca ha tenido nada parecido a 200 millones en servicio activo o incluso en la reserva. A partir de 2022, su Ejército Popular de Liberación es el mayor ejército permanente del mundo. Cuenta con 2 millones de soldados, y con una reserva adicional de ½ millón. Dos millones y medio, no 200 millones. Lindsey se equivocó en la cifra en más de un 98 %. Además, fue muy impreciso sobre de dónde sacó la información: parece que se enteró por alguien que lo vio en la televisión.

¿Cómo pueden producirse estos errores? Con demasiada facilidad. Cuando ciertos expertos en profecías hacen sus cálculos, acostumbran a depender de obras anteriores y no se molestan tanto en buscar las fuentes originales. Si alguien es solo un estudiante casual de la profecía bíblica, ese tipo de estudio superficial es comprensible. Si alguien escribe libros que serán leídos por millones de personas, esa dejadez es una falta de estándares profesionales.

RESUMEN

- Magog era un país conocido por los israelitas del Antiguo Testamento y estaba situado en la región occidental de Asia Menor.
- Si Magog hubiera invadido Israel, su ejército habría venido de lo que, para Israel, era el extremo norte.
- Gog quizás se refiere a Giges, o Gugu, rey de Magog, un rey cuyo gobierno fue justo anterior a la profecía de Ezequiel.
- Los destinatarios originales del Apocalipsis, especialmente los cristianos de Sardes, podrían haber visto la tumba de Giges desde su ciudad.
- "Gog y Magog" se convirtió en un símbolo de todos los enemigos de Dios del final de los tiempos, es decir, no una nación humana específica; se ve esto en los rabinos y en Apocalipsis 20.
- China nunca ha tenido nada parecido a una milicia de 200 millones.
- Los expertos en profecía tienen la tendencia de copiar y pegar lo que han leído en otras fuentes. Cuando afirman haber hecho una investigación cuidadosa, con demasiada frecuencia esto significa, que han leído otros libros sobre profecía.

FUENTES

Artículo más una foto del "túmulo de Gog". Gary Shogren, "Gog de Magog está muerto. Y yo he visto su tumba". https://razondelaespe ranza.com/2017/01/04/gog-de-magog-esta-muerto-y-yo-he-visto-su-tumba/

Walther Zimmerli, *Ezekiel 2: Chapters 35-48*. Hermeneia (Philadelphia: Fortress, 1983).

La mente humana:
Copy-paste, copy-paste, copy-paste

Los mitos que antes se contaban oralmente, circulan hoy por los medios sociales; pero ahora solo basta con un "clic" para compartir alguna historia que llegue a su teléfono móvil; lo que significa que la gente difunde los rumores antes de comprobarlos. Jan Brunvand, experto en los mitos, agrega que, debido a Internet, las historias cambian más lentamente que antes. Esto se debe a que simplemente copiamos el texto que ya existe y lo transmitimos palabra por palabra.

Facebook es la única plataforma de medios sociales que utilizo y cada día veo artículos que la gente ha copiado y pegado en su página, e invitan a otros a compartirlo. Ahora bien, si se trata de una foto de un lindo cachorro o de la orilla del mar, eso es bonito y no hay ningún daño. Si la gente copia y pega falsedades, eso es hablar falsedades.

Si lee nuestros capítulos sobre los esqueletos gigantes o el largo día de Josué o la misa luciferina, podrá deducir que soy un fanático de los datos precisos. En particular, puesto que estoy escribiendo un libro para hacer frente a los rumores, trato de tener cuidado de que cada cita, referencia bíblica, fecha y otros datos sean precisos.

Algunas fuentes de noticias cristianas se limitan a pasar historias sin que ninguna persona calificada las investigue. Esto produce rumores de dos tipos. (1) El titular y la historia no son verdaderos o están distorsionados a propósito; es el caso del bulo del esqueleto gigante. O (2) como vimos con la historia del musulmán/parque acuático antes en este libro, hay *clickbait*, o sea, ciberanzuelo: el material dentro del artículo es un informe fiel, pero el titular lo distorsiona tanto que el lector medio nunca se dará cuenta de que ha leído dos relatos diferentes. Quizás no todo el mundo esté interesado en todos estos detalles y pueda saltar a la conclusión de este capítulo.

He aquí un ejemplo de (2) *clickbait*, ciberanzuelo. Desde el 2016 llega el rumor de que la ONU declaró que si los padres llevan a sus hijos a la iglesia es una violación de sus derechos humanos. La historia se publicó en inglés (Charisma News, CBN), y en español (Criterio.hn, Religión en Libertad, Biblia.Work, Catholic.net, CNN Español, Noticia Cristiana,

Acontecer Cristiano). ¿El problema? Por un lado, el *cuerpo* del artículo en unas de las plataformas afirmaba claramente que la ONU hablaba de obligar a los estudiantes a asistir a "cultos" en su *escuela local*; sin embargo, los *titulares* eran *clickbait* y engañaban al lector. El resultado: los cristianos indignados hicieron clic en él, y sus observaciones en la sección de comentarios muestran que no vieron o no entendieron el cuerpo del post. Y como siempre, los sitios de ciberanzuelo ganaron dinero de sus anunciantes.

Examinemos ese rumor de la ONU. Hubo un descuidado copiar y pegar o parafrasear de sitios anteriores. Citaré solo ocho de los muchos titulares:

- "La ONU dice que llevar a los niños a la iglesia viola sus derechos" (AcontecerCristiano.net).
- "Llevar a los niños a la iglesia viola sus derechos humanos, dice la ONU" ("Taking Kids to Church Violates their Human Rights, Says UN", Charisma News).
- "El Comité de la ONU dice que llevar a los niños a la iglesia viola los derechos humanos" ("UN Committee Says Taking Kids to Church Violates Human Rights", CBN News).
- "Según la ONU, llevar a los niños a la iglesia viola sus derechos humanos" (Catholic.net).
- "ONU dice que llevar niños a la iglesia es 'violación de derechos humanos'" (Religión en Libertad).
- "La ONU dice que llevar a los niños a la iglesia viola sus derechos" (1erImpacto). En el cuerpo del artículo, usa los términos "centros religiosos" y "asistir a un acto de adoración colectiva", es decir, cambia la historia para que ya no se trate de asambleas religiosas escolares sino de la asistencia a la iglesia.
- "ONU dice que llevar niños a la iglesia es violación de... [los derechos humanos]'" (NoticiaCristiana.com). Y agrega algo nuevo: "Posiblemente porque el Alto Comisionado de la ONU para los Derechos Humanos, Zeid Ra'ad al Hussein, es un príncipe jordano que profesa la fe musulmana".
- "Las asambleas cristianas violan los derechos humanos de los niños, según la ONU" ("Christian assemblies violate kids' human

rights, says UN", Christian Institute). Recordemos este título y plataforma.

¿Por qué debemos sentirnos decepcionados? (1) Porque las principales fuentes seculares de noticias (empezando por *The Telegram* en Gran Bretaña) contaron la información con precisión y la etiquetaron con un titular exacto. (2) Las fuentes antirreligiosas que consulté también contaron la historia correctamente. (3) También lo hicieron algunas cristianas: *Christianity Today*. (4) Pero la mayoría de las "fuentes de noticias cristianas" tergiversaron la historia o, al menos, utilizaron el clickbait en el titular. Y los cristianos creyeron en estas distorsiones: por su propio sesgo de confirmación, querían un motivo para enfadarse.

Empecemos por el principio, con el documento de la ONU y sigamos el rastro del *copy-paste*:

I. Junio 2016 – La ONU hizo su anuncio (nuestra traducción; énfasis agregado):

35. Al Comité le preocupa que **los alumnos estén obligados por ley** a participar en **un culto religioso diario** que sea "total o principalmente de carácter ampliamente cristiano" en las **escuelas financiadas con fondos públicos** de Inglaterra y Gales, y que **los niños no tengan derecho a retirarse de dicho culto** sin el permiso de sus padres antes de entrar en el sexto curso. En Irlanda del Norte y Escocia, los niños no tienen derecho a retirarse del culto colectivo sin el permiso de sus padres.

36. El Comité recomienda que el Estado derogue las estipulaciones legales sobre la asistencia obligatoria al culto colectivo en las escuelas financiadas con fondos públicos y garantice que **los niños puedan ejercer de forma independiente el derecho a retirarse del culto religioso en la escuela.**

Por favor, lea atentamente la declaración anterior. En ninguna parte hablan de la iglesia, ni de que los padres lleven a los niños a la iglesia. Lo que sí dice es que, en el Reino Unido, algunas escuelas públicas obligan a los alumnos a asistir a reuniones de culto cristiano. La ONU dice que recomienda que todos los estudiantes tengan el derecho de conciencia a no asistir. (Como tal, no tengo ninguna objeción a la recomendación de la ONU).

II. 9 junio 2016 – El periódico británico *The Telegraph* publicó el artículo "Obligar a los niños a asistir a asambleas escolares cristianas socava los derechos humanos, advierte Naciones Unidas". Este artículo es ejemplar, ya que tiene un titular correcto y un contenido preciso. La mayoría de las fuentes de noticias que citan una fuente secular hacen referencia a este artículo del *Telegraph*.

¡Pero entonces los rumores empezaron a volar! Algunos de los artículos incluían a un adulto cogiendo la mano de una niña pequeña, llevándola a la iglesia, se supone:

III. 10 junio 2016 – The Christian Institute publica, "Las *asambleas cristianas* violan los derechos humanos de los niños, según la ONU". Dijeron que habían obtenido la historia de *The Telegraph*. Aunque el titular es técnicamente correcto, la palabra "asambleas" llevó a otros a concluir que se refería a las "asambleas *de la iglesia*" y no a las asambleas escolares ("assembly" en inglés puede significar ambos tipos); y etiquetarlas como "*pedir* a los niños que asistan" distorsiona aún más el informe de la ONU, que solo trataba de la asistencia *obligatoria*. Además, nombraron el país de origen de tres y solo tres, de los 18 miembros del comité (Egipto; Bahrein; Rusia, que son todos violadores de los derechos humanos); parece insinuar que la ONU no debería juzgar a los demás.

   a. 29 junio 2016 – Charisma News dijeron que obtuvieron la historia de The Christian Institute, y que se trataba de llevar a los niños a la iglesia y "pedirles" que asistieran.

   b. 29 junio 2016 – CBN News también dijeron que era de The Christian Institute, y da la misma interpretación incorrecta.

   c. 2 julio 2016 – AcontecerCristiano.net dijeron que era de The Christian Institute, y da la misma interpretación incorrecta de asistencia a la *iglesia*.

   d. 4 julio 2016 – NoticiaCristiana.com otra vez dijeron que era de The Christian Institute y otra vez, que tuvo que ver con la asistencia a la iglesia. Agregaron nuevos elementos: que la ONU estaba condenando "ir a la iglesia" como tal, sin que los padres obligaran a sus hijos a asistir o no; y la insinuación no probada de que un comisionado musulmán de la ONU estaba lanzando un ataque contra la iglesia.

e. 1 agosto 2016 – Religión en Libertad dice que Noticia-Cristiana es su fuente. Sorprendentemente, presenta los hechos básicos de forma correcta, que la ONU estaba hablando de cultos religiosos en la escuela; pero el titular es una repetición del mismo clickbait, que tenía que ver con "llevar niños a la iglesia".

f. Abril 2019 – 1erImpacto dijeron que era de The Christian Institute, y otra vez, que tuvo que ver con la asistencia a la *iglesia*.

g. Mayo 2019 – Catholic.net dijeron que su fuente era The Christian Institute, comete el mismo error.

El rumor fue definitivamente desmontado por varias fuentes en julio de 2019 (véase el enlace más adelante a Sara González). Pero tenga en cuenta que los artículos de Religión en Libertad, 1erImpacto y Catholic.net se publicaron meses o años después de que ya se sospechara que el artículo del Instituto Cristiano estaba mal informado; pero, en cualquier caso, solo se necesitarían 10 minutos para buscar el documento relevante de la ONU, como lo hice yo. Sin embargo, la historia de la ONU fue repetida como un hecho en diciembre de 2019 por el canal Veracidad y quizás por otros. Y la fuente original de la historia distorsionada, The Christian Institute, ¡retiró la historia de su sitio web solo en 2021!

El hecho de que cada artículo sucesivo publique una paráfrasis de la historia de The Christian Institute muestra el peligro del *copy-paste*. Y a veces los "autores" inventan nuevos "datos" para hacerlo aún más picante. De este modo, el siniestro comisario musulmán en NoticiaCristiana; o convertir el tema a "ir a la iglesia" en sí "sería una 'violación de los derechos humanos'", en Religión en Libertad.

La Biblia dice: "No se tomará en cuenta a un solo testigo contra ninguno en ningún delito ni en ningún pecado, en relación con cualquier ofensa cometida. Solo por el testimonio de dos o tres testigos se mantendrá la acusación" (Dt 19:15 RV 60). Consideremos nuestro ejemplo anterior: ¿hay *seis o siete* testigos de la verdad de esta historia? No. Porque la mayoría de los testigos se limitan a copiar lo que dijo un solo testigo anterior, es decir, The Christian Institute. Podemos deducir que esa fuente se prestaba a interpretaciones erróneas, ya que todos los que la citaron dijeron que se refería a la asistencia a la iglesia.

Téngalo en cuenta la próxima vez que vea la misma historia en varios sitios web: es posible que tenga una única fuente y que se haga eco en Internet.

Si los cristianos hacen circular esta historia con el argumento de que "bueno, podría ocurrir algún día" o "es lo que harían si tuvieran la oportunidad", sigue siendo "hablar contra tu prójimo falso testimonio".

RESUMEN

- Algunas fuentes (incluso las cristianas) se dedican al ciberanzuelo, *clickbait*: el titular distorsiona la historia para atraer más clics, y ganar más dinero de los anunciantes.
- En el caso de la ONU y las asambleas religiosas, se puede rastrear su evolución y distorsión: comienza con una verdad documentada, con la ONU diciendo que no se debe obligar a los estudiantes no cristianos a asistir a las asambleas cristianas en sus escuelas; termina con alguien acusando a un musulmán de atacar la asistencia a la iglesia.
- A veces, los sitios web no cristianos son sensacionalistas y están llenos de *clickbait* o mentiras descaradas, como la historia sobre la imagen del Hubble de la Nueva Jerusalén o los soviéticos que perforan el infierno, más adelante en este libro.
- Aun así, algunas fuentes de noticias seculares, que tienen que responder ante el público y que emplean correctores y editores, podrían ser más fiables que algunas plataformas cristianas.
- Los cristianos no debemos "hablar contra nuestro prójimo falso testimonio", y esto significa que no debemos difundir rumores no verificados. Copiar y pegar un rumor no verificado como si fuera la verdad es una forma de cometer falso testimonio.
- El hecho de que un rumor aparezca en múltiples fuentes no significa que sea un "hecho verificado".

FUENTES

Sara González, "La ONU nunca dijo que llevar niños a la iglesia viola sus derechos humanos". https://www.newtral.es/la-onu-nunca-dijo-que-llevar-ninos-a-la-iglesia-viola-sus-derechos-humanos/20190719/

Documento original de la ONU: "Concluding observations on the fifth periodic report of the United Kingdom of Great Britain and Northern Ireland". https://docstore.ohchr.org/SelfServices/FilesHandler.ashx?enc=6QkG1d%2FPPRiCAqhKb7yhskHOj6VpDS%2F%2FJqg2Jxb9gncnUyUgbnuttBweOlylfyYPkBbwffitW2JurgBRuMMxZqnGgerUdpjxij3uZ0bjQBOLNTNvQ9fUIEOvA5LtW0GL.

Titular e historia confiables de *The Telegraph*: "Making children attend Christian school assemblies undermines human rights, United Nations warns". (Obligar a los niños a asistir a asambleas escolares cristianas socava los derechos humanos, advierte Naciones Unidas). https://www.telegraph.co.uk/news/2016/06/09/making-children-attend-christian-school-assemblies-undermines-hu/

The Christian Institute retiró el artículo "Christian assemblies violate kids' human rights, says UN" (Las asambleas cristianas violan los derechos humanos de los niños, según la ONU, 10 June 2016) de su sitio web en marzo de 2021, pero fue archivado y puede verse aquí: https://web.archive.org/web/20160611133707/https://www.christian.org.uk/news/christian-assemblies-violate-kids%E2%80%99-human-rights-says-un/

Capítulo 10

¿EL "OJO DE UNA AGUJA" (MATEO 19:24) SE REFERÍA A UNA PUERTA BAJA DE JERUSALÉN? NO.

Todos nuestros otros mitos bíblicos proceden de malentendidos del Antiguo Testamento; en parte, esto se debe a que *hay* más mitos erróneos sobre el Antiguo; pero incluyamos uno del Nuevo, la interpretación de la advertencia de Jesús sobre las riquezas:

> De hecho, le resulta más fácil a un camello pasar por el ojo de una aguja, que a un rico entrar en el reino de Dios (Mt 19:23-24 NVI).

¿Un camello o una cuerda?

La palabra para camello, *kámelos*, aparece por primera vez en la Biblia en la versión griega de la Septuaginta de Gn 12:16, donde el faraón le dio a Abram muchos animales, entre ellos camellos. Juan el Bautista se vestía con pelo de camello (Mt 3:4); los rabinos se tragan metafóricamente un camello (Mt 23:24). Jesús hizo originalmente la advertencia sobre los ricos en arameo, pero la traducción más antigua (y autorizada) es la palabra griega para camello (*kámelos*/κάμηλος). "Camello" aparece en el texto de Nestlé-Aland de Mt 19:24 y sus paralelos Mc 10:25 y Lc 18:25.

Hay algunos manuscritos griegos medievales que tienen otra palabra (*kámilos*/κάμιλος), que significa una cuerda gruesa, como la que se usaba en un barco. Ya en el siglo III d. C. algunos decían que Jesús quería decir que "es más fácil que una cuerda gruesa pase por el ojo de una aguja". Así que, la Biblia de Oso de 1569 tiene "un cable". George Lamsa, que creía que la Peshitta siríaca era más auténtica que el Nuevo Testamento griego, publicó una traducción al inglés en 1933 (véase nuestro cap. 13). Su interpretación del dicho de los tres evangelios era "es más fácil que una cuerda pase por el ojo de una aguja".

¿Es plausible esta interpretación?

Si Jesús habló originalmente de una cuerda gruesa, hay dos posibilidades: (1) los autores de los evangelios o sus fuentes malinterpretaron la declaración de Jesús y añadieron el camello al dicho; (2) o –y esto no sería raro– algún escriba estaba copiando el evangelio mientras otro se lo leía en voz alta; el copista confundió una palabra con la otra. Esto es fácil de imaginar, ya que *kámilos* y *kámelos* riman, son "homófonos": al igual que *hacer* y *acer*, suenan igual. Una regla de la crítica textual es que, los escribas tendían a "suavizar" las lecturas difíciles; es decir, un escriba sería más propenso a cambiar la imagen extravagante de un camello por la más fácil de una cuerda.

La mayor parte de los datos indican que Jesús dijo "camello". Y aunque eso hace que la metáfora sea extraña, hay pruebas de que podría haberse entendido fácilmente. Los rabinos judíos eran conocidos por utilizar metáforas de camellos o elefantes como algo gigantesco, o del ojo de la aguja como algo pequeñito. En un caso, Dios pide un arrepentimiento del tamaño del ojo de una aguja. En otro, un rabino, al ser contradicho, dijo a su oponente: "Debes ser de Pumbeditha, donde hacen pasar a un elefante por el ojo de una aguja". Otro más: porque Rabino Jonathan dijo: "Dios deja que el hombre vea en sueños solo los pensamientos de su corazón", Raba comentó: "También se puede ver por el hecho de que Dios no deja que el hombre sueñe con una palmera de oro o con un elefante pasando por el ojo de una aguja". Su punto era que, dado que nadie en sus horas de vigilia imaginaría esto como posible, nunca lo soñaría. Estas analogías no se limitan a los rabinos; un comentario sobre el Bhagavad-Gita contiene comparaciones similares: hacer pasar un elefante por el agujero hecho por un clavo; hacer pasar un elefante por el ojo de una aguja.

Estamos de acuerdo con el texto crítico de los evangelios, casi toda evidencia textual y la gran mayoría de las versiones en español e inglés en que Jesús habló de un camello.

El ojo de la aguja: ¿una aguja de coser o una puerta?

¿Qué hay sobre la otra interpretación, que Jesús no estaba hablando del ojo de una aguja literal sino de una pequeña entrada a Jerusalén? Supuestamente, la puerta era tan corta que los camellos no podían pasar en posición vertical, por lo que tenían que arrastrarse de rodillas. Hoy en día, algunos turistas se hacen un *selfie* delante de la auténtica Puerta del ojo de la aguja. Incluso hay una pequeña iglesia ortodoxa en el lugar. Pero todo depende de quién sea su guía turístico, ya que señalará esta o aquella puerta y afirmará que es la de Mateo 19. No puedo imaginar que un guía certificado diga algo así a su grupo de turistas. Y bueno, si yo quisiera entrar en la ciudad con mi camello, ¡no me imagino utilizando este agujero cuando había otras más cómodas!

Hay pruebas sólidas de que Jesús estaba hablando de una aguja de coser, no de una puerta.

En primer lugar, no hay pruebas de la época de Jesús de que existiera siquiera una Puerta del ojo de la aguja. Josefo no la menciona, ni ningún rabino. Tenemos que esperar hasta el siglo XII d. C., cuando el teólogo Anselmo de Canterbury escribió: algunos decían que "en Jerusalén había una cierta puerta, llamada, El ojo de la aguja, a través de la cual un camello no podía pasar, sino sobre sus rodillas dobladas, y después de haberse quitado su carga; y así el rico no podría pasar por el camino estrecho que conduce a la vida, hasta que se hubiera quitado la carga del pecado, y de las riquezas, es decir, dejando de amarlas". Este testimonio es de más de un milenio después de Jesús.

En segundo lugar, en Mateo, Marcos y Lucas, las palabras para "ojo de la aguja" tienen tres formas diferentes: Mateo: *trupématos jrafídos*, Marcos *trumaliás tes jrafídos*, Lucas: *trématos belones*. Esto significa que probablemente no se refieran a una puerta conocida, que habría tenido un nombre griego fijo.

Y, en tercer lugar, como hemos visto, la metáfora de un camello y una aguja habría sido entendida por un oyente judío.

A los cristianos y a sus predicadores les atrae el conocimiento secreto, las interpretaciones que tienen un factor "Guau", en las que pueden decir: "Sí, usted ha oído esto, pero *realmente* ocurrió así". Esta es una tentación que debe evitarse. Además, corremos el riesgo de perdernos lo que Jesús estaba diciendo realmente. La predicación que he escuchado de la teoría de la puerta es que, al igual que un camello tuvo que arrodillarse para entrar en la ciudad santa, el individuo debe arrodillarse para encontrar la salvación. Al hacerlo, minimizan el tema real de Jesús, que tiene que ver con las trampas de la riqueza material.

RESUMEN

- No hay pruebas antiguas de que existiera una puerta llamada el Ojo de la aguja.
- La hipótesis de que Jesús se refirió a una "cuerda" es débil y probablemente no es correcta.
- "Le resulta más fácil a un camello pasar por el ojo de una aguja" en el NVI y otras versiones es, a nuestro entender, una buena traducción de Mt 19:24.
- Debemos cuidarnos de un anhelo de interpretaciones novedosas de la Biblia.

FUENTES

George Lamsa, *Holy Bible from the Ancient Eastern Text* (Philadelphia: A. J. Holman, 1933).

La mitológica puerta aquí. http://nuevosdescubrimientosents.blogspot.com/2019/07/la-puerta-del-juicio-y-el-ojo-de-la.html. Un turista afirma haber visitado la puerta. http://southwestassemblyofgod.org/the-eye-of-the-needle/

Anselm of Canterbury, en la Catena Aurea: https://ccel.org/ccel/aquinas/catena1/catena1.ii.xix.html.

Los rabinos y sus metáforas del ojo de una aguja y de los camellos: H. L. Strack y P. Billerbeck, (eds.), *Kommentar zum Neuen Testament aus Talmud und Midrasch* (München: C. K. Beck'sche, 1922-1926), p. 1:828.

MITOS SOBRE EL HEBREO, EL GRIEGO Y LA TRADUCCIÓN BÍBLICA

Capítulo 11

¿El idioma hebreo tiene propiedades mágicas? NO. ¿Es el idioma original? APARENTEMENTE NO. ¿Hay códigos escondidos en la Biblia hebrea? NO. ¿*Alef Tov* en la Biblia hebrea es un símbolo místico? NO.

La enseñanza de *Lashon Hakodesh* (en hebreo, "la lengua sagrada") es multifacética. El término era originalmente una descripción del texto que se encuentra en las Escrituras, es decir, que la lengua hebrea se utilizaba en la Biblia con un propósito sagrado. Pero más tarde creció para sugerir implicaciones de que el hebreo es innatamente una lengua eterna o mágica.

Afirmaciones míticas

1. Que el hebreo, como tal, posee propiedades mágicas. Este concepto dio lugar a la leyenda medieval del Gólem, generalmente una estatua que cobraba vida cuando alguien escribía las letras hebreas

de un nombre de Dios y las ponía en su boca, haciéndolo revivir, por ejemplo, para proteger a los judíos de sus perseguidores.

2. Que el hebreo es la lengua que se habla en el cielo.

3. Que el hebreo es la lengua original y la lengua de todos los seres humanos desde Adán hasta la dispersión de los pueblos en la Torre de Babel.

4. Que Dios se comunica con la gente solo en hebreo.

5. Que el Nuevo Testamento debe haber sido escrito en hebreo, porque el griego –al igual que el latín– es por definición una lengua pagana y contaminada y por tanto, no puede comunicar la verdad de Dios sin pervertir su mensaje.

6. Que los mensajes codificados están encriptados en la Biblia hebrea. Aunque la práctica de identificarlos tiene siglos de antigüedad, ahora se buscan mediante sofisticados computadores: de modo que, si se cuenta cada 10 letras, o se hace una diagonal, o alguna combinación de este tipo, ¡de repente la Biblia está prediciendo acontecimientos futuros o los nombres rabinos famosos! Aquí podríamos mencionar *El Código Secreto de la Biblia* por Michael Drosnin (1997). Drosnin habló de la "Secuencia Equidistante de Letras" ("Equidistant Letter Sequence", ELS). Afirmó haberle dicho a Yitzhak Rabin que sería asesinado, una tragedia que, de hecho, ocurrió solo un año después. Significativamente, por lo que puedo decir, no hizo pública esta predicción hasta después de la muerte de Rabin. Otro libro es *Los Códigos Ocultos de la Biblia basados en los libros sagrados de Israel* de Uri Trajtmann y Aharon Pollak (2006). Los autores afirman que, puesto que Dios "escribió" la lengua hebrea, cada palabra debe tener un significado oculto. Supuestamente descifraron las predicciones del 11S, el 11M en Cuba y otros acontecimientos. Por supuesto, a muchos creyentes les gusta oír esto, ya que parece demostrar que la Biblia está inspirada, al pie de la letra.

7. Que la palabra hebrea *Alef-Tov* (את) es un mensaje oculto sobre Dios. *Alef* y *tov* son la primera y la última letra del alfabeto; su equivalente griego se encuentra en Alfa-Omega en Apocalipsis 21:6. Se afirma que este código implícito significa el principio y el fin y por eso es un paralelo del nombre de Yahvé, "el que existe".

8. Que la única forma posible de hablar o explicar la Biblia es a través de palabras y patrones de pensamiento hebreos.

RESPUESTAS

Cada una de las anteriores es errónea. Eliminemos primero la más fácil.

1. Por mi parte, no creo en la magia. La Biblia la prohíbe de todos modos. Supongo que, si un Gólem llamara a mi puerta y amenazara con hacerme daño, podría cambiar de opinión, pero mantendré mi incredulidad hasta ese momento. Tampoco, por mencionar otro mito, el nombre Yahvé es una representación mística de la inhalación y la exhalación.

2. No tengo ni idea de qué idioma se habla en el cielo. En el libro del Apocalipsis, ¡parece que todos hablan griego! Frente al trono, los cuatro seres vivientes gritan sus alabanzas a Dios en esa lengua, no en hebreo: *jagios jagios kurios o theos o pantokrator* (ἅγιος ἅγιος κύριος ὁ θεὸς ὁ παντοκράτωρ; Ap 4:8). Sin embargo, nadie tomaría eso como prueba de que el griego es la lengua del cielo, ¡ni el español, que es como se habla en la Reina Valera! Es mejor decir que Juan describe el cielo en la lengua griega, para que sus destinatarios en Éfeso, Esmirna y demás lo entienda.

3. Una guía turística de Israel afirma: "La lengua hebrea es una de las más antiguas del planeta". Hay cero pruebas de esa afirmación y muchas pruebas de lo contrario. Hay lenguas conocidas que han existido durante milenios y milenios antes del hebreo. (A propósito, unos rabinos dijeron que "el primer hombre [Adán] hablaba arameo" [*b. Sanhedrín* 38b], un idioma aparentemente no más antiguo que hebreo). El hebreo como tal no existía antes del año 1200 a. C. aproximadamente. Es esencialmente un dialecto de la lengua cananea, junto a la moabita, la fenicia, la amonita y la edomita. Por eso Is 19:18 implica indirectamente que los israelitas hablaban "la lengua de Canaán". Alrededor del año 1200 a. C., la versión hebrea del cananeo empezó a desarrollar sus rasgos distintivos, pero es interesante pensar que Rut la moabita y su suegra israelita podrían haberse comunicado en el cananeo con poca dificultad. Además, el hebreo no es una lengua inmutable: ahora lleva más de 3000 años evolucionando.

4. Hay cero pruebas de que Dios hablara en hebreo a los personajes de la Biblia antes del año 1200 a. C. Para los que dicen: "¡Pero los

dichos de Dios en el Génesis están en hebreo!". Correcto. Pero siguiendo esa misma lógica, alguien podría afirmar que, Potifar y su esposa conversaron en hebreo, ¡eso es lo que dice Génesis en 39:17-19! O que Jesús enseñó en griego porque esa es la lengua de los evangelios. No. Tampoco concluimos que cuando Pablo cita Gn 17:5 (en Rm 4:17) y las palabras están en griego, que Dios habló en griego a Abram. Tampoco creemos que Dios y Abram conversaran en español del siglo XVI, ¡aunque una versión de la Biblia de Oso 1569 "dice" que lo hicieron! Algunos afirman que cuando Jesús se le apareció a Saulo en el camino de Damasco, habló en hebreo (véase Hch 26:14), pero "el dialecto hebreo" probablemente significa "el dialecto que hablaban los hebreos", el arameo. Esto lo confirma el léxico griego estándar BDAG (*A Greek-English Lexicon of the New Testament and Other Early Christian Literature*) y el paralelo en Jn 20:16, donde María habla una palabra aramea y se la califica de "hebrea". Al regresar a Génesis, lo que Dios dijo es *una traducción al hebreo*, un idioma que llegó a ser muchos siglos después de los eventos.

5. Dado que el hebreo no parece haber sido la lengua primigenia, la Biblia no distingue entre lenguas limpias y sucias. Dios habló a Daniel en hebreo; Daniel pareció alabar a Dios en arameo (2:20-23) y Dios escribió en la pared en arameo (5:25-28). ¿Por qué partes de Esdras-Nehemías, Daniel 1-6 y ciertos dichos de Jesús fueron escritos en arameo, una lengua de idólatras? ¿Cómo es que los rabinos escribieron la Misná en esa lengua "pagana", el arameo, la lengua del culto a Astarté y Tammuz? En Pentecostés, los oyentes escucharon alabanzas a Dios en unas 15 lenguas. ¿Cómo puede ser esto si el Espíritu no puede comunicarse a través de lenguas "sucias"? Asimismo, en 1 Cor 14:6-12, Pablo da a entender que las personas que hablan en lenguas lo hacen en muchos idiomas: "¡Quién sabe cuántos idiomas hay en el mundo, y ninguno carece de sentido!" (14:10 NVI). Las probabilidades de que incluso una de estas lenguas sea el hebreo son muy bajas. Por lo tanto, el Espíritu impulsa a la gente a hablar en cualquiera de los miles de idiomas, no necesariamente en hebreo; luego da a la gente la capacidad de traducirlos a la lengua local. En el caso de Corinto, la "lengua receptora" de la traducción habría sido el griego.

6. Como el texto hebreo se escribió sin vocales (en español las vocales son: a, e, i, o, u), es asombrosamente fácil contar cada 15 o 20 consonantes y llegar a decir, como hizo alguien, "Obama es musulmán". Un rabino utilizó los supuestos códigos de la Biblia para predecir que *Donald Trump* ganaría las elecciones de 2016; otro, también utilizando los códigos, dijo que *Clinton* ganaría. Por supuesto, el rabino de Donald Trump podría afirmar después: "¡Se lo dije, los códigos bíblicos funcionan!".

En mi blog en inglés tomé la letra de una canción del estadounidense Paul Simon, "Patterns" (Patrones), que recordaba de 1966. Hice precisamente lo que hace la gente del código bíblico: quité las vocales y me salió esto:

THNGHTSTSSFTLYWTHTHHHSHFFLLNGLVSCST-NGSHVRNGSHDWSNTHHSSTHRGHTHTRSNDTHL-GHTFRMSTRTLMPPNTSPTTRNNMYWLLLKTHPCS-FPZZLRCHLDSNVNSCRWL, etc.

Luego, como los exponentes de los códigos hacen, añadí vocales al azar, y ¡he aquí! Con un poco de ingenio "demostré" que Paul Simon en 1966 predijo que el expresidente Jimmy Carter trabajaría con Hábitat para la Humanidad después de dejar la Casa Blanca en 1980. ¡Y los libros de historia confirman que lo hizo! También descubrí que Carter reprendería a Bill Gates por la contaminación ambiental que este provocaba. ¡Y resultó que lo hizo! ¡Y solo me llevó 30 minutos encontrar estas y otras "predicciones"! Sin embargo, como habrá adivinado, yo sabía que estos acontecimientos ya habían ocurrido hace tiempo cuando intenté descifrar el código de la canción. Pero si me hubieran pedido en la década de 1960 que *predijera realmente* los acontecimientos futuros, mi suerte habría sido mucho peor, quizá con un 0% de precisión. Otra advertencia para el cristiano es recordar que la gente ha estado "descubriendo mensajes codificados" durante muchos siglos, incluso en el Talmud judío y el Corán: el árabe original del Corán y el arameo del Talmud (así como sus secciones en hebreo) también carecen de vocales escritas, lo que los convierte en candidatos fáciles para cazar mensajes ocultos. Para dar un paralelo exagerado, hay un grupo que anunció que había descifrado predicciones codificadas en la película "Regreso al futuro", aunque muchos sospechan que se trataba de una broma. En el caso concreto de Drosnin, hizo varias predicciones explícitas en la secuela *Bible Code II* (2003) que no se cumplieron (un ejemplo flagrante: detectó que la "guerra mundial" y el "holocausto atómico" tendrían lugar en 2006 y que Yasser Arafat sería asesinado, Arafat murió, sí, de un derrame cerebral). Drosnin "previó" que Obama ganaría las elecciones de 2008. Y lo predijo en su *Bible Code III*, ¡publicado en *2010*! Más allá de eso, las personas que examinaron los cálculos de Drosnin descubrieron que cometía muchos errores o incluso tergiversaciones de las cosas que sí pretendía prever.

7. La doctrina *Alef-Tov* (o *tav* o *tau*) era nueva para mí y es otro ejemplo de cómo encontrar algún significado místico en el texto hebreo. La encontré por primera vez en la Biblia Textual IV (BTX IV, p. 1406):

> *Alef-Tav...* Cuando se define, la partícula את (*eth*) corresponde al fenicio, entendiéndose como *esencia/existencia*. A este precioso significado, y a su relación como primera y última letra del alefato (*alfabeto* hebreo) con AΩ, se le ha adjudicado tan poco énfasis, que hoy meramente se reconoce como una simple marca de acusativo (*nota acusativi*).

Es decir, dicen, debe "transliterarse" como *Alef-Tav* para que la gente piense en Dios: "En principio Elohim *Alef-Tav* creó los Cielos y la Tierra" (Gn 1:1 BTX IV). Ahora bien: a pesar de todo ese lenguaje tan técnico, junto con el hebreo, el griego y el latín, y la traducción de las letras de *eth* como buey-pacto (!), solo un elemento tiene sentido: *eth* sí es "una simple marca de acusación". A partir de Gn 1:1, y en todos los usos de *eth*, sirve para marcar que viene el objeto directo: "En principio Elohim creó –¿qué?– creó lo siguiente, los cielos y la tierra". Punto. Para dar un paralelo, ¡en Jc 1:5 la BTX IV encuentra *eth* y lo traduce correctamente tres veces! "Y en Bezec encontraron a (*eth*) Adoni-Bezec, y lucharon contra él, y derrotaron (*eth*) al cananeo y (*eth*) al ferezeo en su mano Jordán". No tenemos este marcador del objeto directo en español, pero un paralelismo sería el uso de "a" ante un objeto directo cuando se trata de una persona. Así que imagine su consternación si su pastor predicara sobre Jn 3:16 y dijera: *La Biblia dice que Dios "ha dado a su Hijo unigénito"*. *Ahora, dediquemos 30 minutos a esa "a" y veamos qué significados secretos revelará la "A Mística".* Eso sería tan esclarecedor como el código *Alef-Tav. Alef-Tav* es lingüísticamente ilusoria y una distracción del claro mensaje de las Escrituras.

8. Los apóstoles exponían las Escrituras en griego y para el Antiguo Testamento citaban la versión griega de las Escrituras (la traducción la Septuaginta) como autorizada, calificándola como "está escrita". Como uno de los muchísimos ejemplos:

ἐγένετο ὁ	ἄνθρωπος	εἰς ψυχὴν ζῶσαν.
		Gn 2:7 Septuaginta.
ἐγένετο ὁ (πρῶτος)	ἄνθρωπος (Ἀδὰμ)	εἰς ψυχὴν ζῶσαν.
		1 Cor 15:45 texto
		del NT.

egéneto jo ánthropos eis psujen zosan = "fue el hombre un ser viviente".

Pablo cita la Septuaginta como su autoridad.

No deja de sorprenderme la cantidad de gente que me dice: "¡No se puede enseñar la Biblia en ninguna otra lengua que no sea el hebreo, ya que todas las demás lenguas distorsionan o contaminan automáticamente el mensaje!". Tal vez citan So 3:9 RV 60, como una predicción de que solo la lengua hebrea es el medio adecuado para el mensaje de Dios hoy en día: "En aquel tiempo devolveré yo a los pueblos pureza de labios, para que todos invoquen el nombre de Jehová…". Pero este versículo significa que los pueblos de la tierra alabarán a Dios con *pureza,* ¡no que todos hablarán hebreo! Es paralelo a Is 6:5 RV 60: "Entonces dije: ¡Ay de mí! que estoy muerto; porque siendo hombre inmundo de labios, y habitando en medio de pueblo que tiene labios inmundos, han visto mis ojos al Rey, Jehová de los ejércitos". Isaías dijo esto en hebreo, identificándose con una nación de habla hebrea; la pureza que busca no es un cambio de una lengua a otra, sino una purificación espiritual: el ángel le dice: "He aquí que esto tocó tus labios, y es quitada tu culpa, y limpio tu pecado" (6:7 RV 60). Además, ¡muchas de las personas que interpretan Sofonías de esa manera no saben hablar ni leer correctamente el hebreo! Y por eso, me dicen su mensaje en español, con tal vez una palabra hebrea aquí o allá. Tampoco notan la ironía de que el español surgió de esa lengua supuestamente "católica", el latín. Ni siquiera mencionan los miles de palabras en español que proceden de un idioma "musulmán": incluso el mesiánico *Código Real* se contenta con palabras árabes como *aldea* (Mc 6:6); *aceite* (6:13), *aceituna* (St 3:12), *chisme* (2 Cor 12:20), etc.

El error básico aquí es que alguien está confundiendo "bíblico" con "hebraico".

¿Qué pasa entonces si alguna congregación mesiánica insiste: "¡No debemos usar la palabra apóstol, debemos usar la hebrea, *shaliaj*! ¡El líder de nuestra congregación no se llama pastor, sino *roéh*! ¡Y no debemos decir paz, sino *Shalom*!".

> Digamos que yo les pregunto: ¿Y qué significa *shaliaj*?
> Bueno, ¡no hablo hebreo! Pero me dicen que significa emisario o enviado.
> Yo: ¡Claro! Ahora, ¿qué significa *apóstoles* en griego?
> Un enviado, un emisario.
> Yo: Correcto. ¿Y qué significa *Shalom*?
> Pues, paz.
> Yo: ¡Estoy de acuerdo! ¿Y qué significa *roéh*?
> Otra vez, ¡no hablo hebreo! Pero me dicen que significa un pastor.
> Yo: Sí. ¿Y qué significa la palabra "pastor" en español?
> Pastor.

Todo para decir que las palabras hebreas no tienen ningún poder mágico. Si no anhelamos el "Factor Guau", ¿por qué no utilizar palabras sólidas y claras, palabras que no tengamos que traducir para entender? Me alinearé con el apóstol (*shaliaj*, si alguien insiste) Pablo: "prefiero emplear cinco palabras comprensibles y que me sirvan para instruir a los demás, que diez mil palabras en lenguas" (1 Cor 14:19 NVI).

A veces los grupos utilizan un lenguaje especial para reforzar una identidad grupal: *nuestro* líder, *nuestro* grupo tiene la verdad, y el suyo, entonces, no. Pero "¡Qué chévere!" no significa "Es verdad".

RESUMEN

- No hay ninguna indicación de que el hebreo fuera la lengua humana "original", o la lengua del cielo.
- No existen lenguas "puras" y las "impuras", solamente personas quienes hablan desde un corazón puro o impuro.

- La Biblia está en contra de la magia, incluso de la que utiliza el hebreo.
- Dios puede comunicarse con cualquier persona en la lengua que Él elija. Si decimos que el hebreo es *kodesh* (santo) no es por ninguna propiedad inherente, sino porque Dios eligió comunicar la mayor parte de la Biblia en él.
- Los códigos hebreos toman el texto sagrado y al mirarlo como una mera cadena de letras, la gente trata de encontrar mensajes dentro del "ruido" aleatorio.
- El *Alef-Tav* no se basa en una comprensión sólida del hebreo.
- Algunos grupos utilizan términos hebraicos por motivos sociológicos, para demostrar que están más cerca de la verdad que otros grupos.

FUENTES

Trump ganará en 2016 – "Rabino dice que código de la Biblia prevé victoria a Donald Trump". http://www.noticiacristiana.com/sociedad/politica/2016/11/rabino-codigo-biblia-donald-trump.html.

Hillary Clinton ganará en 2016 – "Según el Código de la Biblia, Hillary Clinton será Presidente". Por supuesto el artículo luego fue quitado, pero fue archivado en internet. https://web.archive.org/web/201605 20231736/http://www.tiempocristiano.com/2016/05/10/segun-el-codigo-de-la-biblia-hillary-clinton-sera-presidente/

Gary Shogren, "Christians and coincidences". https://openoureyeslord.com/2017/03/20/christians-and-coincidences-or-is-there-a-hex-in-the-patternicity-2/. La versión en español, la cual no tiene el análisis de la canción "Patterns" –https://razondelaesperanza.com/2017/04/16/cristianos-y-coincidencias/

La mente humana:
El efecto Dunning-Kruger

Ya hemos examinado el "sesgo cognitivo", una teoría que intenta explicar por qué se tiende a pensar y razonar según patrones. En esa categoría se encuentra una fascinante teoría inventada por David Dunning y Justin Kruger (1999), que describe cómo personas con poco conocimiento de un tema pueden hacer afirmaciones seguras y arrolladoras sobre el mismo:

> El efecto Dunning-Kruger es el sesgo cognitivo por el cual las personas con baja habilidad en una tarea sobrestiman su habilidad. Algunos investigadores también incluyen en su definición el efecto opuesto para las personas de alto rendimiento: su tendencia a subestimar sus habilidades.

En otras palabras, las personas que menos saben sobre un tema afirman saber más que las que más saben. ¿Por qué? Porque no saben lo suficiente como para darse cuenta de lo poco que saben. Por otro lado, conozco a personas con doctorados y décadas de experiencia que me parecen intelectualmente humildes. ¿Por qué? Porque cuanto más aprenden, ¡más se dan cuenta de la cantidad de lagunas que hay en sus conocimientos!

Cuando se trata de rumores y mitos, todos hemos conocido a alguien sin ninguna formación en epidemiología o farmacología que dice: "¡He hecho toda la investigación sobre el COVID, así que confíe en lo que tengo que decirle!".

He aquí un ejemplo positivo de Dunning-Kruger, de un hombre muy informado que sabe lo que no sabe. Cuando fui a Israel, nuestro guía turístico era un profesor jubilado. Llevaba su propio cuaderno grueso con todos los detalles de cada sitio histórico. Nos decía que, entre una visita y otra, se aseguraba de ponerlo al día con nueva información. Y si no sabía algo, lo admitió. Un día estábamos en la carretera saliendo de Jerusalén. Señaló hacia el norte y dijo: "Ahora: ese pueblo de allí es *posiblemente* donde estaba la ciudad de Emaús, la que se menciona en la historia de Lucas 24. Pero aún no están seguros". Eso fue en 2017; en 2022 los estudiosos confirmaron que *sí* era Emaús. En 2017 habló con cautela; seguro que ahora da a sus turistas información confirmada.

He aquí un ejemplo negativo de Dunning-Kruger: si alguien se empeña en decirle lo mucho que sabe sobre muchos temas; o cómo sus conocimientos superan a los de los llamados expertos, posiblemente se encuentre ante los efectos cegadores de Dunning-Kruger. En Facebook hay toda una tribu que habla de lo que el hebreo o el griego "realmente significa". Sin embargo, solo un pequeño porcentaje de ellos –me entristece decirlo, pero ¿menos del 10%?– parece conocer incluso lo más básico. Sus respuestas son rápidas y seguras; un verdadero erudito sería más cauto.

FUENTE:

"El efecto Dunning-Kruger". https://es.wikipedia.org/wiki/Efecto_Dunning-Kruger.

Capítulo 12

¿TODOS LOS NOMBRES ANTIGUOS TIENEN UN SIGNIFICADO SECRETO? NO EXACTAMENTE.

Al igual que la "Regla de Primera Mención", esto tiene que ver con una suposición que la gente hace cuando abre la Biblia: que cada vez que se da un nombre a una persona, lugar o libro de la Biblia, debe tener algún significado permanente, y quizás sobrenatural. Empecemos por el tema más común.

Nombres de personas (antropónimos)

"Los nombres de los bebés de hoy en día —oímos— se eligen simplemente porque son eufónicos, es decir, suenan bien. O tal vez se les pone el nombre de otra persona. Pero en los tiempos bíblicos, los nombres tenían significados, y así, al traducir el nombre de la lengua original, revelan la verdadera esencia de la persona o incluso su significado en el plan de Dios".

En primer lugar, es cierto que los nombres hebreos y griegos *suelen* basarse en alguna raíz etimológica. Lo más famoso es que "Jesús" era la pronunciación griega habitual del hebreo "Yeshua": el ángel le dijo a José: "llamarás su nombre JESÚS ["salvación"], porque él salvará a su pueblo de sus pecados" (Mt 1:21).

Por otra parte, muchos de mis lectores saben que también sus nombres significan algo. Aurora es "el amanecer"; Isadora, "un hermoso regalo"; Carlos –como el apóstol Andrés– significa "varonil"; Enrique, "gobernante de la casa". En mi caso, Gary es el nombre germánico de "guerrero", y mi otro nombre Steven proviene del griego de "corona". Pero considere esto: si mis nombres abren mi significado personal a los ojos del cielo, entonces lógicamente debe hacerlo para cada uno de los Gary a lo largo de la historia. Yo podría inventar explicaciones de por qué mis nombres tienen un significado más profundo y universal, pero no serían más fiables que el mero azar.

Pero alguien replicará que la Biblia es la Palabra de Dios, por lo que sus nombres deben tener un significado especial.

La misma cuestión de universalidad aplica: si un nombre bíblico es la clave para descifrar el significado esencial de una persona en el plan de Dios, entonces ¿qué hacemos con "Judas" ("alabado sea Yahvé")? ¿Por qué se le dio a Judas Iscariote, a Judá el patriarca, a Judá Macabeo y a Judas el hermano del Señor, además de otros miles de Judas a lo largo de la historia de Israel?

En el Génesis, Adán y Eva tienen nombres que significan algo, al igual que Caín y Set; la Biblia lo dice. Pero el nombre de Abel (¿"aliento" o "vapor" quizás?, pero eso no es en absoluto seguro) podría llevarnos a cualquier parte o a ninguna.

Es cierto que los nombres de los patriarcas (Abram-Abraham, Sarai-Sarah, Isaac, Jacob-Israel, Esaú, los doce hijos de Jacob) se dieron por lo que significaban; puesto que el texto bíblico nos lo explica, no estamos sobrepasando los límites del buen sentido cuando interpretamos sus nombres en el púlpito. A esto añadimos a Moisés. También a Samuel ("oído por Dios") porque Dios escuchó la oración de su madre. Pedro/Cefas sí tiene un significado más profundo, ya que Jesús lo dijo; Bernabé se ganó su apodo por ser tan alentador.

No obstante, la mayoría de los nombres bíblicos son un callejón sin salida para el exégeta. Para la mayoría de los jueces o reyes, los nombres significan algo, pero no parecen revelar una definición existencial. Por poner un ejemplo, Sedequías ("Yahvé es mi justicia") no hizo honor a su nombre, como tampoco lo hicieron los dos falsos profetas del mismo nombre. En el Nuevo Testamento, Natanael ("don de Dios" o "da a Dios"), Felipe ("aficionados a caballos"). Jacobo y Juan eran Boanerges, "Hijos del Trueno", pero la Biblia no dice cómo obtuvieron ese apodo.

Silvano, que era el nombre de un dios romano del bosque; su nombre hebreo fue Silas. Pablo habría tenido tres nombres latinos; el que conocemos ("Paulus") significa "pequeño", por lo que algunos ven una prueba de que era un hombre bajo. La lógica de eso pronto se desmorona, una vez que recordamos que, como todos los bebés, recibió su nombre cuando aún era muy pequeño. Su nombre en hebreo, Saúl/Sha'ul, puede significar "el que pidió", pero ¿quién hizo la petición? Es totalmente posible que le pusieran el nombre de un benefactor o tío favorito.

Los cuatro jóvenes en el cautiverio babilónico sí comunican un mensaje, aunque de forma indirecta:

- El nombre de Daniel (que en hebreo significa "Dios es mi juez") fue cambiado por la fuerza a Beltsasar (quizás "Que el dios Bel proteja la vida del rey"; es un nombre babilónico).
- Ananías ("Yahvé es clemente") a Sadrac (quizás signifique "Mandato del dios Aku").
- Misael ("¿Quién es como Dios?") a Mesac (posiblemente "¿Quién es como el dios Aku?").
- Azarías ("Yahvé ha ayudado") a Abed-nego ("Siervo del dios Nabú").

Un predicador podría desarrollar Daniel 1 mostrando cómo los babilonios intentaron intencionadamente borrar las identidades judías de estos cautivos.

Consulté largas listas de nombres bíblicos (véase la referencia de Wikipedia más adelante) y sus posibles significados. No pude encontrar ni un solo antropónimo entre veinte que pudiera transmitir algún mensaje codificado; y si el mensaje no está claro, entonces quizá la etimología del nombre no deba decir nada al predicador.

Nombres de lugares (topónimos)

Los nombres de lugares tienen significado si la Biblia lo indica. Al igual que los nombres propios, unos pocos son significativos, pero la mayoría no lo son.

Betel significa "Casa de Dios", llamada así por Jacob a causa de su visión. Eben-Ezer significa "Piedra de Ayuda". Beerseba es "Pozo del Juramento". ¿Pero Belén? La "Casa del pan" quizás, pero también es posible que Israel le diera ese significado porque así sonaba en hebreo. Otra posibilidad es que originalmente fuera "Casa de Lahmu", un dios cananeo. Jerusalén es un rompecabezas; posteriormente el nombre se relacionó con Shalom en hebreo. Aún más allá, en griego suena como "Ciudad Santa". No sabemos cómo obtuvo su nombre la ciudad Jericó: quizá sea de "luna" o quizás por el *dios* de la luna, Yarikh. O puede ser que Jericó signifique "fragante". Así que, nombres de tres lugares muy importantes, Jericó, Belén y, sí, Jerusalén, fueron nombrados por cananeos paganos siglos antes del Éxodo, y los nombres deben haber significado algo para ellos. Si la Biblia no dice específicamente al lector que un topónimo transmite un mensaje teológico, es mejor dejarlo como un misterio.

Nombres de los libros de Moisés

Acabo de editar una traducción de Levítico. El nombre en español viene del griego *Leuítikon*, "perteneciente a los levitas". En hebreo se llama *wayyiqra*, "y llamó" (Lv 1:1): es decir, el Señor llamó a Moisés desde el tabernáculo de reunión. El primer libro de Moisés es *bereshit*, de la preposición *be* (aquí significa "en") y *reshit* ("principio"), las palabras iniciales de Gn 1:1. En realidad no describe el contenido de todo el libro; tampoco el nombre de la Septuaginta "Génesis", que significa "llegar a existir". Si alguien objeta que el nombre hebreo es el verdadero, y que "Génesis" es un intruso, tengamos en cuenta dos cosas: en primer lugar, *bereshit* no estaba escrito en negrita al principio del rollo original, era simplemente la etiqueta de identificación, por lo tanto: "Para el sábado de hoy, leeré de *En-el-principio*". En segundo lugar, fueron los propios rabinos judíos quienes eligieron Génesis como título en su traducción de la Torá al griego.

La mayoría de los demás libros del Antiguo Testamento tienen nombres intuitivos: Josué, Rut, Isaías, Jeremías, etc.

¿Quién decide cómo se llama una persona? En 1989, la nación de Birmania cambió su nombre por el de Myanmar, y leí a un norteamericano que afirmaba que no tenían derecho a hacerlo, ya que "¡Todo el mundo sabe que es Birmania!". (Algunos de los propios ciudadanos del país también se opusieron al cambio, pero por supuesto tenían derecho a votar sobre la cuestión).

En algunos círculos mesiánicos, se hace referencia a los apóstoles por sus nombres hebreos, no por sus nombres en forma griega. Así, el apóstol de los gentiles se transmuta en Sha'ul; esto a pesar de que en sus escritos

Pablo siempre se identificó como Paulos, la forma griega de su nombre latino, Paulus. El llamado *Código Real* llega a llamar a Lucas con el nombre rabínico "Hilel", aunque sabemos que Lucas era gentil (Col 4:11) y se llamaba con el nombre griego, Loukas. Pero negar a Pablo, o a Lucas, o a Pedro su derecho a decir cuál es su nombre es tan absurdo como hacer que Ananías lleve el nombre de Sadrac.

RESUMEN

- Algunos (un porcentaje muy pequeño) de personas y lugares de la Biblia se nombran deliberadamente por el significado de la palabra.
- Debemos acudir a la propia Biblia para que nos informe cuando los nombres (los antropónimos y topónimos) son significativos, y no inventar un significado que nos parezca correcto.
- Los nombres de los libros de Moisés en hebreo son "etiquetas de nombre" a partir de las palabras iniciales; el resto son nombres que se intuyen para describir al protagonista de la historia o la naturaleza del libro. Los rabinos que elaboraron la Septuaginta dieron otros nombres descriptivos y legítimos a los libros de Moisés.

¿Y qué hay del nombre de nuestro Salvador? Trato con muchas personas mesiánicas, que argumentan que debemos usar la forma Yeshua, ya que Jesús es un nombre pagano y nunca fue usado en los tiempos del Nuevo Testamento. Esto es incorrecto por muchas razones, que exploraremos en el capítulo 15, "¿El nombre *Iesoús* (Jesús) fue inventado por paganos como un insulto?"

FUENTES

He tomado varios de estos datos de *Nuevo Comentario Biblico Siglo XXI*, G. J. Wenham, J. A. Motyer *et al.* (eds.) (El Paso, TX: Editorial Mundo Hispano, 2019).
"Nombres para niños y niñas. Origen y significado". https://www.guiainfantil.com/servicios/nombres/indice.htm.
"Nombres Bíblicos". https://es.wikipedia.org/wiki/Anexo:Nombres_b%C3%ADblicos.

Capítulo 13

¿EL NUEVO TESTAMENTO FUE ESCRITO ORIGINALMENTE EN HEBREO? NO. ¿O SIRÍACO? NO. ¿LA PESHITTA ES LA VERSIÓN MÁS CONFIABLE? NO.

Debido al florecimiento de las raíces hebreas en América Latina, algunos han avanzado la noción de que el Nuevo Testamento fue escrito originalmente en hebreo; esto a pesar de la falta de evidencia seria.

¿El Nuevo Testamento fue escrito originalmente en hebreo?

Presentamos primero la evidencia histórica y luego las interpretaciones.

(1) El padre de la iglesia Jerónimo (alrededor del año 400 d. C.) pensaba que Pablo podría haber escrito la epístola a los hebreos en lengua hebrea. No hay ninguna prueba de ello y, de hecho, Hebreos es famoso por su uso constante de la versión griega de las Escrituras, la Septuaginta, y no por su propia traducción del hebreo. (2) Algunos «Padres de la iglesia» dijeron que había un Evangelio de los Hebreos, pero no está del todo claro de qué libro hablaban, o si incluso hablaban de un solo libro: nuestra mejor suposición es que era uno de los evangelios del siglo II que algunas sectas compilaron para apoyar su agenda (de ahí el *Evangelio de*

Tomás; o el *Evangelio de Judas*). (3) Jerónimo dijo que había un evangelio hebreo de Mateo: "Mateo, también llamado Leví, apóstol y antes publicano, compuso un evangelio de Cristo que se publicó al principio en Judea en hebreo para los de la circuncisión que creían, pero que después se tradujo al griego, aunque no se sabe por qué autor. El propio hebreo se ha conservado hasta nuestros días en la biblioteca de Cesarea que Pánfilo reunió con tanta diligencia. También he tenido la oportunidad de que me describieran el volumen los nazarenos de Beroea, una ciudad de Siria, que lo utilizan". (Jerónimo, *De viris illustribus* 3, NPNF 2.3, p. 362, nuestra traducción). (4) Lo más importante es que el padre Papías del siglo II dijo que "Mateo compuso su discurso [o "dichos" de Jesús] en hebreo y cada cual lo fue traduciendo como pudo" (citado por Eusebio, *Historia eclesiástica* 3.39.16, versión CLIE).

Nuestras conclusiones, debido a la escasez de datos deben ser tentativas:

1. Al igual que muchos estudiosos, creemos que es posible que Mateo escribiera los "dichos" de Jesús en hebreo (o quizás Papías quiso decir "arameo") y que fueran traducidos al griego e incorporados a lo que hoy conocemos como el evangelio de Mateo.

2. El Mateo hebreo de Jerónimo puede ser o no nuestro evangelio de Mateo; él afirma que lo era, pero otras citas de otros cristianos primitivos indican que podría haber sido un libro diferente. Los expertos suelen saber cuándo un libro es una traducción y el Mateo griego no tiene las características de una traducción de un texto hebreo.

3. No hay ningún manuscrito antiguo del Mateo hebreo, ni de ningún otro libro del Nuevo Testamento.

¿Y qué hay de los que desean "restaurar" el Nuevo Testamento hebreo y traer así el renacimiento del tiempo del fin? "Un Roodo Despertar" de Michael Rood en Enlace es un lugar de reunión para personas de ideas afines que creen que la verdadera fe es mesiánica (o al menos, lo que es la interpretación de Rood del judaísmo mesiánico) y que el Vaticano está ocultando esto. Una de sus narraciones es que, (1) el Nuevo Testamento —en parte o en su totalidad— fue escrito originalmente en hebreo, porque ese es el *Lashon Hakodesh*, el idioma sagrado; (2) el Nuevo Testamento griego, por su propia naturaleza, distorsionó flagrantemente el mensaje del evangelio, porque el griego no puede comunicar la verdad de Dios; (3) la Iglesia católica ha destruido u ocultado a lo largo de dos milenios el original en hebreo, porque es la versión griega la que les da su autoridad; (4) afortunadamente, valientes eruditos (Rood y otros) han "evidenciado" que el Nuevo Testamento en hebreo es el verdadero y se esfuerzan por restaurarlo.

Esta teoría no puede explicar, por cierto, cómo dos de los testigos de un Nuevo Testamento hebreo eran teólogos plenamente católicos: Eusebio era uno de los principales partidarios de Constantino; ¡y Jerónimo produjo la Vulgata latina por orden del papa! No puedo imaginar cómo los dos habrían dejado escapar la existencia secreta de un evangelio hebreo, si eso ya formaba parte de un engaño de siglos.

Una pieza principal que la gente cita es el llamado Evangelio de Mateo de *Shem-Tov*, una versión hebrea, de la que poseo la transcripción de George Howard (*The Hebrew Gospel of Matthew*, 2005). "¡Ah, aquí está el texto original de Mateo!", proclaman. Salvo que hay un problema fatal: los eruditos que trabajan en hebreo, en griego *y en latín* han podido demostrar que *Shem-Tov* no es un texto del siglo I. De hecho, fue una traducción de una versión medieval *de* la Vulgata latina *al* hebreo. Muchos apologistas del cristianismo, el judaísmo y el islam en la Convivencia española, escribieron para convencer a los otros dos grupos de que se convirtieran; al parecer, el *Shem-Tov* se tradujo del latín para convertir a los judíos españoles. La referencia más antigua a *Shem-Tov* se encuentra en un libro escrito en 1380 d. C. Aunque algunos han teorizado que es el texto original que escribió Mateo, es imposible probarlo. De hecho, otra prueba en contra de esta fecha más antigua del siglo I d. C. está en el estilo del hebreo: algunos de sus modismos son rabínicos, es decir, posteriores al Nuevo Testamento.

Ahora bien, si el Nuevo Testamento o algunos de sus libros fueron escritos originalmente en hebreo y si es posible recuperar sus textos, me encantaría contar con ellos como parte de mi propia exégesis. Pero por lo que podemos ver de las "pruebas" de este proyecto de restauración, hay pocas o ninguna razón para cambiar a un (hasta este momento, inexistente) Nuevo Testamento hebreo. Gran parte de la investigación está hecha por personas que se citan entre sí en un pequeño círculo de amigos; se publica de forma independiente (no por editoriales académicas); contiene contradicciones y afirmaciones exageradas. Como hemos dicho en otro lugar, "las afirmaciones extraordinarias requieren siempre de evidencia extraordinaria". Y, sobre todo: los verdaderos eruditos que quieren ser tomados en serio siempre presentan sus pruebas y argumentos a otros eruditos con indicaciones sobre cómo acceder a los documentos pertinentes. Cuando un escritor da a entender que "solo yo he descubierto lo que estaba oculto, y cuando la gente no está de acuerdo conmigo, es porque tiene prejuicios o le asusta la verdad", bueno, esto es una enorme advertencia.

Un invitado regular en "Un Roodo Despertar" es Miles R. Jones, para promover entre otras cosas su libro *Hijos de Zion versus Hijos de Grecia* (*Sons of Zion vs Sons of Greece: Volume One: Survival of The Hebrew Gospels and the Messianic Church*). Da a entender que tiene un máster y un doctorado en lenguas y lingüística, lo que podría hacer inferir que es un experto en hebreo. En realidad, son títulos en educación bilingüe, un campo totalmente diferente; ni siquiera está claro que sepa leer hebreo. Su "desciframiento" del supuesto hebreo antiguo en Arabia pone en duda sus capacidades. Lanza afirmaciones sobre "el único manuscrito hebreo superviviente de los evangelios originales de Mateo, Marcos, Lucas y Juan", pero no hace énfasis en el hecho clave de que los manuscritos no son antiguos. Observe que no habla de *originales* ni de ningún *rollo antiguo*; tiene algunos argumentos débiles sobre Jerónimo y *Shem-Tov* y otros manuscritos medievales, pero principalmente se limita a asumir que el texto hebreo (desaparecido) es el original. No es hasta la página 163 cuando empieza a mostrar las pruebas que sustentan su teoría. Me quedé sin palabras desde esas páginas ante la cantidad de hipérboles, emocionalismo y errores fundamentales de hechos y especulaciones etiquetados como hechos en cada párrafo. Al igual que muchos "apologistas" de este tipo, lanza cientos de datos al lector, ninguno de los cuales la persona promedio buscará en su contexto o siquiera comenzará a entender. ¿Cuántos lectores, por ejemplo, buscarán los textos originales de Orígenes, Crisóstomo, o Epifanio, los cuales Jones cita? ¿Quién buscará para ver si un manuscrito antiguo, el Sinaítico, tiene realmente una nota manuscrita en el margen de Mt 5:35, que supuestamente demuestra su teoría? Fui al sitio web del Sinaítico y leí la imagen digital de la página en cuestión: ¡la nota marginal concreta no existe! No hay ninguna nota marginal para ese versículo en absoluto. Pero ¿cuántos otros lectores llegarían a esos extremos? Afirma que los primeros manuscritos de Mateo omiten la Gran Comisión, pero ¿quién puede o quiere buscar eso? Otra vez: acabo de buscarlo en el sitio web erudito del Center for New Testament Restoration (Centro para la Restauración del Nuevo Testamento), el banco de datos de los manuscritos antiguos. A ver: ¡*todos* los manuscritos antiguos de Mateo, el 100%, incluyen la Gran Comisión en 28:18-20! A continuación, me dirigí al Testamento Griego Nestlé-Aland. Sus datos van mucho más allá: cero manuscritos, desde los más antiguos hasta el siglo XV, omiten la Gran Comisión, es decir, a menos que la copia esté dañada y le falte Mateo 28. Una causa probable de esta confusión de datos: un vistazo a sus notas muestra que Jones dependía en gran medida de las pruebas secundarias, es decir, citaba a otros autores que estaban de acuerdo con lo que él quería decir y no hacía lo que hace un erudito: buscar sistemáticamente las pruebas por sí mismo.

Al final, Jones tiene que denunciar la doctrina de la infalibilidad de las Escrituras, porque cree que los libros del Nuevo Testamento, tal como los tenemos ahora en griego, están contaminados y por tanto, llenos de errores.

Examinemos más minuciosamente lo que dice exactamente Jones, distinguiendo entre dos categorías (recomiendo el artículo "Malinformar vs. desinformar", enlace más adelante). **Mal**informar o "dar información errónea" significa que un texto contiene cosas que son falsas; quizá mucha falsedad, quizá poca. Sin embargo, la persona que lo comunica no sabe que es falso y su intención no es engañar, aunque sí debería haber verificado los hechos. La mayoría de los ejemplos de mitos en este libro son de "información errónea", aunque sospecho que dos o tres pertenecen a la siguiente categoría: "desinformación".

El **des**informar es otra categoría: la persona tiene la intención de engañar a los demás y la información falsa está elaborada para que suene convincente. Esto incluye los chismes que la persona sabe que son falsos, pero que se comparten maliciosamente.

¿Qué relevancia tiene esto en este caso? Miles Jones no se limita, como mucha gente, a afirmar que el Nuevo Testamento está lleno de errores. Es decir, no presume que sus autores eran inocentes. No, él cree que los autores y/o editores del Nuevo Testamento griego deliberadamente introdujeron desinformación, con el fin de perpetrar una agenda que ellos sabían que era una burda distorsión del mensaje de Jesús.

Por favor, tenga esto en cuenta cuando lo escuche en "Un Roodo Despertar": quiere decir que su Nuevo Testamento le miente, intencionalmente.

Jones también acusa que, si cree que el Nuevo Testamento fue compuesto en griego, eso solo puede deberse a una "decisión teológica" que ha tomado y que es un primer paso para rechazar que Israel sea el pueblo elegido.

Jones invoca la misma fábula de que el Vaticano está implicado en un escandaloso encubrimiento del Nuevo Testamento hebreo. Si eso es cierto, podría preguntarse una persona razonable, entonces ¿cómo se explica que la Biblioteca Vaticana cuelgue públicamente su ejemplar de *Shem-Tov* en su catálogo en línea? (Véase el enlace más adelante). ¿Y cómo puede explicar Jones que los teólogos "tóxicos" de la Iglesia griega –por ejemplo, Ireneo, Panteno, Clemente de Alejandría, Orígenes– hagan todos referencia a un evangelio hebreo más antiguo, *si eso era anatema para la Iglesia griega?* ¿Y cómo pueden los teólogos post-constantinos Eusebio, Crisóstomo, Jerónimo, Epifanio hablar todos de manera casual de un evangelio hebreo *si la Iglesia ya los había quemado a todos y amenazado a la gente para que no admitiera su existencia?*

A propósito, el sitio web de Jones ("Doubting Thomas Research Foundation") adopta los descubrimientos de Wyatt sobre la ubicación del Monte Sinaí y el lugar de Durupınar del arca de Noé, para lo que está recaudando fondos para llevar a cabo la investigación. También Rood se ha alineado con la narrativa de Wyatt.

Nehemia Gordon sí sabe leer en hebreo. Declaró al mundo en "Un Roodo Despertar" ¡que había encontrado páginas hebreas de los evangelios en una "caja de basura" en el Vaticano! Se trata de una duplicidad desafortunada, ya que está dando a entender que el Vaticano pretendía tirarlas a la basura. Más tarde Gordon aclara, como debería haberlo hecho desde el principio, que en realidad estaban en microfichas, ¡no en la basura! Así que no eran un secreto. No da enlaces a ellos, entonces ningún otro erudito puede comprobar sus conclusiones. Yo traté de leerlos, sin éxito. No da ninguna fecha para los manuscritos, aunque el hecho de que los imprima con puntos masoréticos significa que deben haber sido producidos en la Edad Media o posteriormente. Es decir, no se trata de un manuscrito antiguo.

Un paso más sobre un supuesto Nuevo Testamento hebreo original: en 2010 participé en un debate con Daniel Hayyim, el editor de la versión *Código Real* del Nuevo Testamento. Para prepararme pasé algunos meses leyendo su libro e investigando las áreas relevantes. Hayyim afirma que (1) Jesús/Yeshua enseñó en hebreo, porque... ¡por supuesto hizo! (2) Que sus discípulos escribieron sus enseñanzas en hebreo y, por lo tanto, el Nuevo Testamento se compuso y circuló originalmente en lengua hebrea. (3) Que el Nuevo Testamento griego fue una traducción posterior del hebreo y distorsionó gravemente el mensaje original. (4) Que él, Hayyim, había "restaurado" el Nuevo Testamento, no en lengua hebrea sino en español.

Puede leerse textualmente en mi blog (véase el enlace).

Para probar su caso apeló a la doctrina del *Lashon Hakodesh* que exploramos anteriormente en este libro: "si el N. T. es el registro histórico de las enseñanzas y obras de Yeshua (...) lo dio originalmente de forma oral en hebreo, todo lo que tengamos en griego, en siríaco, en latín o en cualquier otra lengua, es una traducción de esa fuente hebraica original". Esta especulación es *a priori* y tiene pocas o ninguna prueba.

Se refirió a las citas de Jerónimo y Papías. Afirmó que el Evangelio de Mateo de *Shem-Tov* era la versión original. Hayyim también citó a George Lamsa, quien creía que el Nuevo Testamento fue escrito en siríaco (un dialecto del arameo), véase más adelante. Le dije que no entendí su punto, así que, si Lamsa está en lo cierto, entonces el Nuevo Testamento *no* fue escrito en hebreo sino en siríaco. Al citarlo para apoyar su teoría, Hayyim está equivocado.

Cuando le pregunté de dónde procedía el texto griego del Nuevo Testamento, se manifestó de forma imprecisa. En su libro dijo que la iglesia debió hacer los cambios *después* de la conversión de Constantino a principios de los años 300 d. C. "Con tanto poder disponible, los líderes cristianos del Santo Imperio se aseguraron que los escritos apostólicos que tenían en sus manos respondieran a sus intereses doctrinales más que a la realidad textual de donde provenían. Y en vez de preguntarse qué dice realmente el texto original, se preguntaban cómo podemos hacer que esto afirme nuestra posición. El resultado fue la corrupción textual del Nuevo Testamento...". (*Código Real*, p. 19). En nuestro debate, le pregunté: Entonces, ¿cómo explica la existencia de todos esos manuscritos griegos que podemos fechar *antes* de la conversión de Constantino? No lo dijo.

¿En qué idioma se escribió el Nuevo Testamento?

Desde el primer día de la proclamación del evangelio, cuando Pedro se levantó a predicar, el evangelio circuló en muchas lenguas, y en particular en griego. Todas las interacciones que vemos entre el apóstol Pablo con cualquiera de sus discípulos a lo largo de los Hechos –o en sus epístolas– tuvieron lugar total o principalmente en griego. No hay razón para negar lo evidente, pues el griego no es una lengua "pagana", al menos no más de lo que lo es el arameo; o para el caso, no más de lo que lo es el hebreo, que es históricamente una derivación del cananeo. Dios puede hablar y habla a su pueblo en todas y cada una de las lenguas. El arameo se utilizó con fines malignos, para ordenar la adoración de la estatua de oro en Dn 3:4-5 (תִּפְּלוּן וְתִסְגְּדוּן לְצֶלֶם דַּהֲבָא דִּי הֲקֵים נְבוּכַדְנֶצַּר מַלְכָּא:); También se utilizó para el bien, para comunicar la palabra de Dios en porciones de Daniel y Esdras-Nehemías y en la enseñanza de Jesús. El hebreo se utilizó en la adoración del becerro de oro en Éx 32:4 – "Israel, estos son tus dioses, que te sacaron de la tierra de Egipto" (אֵלֶּה אֱלֹהֶיךָ יִשְׂרָאֵל אֲשֶׁר הֶעֱלוּךָ מֵאֶרֶץ מִצְרָיִם); y el hebreo se utilizó para fines justos, para comunicar la mayor parte del Antiguo Testamento. El griego se utilizó para adorar a un ídolo en Hch 19:28 – "¡Grande es Artemisa de los efesios!" (μεγάλη ἡ Ἄρτεμις Ἐφεσίων); el griego comunicó el evangelio de Cristo, por ejemplo, "Mas Dios muestra su amor para con nosotros, en que siendo aún pecadores, Cristo murió por nosotros" (Rm 5:8).

Todas las pruebas físicas antiguas del texto del Nuevo Testamento están en griego; luego, en el siglo II, en latín y en una versión siríaca temprana (no la Peshitta); y de ahí a otras lenguas. No hay ninguna evidencia física de un original hebreo o arameo.

¿No es la Peshitta una versión superior? NO.

Se trata de una cuestión con dos vertientes. En primer lugar, George Lamsa solía enseñar que la Peshitta era la versión original del Nuevo Testamento, y que posteriormente fue traducida al griego. Lamsa también afirmaba que las escrituras hebreas se habían perdido y fueron traducidas de nuevo del arameo al hebreo. No hay pruebas de nada de esto, y casi ningún erudito estaba convencido. Además, se basa en la suposición de que todos los creyentes de Asia Menor, Grecia e Italia podían entender y leer los evangelios y las epístolas en arameo. ¡No podían! Pero a pesar de ello, Lamsa tradujo la Peshitta al inglés y afirmó que era la versión más fiable.

¿De dónde procede la Peshitta? Como la Iglesia siria estaba más familiarizada con el siríaco, tradujo el Antiguo Testamento a su propia lengua, directamente del hebreo; mientras tanto, el resto de la iglesia y los judíos de habla griega dependía de la Septuaginta. Es decir, tanto el Antiguo Testamento en siríaco como en griego eran traducciones del original hebreo. Parte del Nuevo Testamento se tradujo al siríaco en el siglo II d. C., pero la Peshitta completa y oficial con la que trabajó Lamsa no vio la luz hasta el siglo V.

Esto nos lleva a la edición española, *La Biblia Peshitta en Español, Traducción de los Antiguos Manuscritos Arameos* (B&H Español, 2006). Al igual que Lamsa, sus editores parten del error de que "el arameo es arameo", ¡pero el hecho es que hubo muchos dialectos y formas a lo largo de los últimos 3000 años! El arameo de la Peshitta es arameo oriental (siríaco), y apenas existía en el siglo I; Jesús hablaba arameo occidental. La Peshitta se produjo *siglos* después de los apóstoles. Para nada fue escrito, como sostiene la publicidad, en "el idioma del Señor Jesucristo y de sus apóstoles".

Hay cristianos que dicen: "Utilizo varias traducciones de la Biblia y luego obtengo más información leyendo la Peshitta". Pero, a menos que usted sea un erudito, la Biblia Peshitta en español es de poca utilidad; es como si leyera la Vulgata latina traducida al español. Es mucho mejor utilizar una versión tomada directamente de los textos originales en las lenguas originales: hebreo, arameo bíblico (partes de Esdras-Nehemías, Daniel) y griego.

RESUMEN

- No hay prueba física de un original hebreo o arameo o siríaco del Nuevo Testamento.
- Todas las pruebas apuntan a un original griego para todo o casi todo el Nuevo Testamento; Mateo podría incluir dichos anteriores de Jesús en arameo o en hebreo.
- Jesús no hablaba ni enseñaba en arameo oriental (siríaco), sino en el arameo occidental, probablemente el dialecto de Galilea; el

siríaco de la Peshitta es un dialecto que surgió después de Jesús y no en Palestina.

- La Peshitta era una traducción derivada de las Escrituras hebreas y del Nuevo Testamento griego; el Nuevo Testamento de la Peshitta tal como lo tenemos es del siglo V.
- Es mejor leer las versiones en español que se traducen directamente de las lenguas originales, no del siríaco y ciertamente no de alguna versión hebrea "restaurada" (como el *Código Real*; Versión Israelita Nazarena; Kadosh Israelita Mesiánica).

FUENTES

Daniel Hayyim and Gary Shogren. Debate sobre el Código Real. (2010). https://razondelaesperanza.com/2010/08/10/el-debate-sobre-el-codigo-r.

Miles R. Jones, *Sons of Zion vs Sons of Greece: Volume One: Survival of The Hebrew Gospels and the Messianic Church* (Kerrville, TX: Benai Emunah, 2021).

El Vaticano tiene una copia de Mateo en hebreo, versión *Shem Tov*, y *no* la esconde. ¡Mírela aquí! http://www.mss.vatlib.it/guii/console?service=present&term=@5Vat.ebr.101_ms&item=1&add=0&search=1&filter=&relation=3&operator=&attribute=3040.

"Malinformar vs. desinformar: definición y ejemplos". https://www.liberties.eu/es/stories/malinformar-vs-desinformar/43752.

Capítulo 14

¿EL GRIEGO ERA UN IDIOMA SÚPER PRECISO? NO.

Mi especialidad es la exégesis del Nuevo Testamento griego. Y por eso, puedo levantar la mano derecha y prometer que conocer la lengua no resuelve todos los enigmas de la interpretación. El griego no es un anillo descodificador, sino una lengua humana con toda la idiosincrasia de la comunicación humana.

Sin embargo, regularmente nos encontramos con una idea opuesta. Para citar dos de las muchas versiones de este mito (véase los enlaces más adelante):

> El griego es también un lenguaje muy preciso, lo que asegura que no haya dudas de lo que Dios quiso decir con respecto a las doctrinas presentadas en el Nuevo Testamento.
>
> [Los autores del Nuevo Testamento] no difundieron su idioma hebreo, ni el arameo, ni el griego clásico, sino el griego koiné; ¿Por qué? [*sic*] Porque este lenguaje era ideal para expresar con precisión la sutil complejidad de la Verdad de la doctrina del Señor Jesucristo.

Analicemos esta afirmación.

¿Es el griego la lengua más precisa de la historia? No.
¿Son la morfología (formación de palabras) y la sintaxis
(formación de frases) griegas realmente súper precisas? No.

Nadie que haya estudiado el griego lo calificaría como la lengua humana más precisa. Por poner un ejemplo, la gente nos avisa de que el griego tiene cinco modos verbales: el imperativo se utiliza para las órdenes, el optativo para los deseos, etc. *¡Cinco modos distintos!*

Pero ¡espere!

Muchas lenguas son exponencialmente más complejas, por lo que una persona ajena a ellas nunca entenderá del todo su uso. Por ejemplo, el grupo lingüístico nénets, de las cercanías del Círculo Polar Ártico, tiene hasta dieciséis modos. Otras lenguas tienen modos para el potencial. Otras modifican el verbo para que el hablante señale cómo sabe que lo que dice es cierto; el verbo se modifica para señalar la "evidencialidad". Así, en el pomo oriental, se cambia la propia palabra para decir si se sabe una cosa por otros sentidos que no sean los ojos (para comunicar "Esta estufa está caliente", lo sé porque me ha quemado la mano); circunstancial ("El perro debe haberse escapado" porque la puerta está abierta); de oídas (Me dicen que "lloverá más tarde") u otros. Sin duda, podemos decir las mismas cosas en español, pero no tenemos la agilidad que tienen otras lenguas. Y el griego tampoco.

He aquí un ejemplo, no de diferencia de manuscritos, sino de traducción: si el griego es absolutamente preciso, ¿cómo podemos explicar lo siguiente? En Jn 14:1 b, Jesús utiliza el verbo *pisteuo* dos veces. Y las distintas versiones bíblicas lo traducen de forma diferente. (Una cuarta posibilidad, *Creed en Dios, creéis también en mí* no tendría sentido en Juan 14). Utilizaremos la forma "vosotros" para simplificar la comparación; así, las tres opciones son:

- Creéis en Dios, creed también en mí.
- Creed en Dios, creed también en mí.
- Creéis en Dios, creéis también en mí.

Sí, pero *¿qué dice realmente el griego?*, es la pregunta inevitable. La razón por la que no es del todo seguro es que la forma indicativa (creéis) y la imperativa (creed) son idénticas en este caso (ambos son *pisteuete*), lo que abre la puerta a la ambigüedad. El intérprete tiene que preguntarse: "¿Qué parece mejor en este contexto? ¿Dónde más utiliza Juan este verbo?". Pero nuestro punto aquí es: un solo verso bien conocido destruye la creencia de que el griego nunca permite ninguna vaguedad o duda.

Otra teoría es que los tiempos verbales en griego son más precisos que los del español. Así que, supuestamente, el tiempo aoristo siempre significa un momento único en el tiempo. Esto también puede ser desechado por un verbo aoristo en Jn 2:19-20 LBLA – "Jesús respondió y les dijo: Destruid este templo, y en tres días lo levantaré. Entonces los judíos dijeron: En cuarenta y seis años *fue edificado* este templo, ¿y tú lo levantarás en tres días?". Ahí está: ¡un punto en el tiempo que dura 46 años! Y no se trata de un ejemplo aislado.

¿El vocabulario griego es súper preciso?

Otro mito común es que la lengua griega tiene un enorme vocabulario con el que comunicar un concepto, mientras que en español podemos tener unas escasas opciones. Según William Barclay (p. 14) – "La lengua griega es una de las más ricas, y tiene una facultad sin rival para expresar los diversos matices del significado de un concepto... Así, por ejemplo, mientras el inglés dispone solamente de un vocablo para expresar toda clase de amor, el griego tiene por lo menos cuatro". Podemos refutar esto fácilmente haciendo la misma afirmación sobre el vocabulario español: podemos elegir entre amor, cariño, afecto, pasión, apego, ternura, amistad, simpatía, etc., como puede demostrar cualquier tesauro. En inglés, puedo enumerar decenas de sinónimos de amor sin problemas.

Un mito muy conocido es que *agapé* siempre significa amor divino, mientras que *philé* es amistad y afecto humanos. Esto no es cierto, y pueden intercambiarse: 1 Jn 2:15 dice que una persona peca por amar las cosas del mundo (con la forma verbal de *agapé*); y St 4:4 a se refiere a la amistad con el mundo (con una forma de *philé*). Y cualquiera de las dos palabras encaja. Dios ama al mundo en Jn 3:16 (con la forma verbal de *agapé*); pero con otro término en Ap 3:19 ama a su pueblo (con la forma verbal de *philé*), y en 1 Cor 16:22, el pueblo debe amar a Dios (con la forma verbal de *philé*). Los sinónimos en griego no son cajas herméticas de significado; a menudo se solapan, y su significado depende en gran medida de su uso en un contexto concreto. (Véase mi post "El significado de las palabras"). Si queremos entender el amor divino, destilemos la verdad de la Biblia y expresémosla en español sencillo.

¿Qué le parece el rumor de que el vocabulario del Nuevo Testamento griego es asombrosamente amplio? No es así. Emplea unas 5400 palabras distintas. Aunque eso pueda parecer mucho, medite en esto: *Don Quijote* emplea 24 448 palabras distintas. Los estudios han estimado que un hispanohablante de promedio conoce y utiliza entre 10 000 y 15 000 palabras. Los angloparlantes con formación universitaria podrían llegar a utilizar 40 000 palabras. De hecho, el dialecto de la Septuaginta y del N. T. griego, el *koiné*, tiene un vocabulario minúsculo en comparación con el griego clásico anterior.

¿Y las afirmaciones sobre la exégesis morfosintáctica?

Exploremos otro camino para el estudio de la Biblia: la llamada "exégesis morfosintáctica" (para un artículo más extenso, véase el enlace a mi artículo, más adelante). Dicho análisis implica la identificación y etiquetado de cada palabra de una frase griega como parte de la oración: aquí hay un participio, allí un adverbio, allá una oración condicional, etc. Luego culmina en algo parecido a la diagramación de la frase. Este análisis es un paso crucial, porque la mayoría de nosotros no podemos leer las oraciones griegas con facilidad, y necesitamos descomponerlas en sus partes para luego releerlas más rápidamente. Pero al mismo tiempo es una etapa de orden inferior del estudio de un texto. Hay que seguir con el contexto, comparando la Escritura con la Escritura, el trasfondo histórico y muchas otras áreas.

Pero algunos profetas de la morfosintaxis hacen gran hincapié en la asombrosa precisión del griego. ¡Tiene seis tiempos verbales! (¡Pero se olvidan de mencionar que el español tiene nueve!). Marca los sustantivos con género y número (¡Espere: como el español!) ¡Y los adjetivos coinciden con sus sustantivos en género y número! (Como en español). El griego (como el latín y el alemán) sí tiene desinencias de caso, que son importantes para la exégesis, ya que muestran cómo se usa una palabra en una frase. El español no lo tiene, pero podemos comunicar con claridad las mismas ideas, a veces con preposiciones. Por ejemplo: uno escribiría *prophetes theou* en griego; pero en español podemos decir simplemente "profeta *de* Dios". En hebreo, *nabiy' elohim.* En todas las lenguas podemos llegar a un significado deseado.

La exégesis morfosintáctica "científica" puede acabar distorsionando lo que significa la Palabra. El peor ejemplo de esto es el *Pure Word New Testament* (el Nuevo Testamento la Palabra Pura), que fue "traducido" por un hombre que no tiene ningún conocimiento del griego (véase el enlace más adelante). Su versión de nuestro querido Jn 3:16 suena como esta frase sin sentido (la hemos traducido del inglés al español): "Porque Dios ha amado de tal manera el mundo-de-Satanás, que Él dio a su Hijo, el unigénito-resucitado-Cristo, para que todo aquel en él quien por su propia elección se está continuamente por comprometiendo con el propósito y el resultado de Él, no se pierda, sino definitivamente por su elección sigue continuamente estar teniendo vida eterna". ¡Sería mucho mejor disfrutar de la RV o de la NVI!

Una visión mágica del texto griego lleva a menudo a la falsa conclusión de que solo puede haber una forma correcta de leer un versículo bíblico, que un conocimiento (de hecho, superficial) de la lengua es suficiente para erradicar todas las interpretaciones que compiten. Sí, creemos que la Biblia es un don sobrenatural de Dios. Pero sobrenatural no es lo mismo que mágico.

Pero la gente sigue prometiendo la clave de todo el conocimiento en sus cursos en línea de "exégesis" morfosintáctica (nuestra traducción, véase el enlace a "Grammar and Morphology of Koine Greek", La gramática y la morfología del griego *koiné*):

> En pocas palabras, la parte de Gramática y Morfología de Herramientas para la Interpretación Bíblica tiene como objetivo equipar al cristiano para que aprenda cómo afecta el idioma a las Escrituras, más que para que aprenda el funcionamiento interno de la lengua... [al hacerlo, el estudiante] es capaz de comprender con precisión el significado de las palabras y, por tanto, de las frases... El detalle exacto del griego koiné permite al estudiante de la Biblia comprender con detalle exacto la Palabra de Dios.

Así que: no tiene que estudiar "los entresijos" del griego (un viaje difícil de muchos años); puede utilizar sus tablas y tomar este asombroso atajo y comprender el significado de la Biblia "con todo lujo de detalles", el objetivo por el que los expertos pasan toda su vida sin éxito.

RESUMEN

- El griego –como el español– es una lengua humana y no se considera especialmente precisa.
- El Nuevo Testamento utiliza un dialecto simplificado del griego con una lista reducida de vocabulario.
- Por lo general, el texto del N. T. griego se entiende fácilmente; pero a menudo hay palabras o estructuras de frases que desconciertan incluso a los mejores expertos.
- Las personas con una visión "mágica" del griego suelen ser aquellas que no han estudiado seriamente la lengua y todavía no deberían enseñar a otros; ya hemos explicado este fenómeno cognitivo en "El efecto Dunning-Kruger".
- La mejor manera de aprender el Nuevo Testamento griego es estudiar la lengua rigurosamente durante varios años; para la mayoría de los estudiantes de la Biblia, es mejor adquirir tres versiones fiables y comparar unas con otras, leer el texto en su contexto y dejar que la Escritura interprete la Escritura.

FUENTES

Las dos citas al principio: el primero de "Idiomas de la Biblia" de *Conoce tu Biblia: desde la A hasta la Z* (Editorial Portavoz, 2018). El segundo, "El idioma original del N. T . Una breve historia". http://www.enmision.com.ar/ebiblicos/logos/historia_koine.htm.

William Barclay, *Palabras griegas del Nuevo Testamento: su uso y su significado* (El Paso, TX: Casa Bautista de Publicaciones, 1977).

Gary Shogren, "Exégesis morfo-sintáctica – ¿Realmente existe como tal?" https://razondelaesperanza.com/2020/01/16/exegesis-morfo-sintactica-realmente-existe-como-tal/

Gary Shogren, "La versión del Nuevo Testamento, "The Pure Word" – ¡Tenga mucho cuidado!" https://razondelaesperanza.com/2022/01/29/la-version-del-nuevo-testamento-the-pure-word-mucho-cuidado/

Gary Shogren, "La Concordancia de Strong – una buena herramienta que se ha desviado". https://razondelaesperanza.com/2020/09/28/la-concordancia-de-strong-una-buena-herramienta-que-se-ha-desviado/

Gary Shogren, "El Significado de Palabras". https://exegetica.net/el-significado-de-palabras-shogren/?fbclid=IwAR39QSm4CFPJDq DLAiL2B4iUJsUWUOxyNiL2FPTIt7Is7J1w9i4zLo4ZHGM.

"Grammar and Morphology of Koine Greek", http://storage.cloversi-tes.com/koineministries/documents/TFBI%20Grammatical%20 and%20Morphological%20Manual%20with%20Answers.pdf.

La mente humana:
El efecto bata blanca

Existe un fenómeno psicológico llamado el efecto bata blanca (EBB). Un médico se pone la bata blanca y automáticamente parece más autoritario. Lo mismo ocurre en nuestro ámbito espiritual. Un hombre se pone una *kipá* y asumimos que es un experto en hebreo. Otro se pone un sombrero de Indiana Jones, y se convierte en el mejor arqueólogo del mundo. Otro incluso se pone una túnica de sumo sacerdote. Otra persona graba un vídeo delante del edificio del Berlaymont, ¡y parece que sabe que el computador de la Bestia está dentro! (véase nuestro cap. 25).

Tenga cuidado con los expertos en batas blancas: ¡algunas son reales, otras son disfraces!

Capítulo 15

¿EL NOMBRE "JESÚS" FUE INVENTADO POR PAGANOS COMO UN INSULTO? NO. ¿ES "CRISTO" UN NOMBRE PAGANO? NO.

Este es el mito más peligroso de nuestra colección, porque puede cambiar la forma de percibir la salvación divina: "La forma en que *nuestro grupo* pronuncia el nombre del Salvador es la única correcta; si usted lo pronuncia con alguna diferencia, incluso con una letra diferente, ¡está equivocado!". Otros dicen que fue inventado para difamar al Salvador. Algunos llegan a afirmar: "¡Dígalo como lo hacemos nosotros, o de lo contrario no podrá invocar su nombre y literalmente no podrá ser salvado!".

¿El nombre "Jesús" fue inventado por los paganos como un insulto? NO

Muchos de estos detalles proceden de mis propias búsquedas exhaustivas en la Biblia y en TLG, una base de datos que contiene toda –¡toda!– la literatura griega desde la antigüedad hasta el siglo XV d. C. Para ver todos los detalles y descargar los datos, consulte con mis artículos más adelante.

El nombre del Salvador era, en sus formas hebrea y aramea, *Yeshua*, de esto no hay duda. Lo que nos interesa aquí es la gente que aplica erróneamente este hecho, quizás con mala información.

El argumento con sus variaciones:

1. "Es imposible 'traducir' un nombre de una lengua a otra. ¡La letra «j» en especial es un error! Por lo tanto, el nombre del Salvador debe permanecer en su forma hebrea".

2. "El nombre *Iesoús* (la forma griega del nombre *Yeshua*) ni siquiera existía antes de la crucifixión; se lo pusieron a Yeshua ˮPilato, o los judíos, o los romanos, o la Iglesia católica, o Constantino".

3. "*Iesoús* es un nombre pagano".

4. "*Iesoús* no tiene nada que ver etimológicamente con el nombre hebreo *Yeshua*ʻ".

5. "*Yeshua*ʻ tiene un significado en hebreo, pero *Iesoús* no significa nada en griego".

6. "*Iesoús* es un insulto y significa '¡He aquí el caballo! O quizás 'un cerdo' o 'Viva, Zeus' o algo así".

7. "El uso de *Iesoús* o *Jesús* u otras formas es una conspiración del Vaticano para blasfemar a Dios y al Salvador. Si usted usa esa forma, ha caído en su trampa y corre el riesgo de apostasía".

8. "Los nombres en griego o latín están por definición contaminados por el paganismo; por lo tanto, el Señor no puede ser designado con el nombre *Iesoús* o Jesús".

9. Y algunos lo llevan a este extremo: "Si usted afirma seguir a 'Jesús', entonces no puede ser salvado, ya que no hay 'ningún otro nombre por el que podamos ser salvados' excepto el de *Yeshua*".

Esta línea de pensamiento está plagada de errores históricos y lingüísticos, y es lógicamente contradictoria en sí misma. Tampoco puede explicar cómo el nombre *Iesoús* puede aplicarse 915 veces al Señor en el Nuevo Testamento, por no hablar de toda la literatura de la Iglesia griega.

Tomemos estas afirmaciones una por una.

1. La afirmación: "Es imposible 'traducir' un nombre de una lengua a otra". ¡Falso!

Para empezar, "Jesús" no es una traducción, sino la transliteración de una palabra de una lengua a otra, como demostraremos más adelante. Si fuera una traducción, lo llamaríamos "Salvación".

Podríamos multiplicar los ejemplos de cómo se transliteran los nombres y se alteran ligeramente de un idioma a otro. Un israelí que mencionamos antes en el libro, el difunto primer ministro Rabin se llamaba *Yitzhak*/יִצְחָק en hebreo; entonces, ¿por qué nos referimos a él como *Isaac* en español? ¿Cómo se explica el libro titulado *Incluso sus enemigos lloraron: el asesinato de Isaac Rabin de Israel*?

He aquí un personaje muy conocido: ¿por qué se dice Christopher Columbus en inglés; en español Cristóbal Colón; en francés Christophe Colomb? ¿Por qué no lo dicen de la forma correcta, *la forma original italiana*, Cristoforo Colombo? ¿Cómo es posible que yo trabaje con misioneros cuyos padres los llamaron Paul and Mark; pero en el país centroamericano donde trabajamos, responden a Pablo y Marcos? Porque eso es lo que ocurre con los nombres. Si alguien le dice que la pronunciación o la ortografía de los nombres no puede cambiar entre idiomas, entonces él necesita viajar más, o quizás aprender otro idioma.

También podemos refutar la afirmación de que "la letra J no existe en hebreo, por lo que Jesús es una forma ilegítima". No es así: las vocales "ie" se pronuncian en griego como lo haría la "ie" en español. En alemán ese sonido se escribe con una J, por lo que Jesús en ese idioma suena muy parecido a *Iesoús*: piense en la frase "Ja wohl" (sí).

2. La afirmación: El nombre *Iesoús* (la forma griega del nombre Yeshua) no existía antes de la crucifixión; se lo pusieron a Yeshua los romanos, o los judíos, o la Iglesia católica, o Constantino". ¡Falso!

He utilizado la base de datos Thesaurus Linguae Graecae (TLG), para elaborar una concordancia de cada una de las referencias del nombre griego *Iesoús* en los escritos griegos antiguos. Si las teorías del cerdo, o del caballo, o de Horus, o de "¡Viva, Zeus!" fueran ciertas, entonces esperaríamos que los datos mostraran que el nombre *no* fue utilizado por *ningún* judío antes de 30 d. C. De hecho, los oponentes de la forma *Iesoús* deberían rendirse si podemos mostrar un solo ejemplo de un judío con ese nombre.

En cambio, ¿qué encontramos? Más de 300 referencias a *Iesoús* que datan de antes de que se escribiera el Nuevo Testamento.

El nombre *Iesoús* (Ἰησοῦς) tuvo su primera aparición en la literatura judía del siglo III a. C., concretamente, en la Septuaginta (abreviada como LXX). Se trataba de una traducción del Pentateuco del hebreo al griego *koiné*. Los rabinos que realizaron la versión eran expertos en las Escrituras hebreas y dominaban el griego. Estos judíos piadosos y no paganos, en el siglo III a. C., unos 300 años antes de la crucifixión, se referían una y otra vez al siervo de Moisés como *Iesoús*. El primer ejemplo: "Y dijo Moisés a Josué (forma dativa de *Iesoús*): Escógenos varones, y sal a pelear contra Amalec", Éx 17:9). Otro protagonista *Iesoús* fue el sumo sacerdote en Zacarías 3 LXX.

¿Creemos realmente que cada vez que la traducción judía, aprobada por los rabinos, menciona a Josué ben Nun, lo insulta sutilmente llamándolo caballo, u Horus o cerdo o Viva, Zeus o Hijo de Zeus?

La base de datos del TLG identifica a otros hombres llamados *Iesoús*, y todos, cada uno de ellos, al 100%, son judíos. Aparecen en textos escritos por autores judíos del periodo del Segundo Templo. Josefo menciona el nombre 126 veces. Y hay docenas y docenas de hombres con el mismo nombre.

Todo esto para decir que los teólogos judíos de la época supieron representar el nombre hebreo *Yeshua* como *Iesoús*, y lo encontraron un nombre perfectamente aceptable y exclusivamente judío.

También en el Nuevo Testamento hay dos ejemplos posteriores. Un antepasado del Señor se llama *Iesoús* en Lc 3:29 (en algunas versiones en español se traduce como Josué). En Hch 13:6, un mago judío tenía el nombre de Bar-Jesús, que es una versión griega del arameo "bar" (hijo de) y luego *Iesoús*. Un caso interesante surge en Col 4:11: "Jesús, llamado Justo". *Iesoús* es un nombre judío/hebreo; *Iustus* en latín significa "el justo". Por ese nombre sabemos que era creyente judío. Como muchos judíos (incluyendo a Silas, Pablo), tenían un nombre judío y también un nombre griego o latino que sonaba parecido. No creo que *Iesoús Iustus* fuera nombrado "caballo, cerdo, Zeus, etc." por sus padres judíos.

Los judíos dejaron de llamar a sus hijos *Iesoús* a principios del siglo II d. C., por razones obvias; tampoco los primeros cristianos se atrevieron a llamar a sus hijos *Iesoús*. Sí había rabinos y otros judíos con el nombre hebreo *Yehoshua* (la versión más larga del nombre).

3. La afirmación: "Jesús es un nombre griego pagano". ¡Falso!

Como se mostró anteriormente, hay unas 300 referencias a personas llamadas *Iesoús* que datan de antes de Jesús de Nazaret, y cada una de ellas se refiere a un varón judío. Por el contrario, el TLG no ofrece ni un solo caso de una persona gentil con ese nombre. Y, por cierto, ¡ningún ídolo con ese nombre! Desafío al lector a que me muestre algún ejemplo pagano del nombre *Iesoús*.

4. La afirmación: "*Iesoús* no tiene nada que ver etimológicamente con el nombre hebreo Yeshua'". ¡Falso!

Las pruebas muestran una sola base posible para el nombre escrito Iesoús: siempre y exclusivamente fue la representación fonética del nombre Yeshua', que era la forma corta del nombre usado por Josué hijo de Nun; e *Iesoús* fue el nombre de muchos otros judíos desde el siglo III a. C. hasta el siglo II d. C.

    ¿Por qué se escribe *Iesoús* de la forma en que lo hace? La razón es doble y evidente para cualquiera que estudie el hebreo y también el griego, especialmente la Septuaginta y otra literatura del Segundo Templo.

    (A) En griego, cuando se deseaba marcar una palabra (el término técnico es "declinar") como un sustantivo o nombre masculino, normalmente se le añadía un sonido de "s", la letra griega *sigma* (ς), al final. Por eso muchos de los nombres judíos en la Septuaginta añaden una *sigma*: Mosheh se convierte en Moüsés, Ezra en Esdras, Yeshayahu en Esaías, Yirmeyahu en Ieremías. En el Nuevo Testamento, Juan el Bautista pasa de ser Yehohanan a Ioannes, su padre ahora es Zacarías; el sacerdote judío Qayapha se convierte en Kaiáphas; entre los seguidores de Jesús, Kepha (nombre arameo) se convierte en Kephas, Jacob en Iakobos. Y sí, Yeshua' también añade una "s" al final.

    (B) De nuevo, cuando las palabras fueron transliteradas (= representadas fonéticamente lo mejor posible el sonido del nombre) del hebreo al griego, el sonido "sh" (la letra hebrea *shin*, שׁ) se cambia por el sonido "s" – eso porque el griego no tiene el sonido "sh". El efecto puede verse en el capítulo 9 de este libro: *rosh* en el texto hebreo de Ez 38:2 se convierte en *Ros*/Ρως en la Septuaginta y, como el español tampoco tiene "sh", es Ros en la LBLA. Yeshua᾽ se escribe con la letra *shin* en hebreo, pero el griego sustituye el sonido "sh" por una *sigma* (σ o ς).

Así: el nombre hebreo Yeshua᾽, (A) añade un sonido "s" al final y (B) cambia el sonido de la "sh" por el de la "s", y entonces se convierte en *Iesoús*. No hay ningún misterio aquí, ninguna conspiración. Cualquier judío del siglo I d. C. reconocería a *Iesoús* como la forma estándar para el nombre hebreo Yeshua᾽.

5. La afirmación: "Yeshua᾽ tiene un significado en hebreo, pero *Ie-soús* no significa nada en griego". ¡Falso!

Si alguien le dice que el nombre "Jesús" no significa nada en español, entonces podría responder que "Mesías" o "Mashiaj" o "Yeshua᾽" tampoco significan nada en español. "Oh, pero claro que sí", dirá alguien, "Yeshua" significa salvación. Bueno, ¡así es! Pero solo si ya sabe hebreo o, más probablemente, si alguien se lo ha explicado. *Iesoús* le dice "salvación" bajo las mismas condiciones: si alguien conoce el nombre hebreo, lo escribe en letras griegas –o en español– y luego se lo explica. Esto es justo lo que hace el teólogo judío Filón en el siglo I d. C., cuando explica el texto, "A Oseas hijo de Nun, Moisés le cambió el nombre y le puso Josué" (Nm 13:16 NVI):

> (...) Pero Moisés también cambia el nombre de Osea en Josué [*Ie-soús*], con lo que transforma el particular proceso hacia un estado en el estado mismo. "Osea", en efecto, significa "este tal es salvado": "José" [*Iesoús*], en cambio, significa "salvación del Señor", nombre para el mejor de los estados. Filón, *Sobre el cambio de nombres* 121 (versión Triviño).

Filón técnicamente está equivocado al decir que Osea (texto hebreo) o *Iesoús* (Septuaginta que está citando) significan "salvación *del Señor*". La forma hebrea más larga, *Yehoshuah*, sí, significa eso (véase Jos 1:1, por ejemplo), pero no se encuentra ni en la Septuaginta ni en el Nuevo Testamento, en ambos *Yehoshuah* siempre se representa por *Iesoús*. Él está pensando en *Yehoshuah* nombre en hebreo.

Regresamos a nuestro tema de que, supuestamente *Yeshua᾽* tiene un significado en hebreo, pero *Iesoús* no significa nada en griego o español. Pero ¿y si nadie en su círculo de amigos sabe leer hebreo? ¿Cómo podría saber qué significa Yeshuaʿ o *Iesoús*? De hecho, la propia Biblia nos dice la respuesta en Mt 1:21 NVI – "Dará a luz un hijo, y le pondrás por nombre Jesús [salvación], porque él salvará a su pueblo de sus pecados". Tanto si se pronuncia Yeshuaʿ como si se escribe en letras griegas como *Iesoús*, su nombre significa "salvación" = Jesús salvará a su pueblo de sus pecados.

6. La afirmación: "*Iesoús* significa '¡He aquí el caballo! O quizás 'un cerdo' o 'Viva, Zeus' o algo así". ¡Falso!

La etimología es el estudio de las raíces de las palabras. Etimológicamente, "sous" en el nombre *Iesoús* no tiene nada que ver con la palabra hebrea para "caballo": incluso el lector que no lea hebreo puede ver que *sus*, סוס, se escribe con dos usos de la letra *samech* (no *shin* שׁ). Y ya que estamos aquí, disipemos esa idea de "¡Viva Zeus!". El nombre Zeus (Ζεύς) en griego comienza, no con una *sigma*, sino con una *zeta* (ζ, que se escribe en mayúsculas como Z; tiene el sonido, no de la "z" en español sino como la letra en inglés). Más, Zeus no tiene el mismo diptongo que *Iesoús*, sino que utiliza otro, "*eu*". Así que no solo no tiene relación con el nombre *Iesoús* en cuanto a la ortografía, sino que Zeus e *Iesoús* ni siquiera riman en griego. Esto es una pista de que la teoría de ¡Viva Zeus!, fue probablemente inventada por un angloparlante, ya que las dos palabras sí riman algo en inglés. Aparte de eso, las palabras Zeus e *Iesoús* no tienen nada en común, salvo que ambos son nombres masculinos y, por tanto, tienen la *sigma* final, como ya explicamos.

7. La afirmación: "El uso de Jesús u otras formas es un complot del Vaticano para blasfemar de Dios y del Salvador. Si usted usa esa forma, ha caído en su trampa y corre el riesgo de apostasía". ¡Falso!

Tiremos de este hilo y veamos a dónde nos lleva: SI –como hemos demostrado– es cierto que hay cientos de referencias a hombres llamados *Iesoús* en los años anteriores a la venida de Cristo; y SI, como algunos reclaman, también es cierto que el nombre *Iesoús* fue inventado por el Vaticano como una forma blasfema; *por lo tanto*, ¡esto significa que los líderes de la iglesia de habla latina de alguna manera viajaron hacia atrás en el tiempo para buscar todas las referencias bíblicas y extrabíblicas a hombres judíos llamados *Iesoús* de antes de Cristo! *Entonces*, habrían borrado todas las pruebas auténticas y plantado nuevas pruebas. Ah, y durante el mismo viaje, amenazaron a Iesoús Iustus (Col 4:11) y a otros para que no cambiaran sus nombres una vez que llegaran a la adultez y se dieran cuenta de que estaban malditos con un apodo estúpido y malvado.

Solo con una máquina del tiempo tiene sentido la teoría de la conspiración.

8. La afirmación: "Los nombres en griego o latín están, por definición, contaminados de paganismo; por lo tanto, el Señor no puede ser designado por el nombre *Iesoús*". ¡Falso!

Para empezar, *Iesoús* no es un nombre griego o latino o católico romano o una forma bowdlerizada del hebreo para "He aquí el caballo", es un nombre estrictamente judío transliterado del hebreo y pronunciado de una manera que para los judíos era inteligible y aceptable en la lengua griega. Era un nombre de honor, el nombre del sucesor de Moisés. Y los propios apóstoles utilizaron esa forma en todo el Nuevo Testamento, sin utilizar ni una sola vez la forma Yeshua.

9. La afirmación: "Si usted afirma seguir a Jesús en lugar de a Yeshua, entonces no puede ser salvado, 'porque no hay bajo el cielo otro nombre dado a los hombres mediante el cual podamos ser salvos' (Hechos 4:12 RV 60)". ¡Falso!

En este punto, las leyendas sobre Yeshua/*Iesoús* alcanzan altos niveles de toxicidad cuando se entretejen en el corazón del evangelio. Y la persona que se aferra a una determinada ortografía fracasará por sus propios estándares: cada vez que alguien escribe un blog en español y dice que debemos usar el nombre "Yeshua'" –¡escribiéndolo en letras romanas, latinas!– entonces esa persona tampoco está utilizando Yeshua' como se escribió originalmente. Esperamos que eso no llegue a sufrir en el juicio final.

Además, citar Hch 4:12 como prueba no tiene sentido dentro de su contexto, ya que se cita a Pedro usando *Iesoús* dos veces, ¡en 4:10 y 4:11! Dado que tanto el autor de los Hechos como sus lectores utilizaban el griego, uno habría que descartar Hch 4:10-12 como apostasía.

Y, desastrosamente, una persona tras otra afirma que hay que pronunciar el nombre exactamente, con precisión, tal como está en hebreo, pero entre ellos no hay ningún consenso sobre cuál es la verdadera pronunciación. Aquí están las formas que he visto proclamadas como el único nombre verdadero; probablemente haya otras:

Yeshua, Yehoshua, Jehoshuah, Jehoshua, Yahusha, YaHshua, Yahuwshuwa, Yahawahshah, Yahushua, Yaishua, Yahawash, Yahawashi, YâHShWāH y más.

De ellos, el nombre Yeshua existe realmente en las Escrituras hebreas, también Yehoshua y Hoshea (Nm 13:16, pero no en esta lista); los demás me parece que han sido inventados por personas que no entienden hebreo. Según mis cálculos, las personas que insisten en uno y solo uno de los 13 nombres enumerados anteriormente tienen 1 entre 13 posibilidades de escapar a la condenación eterna.

Además de todo esto, la idea de que la pronunciación del nombre del Señor debe ser precisa, científica, exactamente pronunciada de esta manera y no de otra, es una señal de que la gente malinterpreta lo que estamos haciendo cuando invocamos el nombre del Señor. Están tratando el nombre divino como si fuera un fetiche, una fórmula mágica.

Pablo escribió, "si confesares con tu boca que Jesús es el Señor, y creyeres en tu corazón que Dios le levantó de los muertos, serás salvo" (Rm 10:9 RV 60). ¡Y en ese texto, él utilizó la forma *Iesoús*! Entonces, invoque a *Iesoús*, o a Yeshua᾿, o Jesús en español, o Jesus en inglés o en alemán o en portugués, o Gesù en italiano, o İsa en turco, o Isus en bosnio, o เยซู (Yesu) en tailandés, o Иисус (*Iisus*) en ruso. ¡Solo asegúrese de invocarlo como el Señor resucitado!

¿Es Cristo un nombre o título pagano? No.

Una afirmación menos popular tiene que ver con el título "Cristo". Supuestamente es una variación del nombre de algún dios pagano. Se trata de un error elemental, y depende del hecho de que hay tantos millones de palabras en las distintas lenguas humanas que, por supuesto, muchas sonarán igual. Por poner un ejemplo: quizá mi nombre Gary le recuerde a alguien a gurú en sánscrito. No, mejor: a *garou* en francés, como en *loup-garou*, ¡un hombre lobo! Puede que se ría, pero eso no es más ridículo que decir que Cristo es un título pagano.

La palabra *jristos* es del verbo *jrio* y significa "el ungido". Su equivalente en las Escrituras hebreas, el sustantivo "Mashiaj" (מָשִׁיחַ), aparece 38 veces y siempre se refiere a una persona ungida (del verbo *mashaj/* משׁח). Se utiliza para los reyes israelitas (y el persa Ciro, Is 45:1) y los sumos sacerdotes que eran ungidos mediante el derramamiento de aceite sobre la cabeza. La palabra solo se utiliza en pocas ocasiones para referirse al rey mesiánico venidero (quizás en Sal 2:2, 132:17; Dn 9:25-26). Es en la literatura del Segundo Templo y en la rabínica donde Mashiaj se convierte en un título formal: por ejemplo, "ante él caerán y no se levantarán, ni habrá quien les tienda la mano y los levante, pues negaron al Señor de los espíritus y a su Mesías" (*1 Enoc* 48:10, versión Diez Macho). *Jristos* aparece cuatro veces en *Salmos de Salomón* (17:32; 18: título, 5, 7): esto es una prueba más de que *Jristos* era una traducción aprobada de Mesías cuando fueron escritos por rabinos judíos en los siglos II o I d. C. Y en la versión griega de la Biblia, la Septuaginta, producida en los siglos antes de Cristo, el título mesiánico se traduce con *Jristós*. Los rabinos ciertamente no se referían a los sacerdotes o reyes ungidos, y ciertamente no a "el Señor y su ungido" (*tou jristoú autoú*/τοῦ χριστοῦ αὐτοῦ) con el nombre de un ídolo.

El Ungido era, por supuesto, el título principal para el Salvador en el Nuevo Testamento. Hay tres pasajes del Nuevo Testamento que llaman nuestra atención.

En Hch 4:26, los apóstoles citan el Sal 2:1-2. Hechos presenta el salmo como mesiánico. Las naciones se rebelan contra el Señor y su Mesías: en el hebreo es *al-YHWH ve-al-Meshijo* (la "o" final es el llamado sufijo pronominal, que significa "su"). Pero ¡espera! En Hechos 4 el Mesías se traduce *tou jristoú autoú* (τοῦ χριστοῦ αὐτοῦ), de *Jristós*, que es la raíz del español Cristo. Es decir, se igualan *Mashiaj* y *Jristós*. Este escrito apostólico no dudó con el término *Jristós*; ningún apóstol interrumpió su reunión de oración con: "¡Esperen un momento! ¿Por qué nos referimos al Salvador como un dios pagano?".

El término Mesías (*Messías*/Μεσσίας) solo aparece dos veces en el Nuevo Testamento, y ambas en el evangelio de Juan. "Andrés encontró primero a su hermano Simón, y le dijo: —Hemos encontrado al Mesías (es decir, el Cristo)" (Jn 1:41 NVI). Más tarde la mujer samaritana dice: "Sé que viene el Mesías, al que llaman el Cristo" (4:25). Ella pregunta a los aldeanos: "¿No será este el Cristo?" (4:29). ¿Qué podemos deducir de esto? Que Andrés y la samaritana utilizaron el término hebreo para Mesías; que Juan transliteró la palabra en letras griegas, al igual que los judíos hicieron con el nombre de Yeshua. Así, *Mashiaj* perdió el sonido "sh", que se convierte en "s"; luego se añadió la "s" al final para convertirlo en un sustantivo = *Mesías* (Μεσσίας). Y lo más significativo es que Juan señala que él, Andrés y la Samaritana saben que tienen el mismo significado: el Ungido. Por eso se le llama *Jristós* –no *Mashiaj*– en otras referencias claves de Juan, por ejemplo, en 1:17; 7:26-27; 17:3. También podríamos añadir que *Jristós* habría sido inmediatamente entendido por los hablantes de griego como "el ungido", ¡no un dios pagano!

Si el Nuevo Testamento puede utilizar el término *Jristós* 529 veces, y utiliza el término *Mesías* solo 2 veces, entonces, ¿quiénes somos nosotros para decir que los apóstoles se equivocaron fatalmente e introdujeron la corrupción durante los primeros días de esta nueva era?

El nombre del Señor y su título: ¿Nos basamos en los hechos o en una teoría de la conspiración?

Por supuesto, alguien recurrirá a la teoría de algún complot, de que los católicos o alguien más cambiaron todas, las 529, referencias a Cristo en todos y cada uno de los manuscritos del Nuevo Testamento, y todas y cada una de las –a ver– 915 referencias a *Iesoús*, insertando en su lugar las formas deformadas. Oh, pero ¡espera! ¡Fueron torpes y dejaron dos referencias a *Messías* en Juan! Y otro problema: los eruditos pueden detectar fácilmente las tachaduras y correcciones en un manuscrito antiguo. Y en *ningún* manuscrito hay evidencia de tal cambio.

RESUMEN

- Todas las lenguas del mundo, miles de ellas, han pronunciado el nombre del Salvador de forma ligeramente diferente. El hecho de que la letra "J" se inventara hace solo unos siglos no tiene nada que ver con ninguna distorsión. Se utilizó originalmente en alemán (Jesús, que se pronuncia de forma muy parecida al griego *Iesoús*). De ahí se trasladó a otras lenguas. Más tarde, como hacen todas las letras, la "j" cambió su sonido con el tiempo.

- Jesús no es un nombre latino, ni griego. Es un nombre hebreo que fue adoptado posteriormente por los creyentes de habla aramea, griega y latina; y probablemente se utilizó en su forma griega ya en el día de Pentecostés.

- *Iesoús* y *Messías* (1) se formaron, como la mayoría de los sustantivos masculinos, añadiendo un sonido "s" al final, y (2) transformando la "sh" en un sonido "s".

- La mayoría de las grafías "auténticas" del nombre del Salvador que vemos hoy en día fueron aparentemente inventadas hace poco tiempo.

- Cristo no es un nombre latino. *Christos* (pronunciado *Jristós*) es la versión griega de *Mashiaj*. Ambos significan "ungido". Posteriormente se adaptó del griego a la forma latina *Christus*: el latín conserva la "ch" griega, así que el latín no tiene ese sonido.

- Cristo y Jesús son versiones en español de las palabras griegas (y posteriormente latinas).

- "Solo hay un nombre por el que podemos ser salvados" no tiene nada que ver con la forma en que se pronuncia una letra en las 7000 lenguas que existen hoy en día; significa, "solo hay una persona por la que podemos ser salvados".

- Los rabinos judíos utilizaban los términos *Jristós* e *Iesoús* al menos tres siglos antes de que se escribiera el Nuevo Testamento; es decir, los consideraban las formas aprobadas de *Mashiaj* y *Yeshua*.

- Algunos grupos insisten en que a menos que se pronuncie el nombre del Salvador con su propia pronunciación especial, no se puede ser salvo. Esto conduce a un comportamiento sectario y debe evitarse a toda costa.

FUENTES

Algunos de mis datos sobre "Cristo" provienen de "*Jrio*, etc.". *TDNT* 9:493-580. Véase también "Jesucristo", en *Diccionario Teológico del Nuevo Testamento*, L. Coenen, E. Beyreuther y H. Bietenhard (eds.) (3a ed.; Salamanca: Sígueme, 1990), pág. 2:377-389.

Gary Shogren, "¿Yeshua? ¿Iesoús? ¿Jesús? ¿Alguna otra forma? ¿Quién está en lo correcto?" https://razondelaesperanza.com/2016/08/04/yeshua-iesous-jesus-alguna-otra-forma-quien-esta-en-lo-correcto/

Gary Shogren, "Iesous in TLG – the first 1000 references". https://razondelaesperanza.files.wordpress.com/2016/08/ceb9ceb7cf83cebfcf85cf82-in-tlg-first-1000-referencias.pdf.

Gary Shogren, "Yeshua – ¿es permitido 'traducir' su nombre a otros idiomas?". https://razondelaesperanza.com/2014/12/29/yeshua-es-permitido-traducir-su-nombre-a-otros-idioma/

Gary Shogren, "Rumores sobre el Nombre de Yahweh". https://razondelaesperanza.com/2020/07/03/rumores-sobre-el-nombre-de-yahve/

El mito de que el nombre "Jesús" no puede salvar, un artículo que copia y pega todas las distorsiones sobre el nombre *Iesoús* – "¿YȧHŠhẀʿājH HaMaŠhíYȧĴ? ¿O Jesús? ¿Cuál es el nombre verdadero?" http://csefarad.ancient-hebrew.org/jesusfalso.htm.

La mente humana: "¿Jura solemnemente decir la verdad?"

En un tribunal le podrían preguntar: "¿Jura, solemnemente, decir la verdad, toda la verdad y nada más que la verdad?". Esa pregunta nos ayuda a desentrañar las alternativas a decir la verdad.

¿Toda la verdad? El juez le pregunta: "¿Quién robó esa tienda?" y usted responde: "Fredo". Pero se olvida de decirle que usted y Fredo lo hicieron juntos. Habló con engaño.

Declaraciones engañosas. Una esposa dice: "¿Te has acordado de comprar el pan?", y el marido dice: "Sí", pero solo se acordó cuando entró por la puerta.

¿Nada más que la verdad? Si usted dice diez cosas verdaderas y en ese contexto afirma a sabiendas diez cosas falsas, no está diciendo la verdad. ¡Incluso si dice solo una cosa falsa!

Testimonio falso. Decir que se sabe que algo es cierto, pero no se sabe realmente. Esta es una forma de transgredir "No hablarás contra tu prójimo falso testimonio" (Éx 20:16 RV 60). Cuando las personas daban testimonio según la Torá, tenían que asegurarse de conocer los hechos. De lo contrario, si acusaban a alguien de un delito y no lo habían hecho, entonces los testigos falsos sufrirían el castigo por ese mismo delito.

¿Cómo aplicamos esto a los mitos? El cristiano debe valorar la importancia de decir solo la verdad. No sirve de nada justificar nuestras palabras con: "¡Bueno, yo no sabía que era falso!". Más bien, debemos hacernos capaces de decir que, "Sí, averigüé que era verdad".

Estoy relativamente seguro de que el chupacabras es solo una leyenda, pero no lo sé. No levantaría la mano derecha para jurar que es un mito. Al recopilar una lista de temas, si no pude determinar la naturaleza mítica de una cosa, no la incluí en el libro. O quizás sí incluí una historia y la califiqué como PROBABLEMENTE NO (véase el siguiente capítulo). A veces, lo más honesto que podemos decir es la simple afirmación: "En este caso, no sé qué es la verdad".

Capítulo 16

¿"ABBÁ" SIGNIFICA "PAPÁ, PAPI"? PROBABLEMENTE NO.

Es común en inglés, alemán y otros idiomas, y especialmente en español, que los creyentes se refieran a Dios como "papá". A veces apelan a la idea de que *abbá* era la palabra que un niño pequeño usaría para su padre. Examinemos esa suposición.

Antecedentes lingüísticos: *Abbá* no es una palabra hebrea. Procede de otra lengua semítica del Mediterráneo oriental, el arameo, la lengua que hablaban los judíos cuando regresaron del exilio. Debido a su parentesco, muchas palabras en arameo y hebreo tienen raíces similares, pero siguen siendo lenguas distintas: por ejemplo, el hebreo "rabí" es primo del arameo "raboni" (así María en Jn 20:16). El arameo era la lengua cotidiana de Jesús y de los apóstoles, y una de las lenguas de Pablo. Jesús oró usando la palabra aramea – "Y decía: *Abbá*, Padre, todas las cosas son posibles para ti" (Mc 14:36 RV 60).

En el Nuevo Testamento griego, *abbá* se representa con letras griegas. Así, *abbá* (אַבָּא) se representa como ἀββά en griego y Abbá en español, y salvo por el acento todos suenan igual.

Dios fue el Padre de Israel (por ej., Is 63:16), sin embargo, un israelita no se dirigía a Dios como su propio *ab* ni como *abbá*. El hecho de que

Jesús instruyera a sus discípulos a hacer lo mismo (Lc 11:2) fue revolucionario y simbólico de su nueva e íntima conexión con Dios. Y la literatura del Nuevo Testamento refleja sistemáticamente ese cambio, llamando a Dios "Padre".

Abbá no es "padrecito": *Abbá* no es una forma diminutiva del hebreo *ab*; es un equivalente. Como *ab*, significa simplemente "padre". Por eso, en Rm 8:15 y Gá 4:6, Pablo ayuda inmediatamente a los cristianos de habla griega diciendo que *abbá* significa *pater* (πατήρ) – "padre". *Pater*, Pablo escribe, no "patercito" o papi. En la versión griega del Padre Nuestro en Mateo y en Lucas, también es *Pater*.

Abbá entre los rabinos: Los judíos utilizaban *abbá* como título para los rabinos importantes. Dos ejemplos del siglo III d. C. son los tanaim Abbá Saul y Abbá Gorion de Sidón. Se llamaron "padre", ¡no "papi"! Es probable que la práctica fuera conocida también en el siglo I, dado que Jesús rechazó ese título en Mt 23:9 NVI – "Y no llamen 'padre' a nadie en la tierra, porque ustedes tienen un solo Padre, y él está en el cielo".

El arameo y abbá en la iglesia primitiva: El arameo era la lengua de muchos en la iglesia primitiva. Hch 6:1, "hubo murmuración de los griegos contra los hebreos", probablemente habla los creyentes cuya lengua principal era el griego frente a los que hablaban arameo, como lo traduce la NVI: "los judíos de habla griega contra los de habla aramea". En el siglo I, algunos términos arameos se convirtieron en "palabras prestadas" en la iglesia de habla griega, como lo fueron Amén y Aleluya, y Maranatha *Abbá* fue uno de esos términos: Pablo lo utiliza en Rm 8:15 y Gá 4:6, y parece asumir que sus lectores estarían familiarizados con él. Sabemos que *abbá* desapareció casi inmediatamente del vocabulario cotidiano de la iglesia postapostólica, salvo cuando se citaban los versículos de Marcos, Gálatas o Romanos (véase Ireneo, más adelante). Más adelante en la historia de la Iglesia, el griego *abbás* pasó a significar el "abad", el padre o jefe de un monasterio.

El uso cristiano actual: En la década de 1970, el erudito alemán Joachim Jeremias declaró que *abbá* era el término que podría utilizar un niño pequeño; aunque también admitió que los adultos también lo utilizaban, esa opinión fue pronto olvidada (véase más adelante, Jeremias, pp. 57ss.). Los estudiosos posteriores señalaron que *abbá* era la *única* palabra en arameo para designar al padre; por tanto, Jeremias no había examinado la palabra en su contexto histórico. Dice uno de ellos que "no era una expresión infantil comparable a 'papá': era una dirección más solemne, responsable y adulta a un Padre" (Barr, p. 46, nuestra traducción con énfasis añadido).

La relación íntima del cristiano con el Padre es una preciosa verdad del evangelio. Algunos cristianos lo expresan llamando a Dios su Papi. Eso es entre ellos y Dios; lo único que hemos demostrado es que no pueden basar su práctica en el significado de la palabra *abbá*.

RESUMEN

- Los israelitas creían en la paternidad de Dios, pero no le llamaban "Padre" en la oración.
- Jesús oraba y enseñaba en arameo. Utilizó el término arameo –no es hebreo– *abbá* para dirigirse a su Padre.
- En el primer siglo cristiano, Pablo y otros cristianos utilizaban el término *abbá* de Dios.
- *Abbá* no era un diminutivo de "papi" sino simplemente la palabra "padre".

NOTA: Una afirmación especialmente bella procede de alrededor del año 180 d. C., en Ireneo, *Contra las herejías* 5.8.1 – "Porque, dice el apóstol: 'No vivís en la carne, sino en el Espíritu, si es que el Espíritu de Dios habita en vosotros' [Rm 8:9; cf. 2 Cor 5:4]. Esto tiene lugar, no arrojando la carne, sino pasando a tener comunión con el Espíritu. Porque aquellos a quienes escribía no vivían fuera de la carne, pero habían recibido el Espíritu de Dios, por el que clamamos ¡Abbá, Padre! Ahora bien, si ahora, que solo tenemos la 'prenda', podemos clamar ¡Abbá, Padre!, ¿qué será cuando resucitemos y le veamos cara a cara, cuando todos los miembros acudan en masa a cantar aquel himno de exaltación glorificando al que los resucitó de los muertos y les regaló la vida eterna? Porque, si cuando el hombre no tiene más que una prenda del Espíritu en sí mismo, ya le hace exclamar ¡Abbá, Padre! (Rm 8:15), ¿qué no hará la totalidad del don del Espíritu que Dios dará a los hombres? Nos hará semejantes a Él y perfectos según la voluntad del Padre, ya que hará al hombre 'a imagen y semejanza de Dios'". *Lo mejor de Ireneo de Lyon*, A. Ropero B. (ed.) (Barcelona: CLIE, 2003), p. 571.

FUENTES

O. Hofius, "Padre (πατήρ)", en *Diccionario teológico del Nuevo Testamento*, L. Coenen, E. Beyreuther, & H. Bietenhard (eds.) (3ra ed.; Salamanca: Sígueme, 1990), pp. 3:242-48.

J. Jeremias, *The prayers of Jesus* (Philadelphia: Fortress Press, 1964).

J. Barr, "'Abbá' isn't 'daddy'", *Journal of Theological Studies* 39.1 (1988), pp. 28-47.

Capítulo 17

¿LAS VERSIONES MODERNAS DE LA BIBLIA QUITAN LA DEIDAD DE CRISTO? NO. ¿ENSEÑAN EL GNOSTICISMO? NO.

La gran mayoría de los estudiosos –incluida la gran mayoría de los cristianos creyentes en la Biblia– afirman que debemos traducir el Nuevo Testamento griego tal y como se deduce de todos los manuscritos existentes, en igualdad de condiciones dando preferencia a los más antiguos, ya que están más cerca en el tiempo de los escritos originales. Hay varias ediciones del "texto crítico" disponibles; la 28ª edición de Nestlé-Aland de 2012 es la más utilizada.

Una pequeña minoría está a favor del gran número de manuscritos de la llamada familia de textos bizantinos. Una minoría aún más pequeña cree que una impresión específica del Nuevo Testamento de los siglos XVI o XVII, el *Textus receptus* (TR), es el texto más fiable, o quizás el único y perfectamente fiable. Esto crea un gran problema, a propósito, así que cada impresión del TR es diferente de cualquier otra impresión; si el TR es supuestamente perfecto, entonces la pregunta lógica es, ¿qué edición del TR?

Mientras que algunos del campo del TR argumentan su posición utilizando la lógica y las pruebas, muchos promueven la teoría de que existe un complot para sustituir la Palabra de Dios por una "perversión" corrupta. Todo lector de este libro ha oído decir que "la NVI está corrupta, es la peor traducción".

Se han escrito enormes volúmenes sobre la traducción de la Biblia. Pero en esta sección me ocuparé solo de tres rumores, a los que seguirá más adelante un cuarto sobre Rupert Murdoch.

¿Las versiones modernas de la Biblia quitan la deidad de Cristo? NO.

Una vez que dejamos de lado las paráfrasis de los maestros "mesiánicos" y de los Testigos de Jehová, todas las versiones de la Biblia en español enseñan la deidad de Cristo, y punto. Nadie que haya leído la NVI podría llegar a la conclusión de que niega la deidad de Cristo, la trinidad, la expiación por nuestros pecados, la encarnación y todas las doctrinas cardinales que se pueda enumerar.

A causa de un versículo, 1 Tm 3:16, algunos han llegado a la conclusión de que el objetivo de los traductores de la Biblia es importar su cristología liberal a la Biblia. Este no es el caso (véase el enlace a mi artículo). Si alguien le dice que la NVI, o La Biblia de las Américas, o Dios Habla Hoy, etc., niega la deidad de Cristo, tal persona o maestro está equivocado y es culpable de investigación descuidada. Existen muchos rumores sobre dos editores del Nuevo Testamento griego del siglo XIX, Westcott y Hort (WH). Es posiblemente algo leído de algún sitio web sin discernimiento, así que el 90% y más de las críticas que encuentro de naturaleza copiar y pegar: en su mayor parte provienen del feroz enemigo contemporáneo de WH, Dean Burgon, cuyos argumentos se basaban más en la pasión que en la erudición.

Una prueba más iluminadora: solamente hay que buscar Jn 1:1 o Tt 2:13 para ver qué enseñan estas versiones sobre la persona del Hijo de Dios.

Miramos Tito 2:13, el cual habla de Jesús, el gran Dios:

- la manifestación gloriosa de nuestro gran Dios y Salvador Jesucristo, RV 60.
- el regreso glorioso de nuestro gran Dios y Salvador Jesucristo, DHH.

- la gloriosa venida de nuestro gran Dios y Salvador Jesucristo, NVI.
- la Manifestación de la gloria del gran Dios y Salvador nuestro Jesucristo, Biblia de Jerusalén Latinoamericana.
- la gloria de nuestro gran Dios y Salvador Cristo Jesús, LBLA.
- la gloria de nuestro gran Dios y Salvador Cristo Jesús, NBLH.
- la gloria de nuestro gran Dios y Salvador Jesucristo, NTV.
- la gloria del gran Dios y Salvador nuestro Jesucristo, RVA.
- cuando se manifestará nuestro gran Dios y Salvador Jesucristo, TLA.

También véase los artículos míos sobre Vaticano y Sinaítico, más adelante, son copias antiguas de la Biblia que a menudo son calumniadas. Estos manuscritos también afirman plenamente la deidad de Cristo.

Además, Nestlé-Aland ahora contiene una referencia a la deidad de Cristo, que la Reina Valera 60 omite. Una se trata de una nueva prueba que no formaba parte de la 27a edición, pero que sí lo hizo la 28a debido a una reevaluación de las pruebas:

Judas 5:

RV 60, basada en el *Textus receptus*, dice: "Mas quiero recordaros, ya que una vez lo habéis sabido, que *el Señor*, habiendo salvado al pueblo sacándolo de Egipto, después destruyó a los que no creyeron".

Nueva Traducción Viviente, anticipando Nestle-Aland 28a edición: "Aunque ustedes ya saben estas cosas, igual quiero recordarles que *Jesús* primero rescató de Egipto a la nación de Israel pero luego destruyó a los que no permanecieron fieles".

Un segundo ejemplo parecido:

1 Cor 10:9, RV 60 (que por alguna razón no sigue el *Textus receptus*, que tiene "a Cristo"): "Ni tentemos al *Señor*, como también algunos de ellos le tentaron, y perecieron por las serpientes".

Nueva Traducción Viviente (siguiendo el texto crítico): "Tampoco deberíamos poner a prueba a *Cristo* como hicieron algunos de ellos, y luego murieron mordidos por serpientes".

Es decir que, ¡el texto crítico de 1 Cor 10:9 y Jd 5 afirman que Jesucristo es Yahvé, Dios del éxodo! Y la Reina Valera 1960 *no* afirma estas dos pruebas de la deidad de Cristo.

¿Las versiones modernas de la Biblia enseñan el gnosticismo? NO, o al menos, no más de lo que hace la Reina Valera.

Algunos anuncian que como varios manuscritos antiguos del Nuevo Testamento *pueden* proceder de Egipto, por lo tanto, *deben* haber sido reescritos deliberadamente por esos antiguos herejes, los gnósticos, *algunos* de los cuales vivían en Egipto. Muy pocas de estas acusaciones se apoyan en el estudio serio: no han leído la literatura gnóstica de primera mano o han entendido los fundamentos del pensamiento gnóstico. Por ejemplo, ¡escuchamos que los gnósticos no creían en la deidad de Cristo! Eso es lo que dijo Dan Brown en *El Código da Vinci*, el ejemplo más popular de erudición defectuosa en lo que va del siglo XXI.

Examinemos un libro del Nuevo Testamento, 1 Juan. Selecciono esta epístola porque algunos imaginan que 1 Jn 5:7 –"Porque tres son los que dan testimonio en el cielo: el Padre, el Verbo y el Espíritu Santo; y estos tres son uno" (así la RV 60)– fue eliminado por los gnósticos porque no les gustaba la trinidad. De todos modos, la explicación mucho más sencilla es el hecho de que *ningún manuscrito primitivo incluye el versículo* y que fue añadido en siglos posteriores a Juan. Si se pudiera demostrar que Juan sí incluyó esa frase, a mí, como trinitario, me alegraría mucho.

Pero hagamos un experimento: Si me pongo en el lugar de un gnóstico genérico, ¿qué versículos podría suprimir de 1 Juan y por qué? En primer lugar, la epístola hace mucho hincapié en el pecado y también en la fe personal, ¡ese no es el mensaje gnóstico! Más concretamente, como gnóstico hipotético, yo eliminaría o reescribiría los versículos que enseñan (A) de la encarnación de Cristo en un cuerpo tangible; (B) que Jesucristo es un solo ser y no, como creían algunos gnósticos, el Espíritu de Cristo/el Hijo de Dios descansando temporalmente en el hombre Jesús; (C) que el diablo es nuestro enemigo principal; (D) que Cristo murió por nuestros pecados; (E) que Cristo volverá en la Segunda Venida y nos juzgará; (F) que la Ley es la revelación de Dios; (G) que somos arrastrados al pecado porque vivimos en cuerpos físicos; (H) que somos salvados por la fe.

Si yo fuera un gnóstico, usaría mis tijeras en estos versos de 1 Juan:

1 Jn 1:1 Lo que ha sido desde el principio, lo que hemos oído, lo que hemos visto con nuestros propios ojos, lo que hemos contemplado (A) (como el NVI es supuestamente gnóstico, citaremos el texto del ella, ¡que tiene toda esta lista de versos!).

1:1 ...lo que hemos tocado con las manos (A).

1:7 ...la sangre de su Hijo Jesucristo nos limpia de todo pecado (A) (B) (D).

1:9 Si confesamos nuestros pecados, Dios, que es fiel y justo, nos los perdonará y nos limpiará de toda maldad (D).

2:2 Él es el sacrificio por el perdón de nuestros pecados, y no solo por los nuestros sino por los de todo el mundo (A) (D).

2:12 ...sus pecados han sido perdonados por el nombre de Cristo (D).

2:13 ...han vencido al maligno (C).

2:14 (Otra vez) ...han vencido al maligno (C).

2:16 ...los malos deseos del cuerpo (G).

2:18 ...esta es la hora final (E).

2:18 (Otra vez) ...esta es la hora final (E).

2:22-23 ¿Quién es el mentiroso sino el que niega que Jesús es el Cristo? Es el anticristo, el que niega al Padre y al Hijo. Todo el que niega al Hijo no tiene al Padre; el que reconoce al Hijo tiene también al Padre (A) (B).

2:28 ...cuando se manifieste, podamos presentarnos ante él confiadamente, seguros de no ser avergonzados en su venida (E).

3:4 Todo el que comete pecado quebranta la ley; de hecho, el pecado es transgresión de la ley (F).

3:5 Pero ustedes saben que Jesucristo se manifestó para quitar nuestros pecados (A) (B) (D).

3:8 El que practica el pecado es del diablo, porque el diablo ha estado pecando desde el principio. El Hijo de Dios fue enviado precisamente para destruir las obras del diablo (C).

3:10 Así distinguimos entre los hijos de Dios y los hijos del diablo (C).

3:16 Jesucristo entregó su vida por nosotros (A) (B) (D)

3:2-3 ...todavía no se ha manifestado lo que habremos de ser. Sabemos, sin embargo, que cuando Cristo venga seremos semejantes a él, porque lo veremos tal como él es. Todo el que tiene esta esperanza en Cristo, se purifica a sí mismo, así como él es puro (E).

3:23 ...este es su mandamiento: que creamos en el nombre de su Hijo Jesucristo (H).

4:2-3 ...todo profeta que reconoce que Jesucristo ha venido en cuerpo humano, es de Dios; todo profeta que no reconoce a Jesús, no es de Dios sino del anticristo (A) (B).

4:10 [Dios] envió a su Hijo para que fuera ofrecido como sacrificio por el perdón de nuestros pecados (A) (D).

4:14 ...el Padre envió a su Hijo para ser el Salvador del mundo (D).

4:15 Si alguien reconoce que Jesús es el Hijo de Dios, Dios permanece en él, y él en Dios (B).

4:17 ...para que en el día del juicio comparezcamos con toda confianza (E).

4:18 El que teme espera el castigo, así que no ha sido perfeccionado en el amor (E).

5:1 Todo el que cree que Jesús es el Cristo, ha nacido de Dios (B) (H).

5:4 Esta es la victoria que vence al mundo: nuestra fe (H).

5:5 ¿Quién es el que vence al mundo sino el que cree que Jesús es el Hijo de Dios? (B) (H).

5:6-7 Este es el que vino mediante agua y sangre, Jesucristo; no solo mediante agua, sino mediante agua y sangre. El Espíritu es quien da testimonio de esto, porque el Espíritu es la verdad. Tres son los que dan testimonio, y los tres están de acuerdo: el Espíritu, el agua y la sangre (A) (B) (D).

5:10 El que cree en el Hijo de Dios acepta este testimonio. El que no cree a Dios lo hace pasar por mentiroso, por no haber creído el testimonio que Dios ha dado acerca de su Hijo (H).

5:13 Les escribo estas cosas a ustedes que creen en el nombre del Hijo de Dios, para que sepan que tienen vida eterna (H).

5:18 ...el maligno no llega a tocarlo (C).

5:19 ...el mundo entero está bajo el control del maligno (C).

Así pues, nuestro hipotético gnóstico tomaría sus tijeras –no, ¡su machete!– para cortar alrededor del 25% de 1 Juan. El hecho de que no esté descuartizado en los manuscritos más antiguos significa que nuestro amigo gnóstico debía ser increíblemente denso. Hubiera sido despedido de su puesto de mutilador de las Escrituras. Aparte del versículo que Juan ciertamente no escribió (5:7), las diferencias que existen entre el Vaticano o el Sinaítico y el *Textus receptus* son minúsculas y a menudo imperceptibles en una versión castellana.

El texto crítico no insinúa ninguna influencia gnóstica, al menos no más que el *Textus receptus*. Digo esto porque, es posible tomar versos al azar del TR, donde hay alguna diferencia con los manuscritos más antiguos, y llegar a algún tipo de explicación fantasiosa. Por ejemplo, uno podría pedir, ¿por qué el TR de 1 Jn 2:4 dice "y la verdad no está en él" cuando en el Sinaítico dice "la verdad DE DIOS . . . "? ¿Por qué, podría objetar alguien, están eliminando a Dios de la Biblia? ¿Por qué el 2:20 TR tiene "conocéis todas las cosas" (*oídate pánta*/οιδατε παντα), declarando que el don del Espíritu los convierte en, bueno, en gnósticos, ¡cuyo nombre mismo significa que son unos sabelotodo! El texto crítico evita esta herejía con "ustedes todos conocéis" (*oídate pánta*/οἴδατε πάντες; "Todos ustedes, en cambio, han recibido unción del Santo, de manera que conocen la verdad", NVI), que enfatiza la universalidad de la obra del Espíritu en todos los creyentes, ¡una doctrina que los gnósticos rechazan!

¡No! Apliquemos normas sanas y coherentes a nuestro estudio de cualquier texto y traducción.

Otros datos erróneos

Es necesario hacer una nota especial, ya que los nombres de dos creyentes –B. F. Westcott y F. J. A. Hort (abreviado como WH)– han sido difamados. Tras décadas de intenso trabajo, WH publicaron una edición del Nuevo Testamento griego en 1881. Algunas personas en la actualidad insinúan que el *Textus receptus* y el TR solo se utilizaron hasta 1881 y luego llegó la WH para sustituirlo por su propia Biblia. Esto no es así. Durante siglos los eruditos habían publicado lo que creían que era una mejor edición del texto antiguo.

Han sido calumniados durante más de un siglo. Se dedican conferencias enteras a manchar sus nombres con acusaciones copiadas y pegadas. Se necesitaría un volumen entero para refutar todos los rumores de que WH eran agentes de Roma, adoradores de María, amantes homosexuales, hechiceros, gnósticos, liberales y cualquier otro adjetivo negativo. Casi todas las críticas que he visto sobre ellos –incluso las de famosos conferenciantes– están tomadas de otras fuentes, o son fragmentos de citas, o rumores de tercera mano; por ello, invito al lector a buscar algunos de sus propios escritos, para leerlos en su contexto (véase referencias más adelante).

Por eso, centrémonos brevemente en algunos *datos históricos*:

- Westcott y Hort *no* inventaron la crítica textual; ha sido una ciencia desde los tiempos bíblicos, y fue practicada por los cristianos evangélicos desde principios del siglo XVI, es decir, tres siglos y medio antes de la edición de WH; cabe destacar especialmente a los evangélicos J. A. Bengel, S. P. Tregelles y en el siglo XX Bruce Metzger y muchos creyentes más del siglo XXI.

- Al contrario de lo que se rumorea, el texto del Nuevo Testamento que los traductores utilizan hoy en día no es la edición de Westcott y Hort de 1881; es la 28a edición de Nestlé-Aland de 2012. Se han descubierto miles de manuscritos desde WH. Aunque esos dos eruditos trabajaron durante dos décadas e hicieron avances asombrosos, utilizar la edición de WH ahora sería como utilizar un libro de texto de medicina escrito en el siglo XIX para realizar una cirugía cerebral hoy en día.

- Westcott y Hort no utilizaron solo dos manuscritos, el Vaticano y el Sinaítico. Dieron mayor peso a los cuatro manuscritos primarios "unciales" (dos de los cuales son el Vaticano y el Sinaítico).

- El texto Westcott y Hort no apoya la doctrina de los Testigos de Jehová.

- También catalogan cientos de manuscritos del siglo IV y posteriores, por no mencionar otras versiones y "leccionarios" y citas en los «Padres de la iglesia». Por su parte, NA 28a hace referencia a miles de manuscritos, ¡y no solo a dos! Y a menudo, el Vaticano y el Sinaítico no son idénticos, por lo que los editores tienen que decidir si uno o el otro o ambos manuscritos se equivocaron. En nuestro ejemplo de Mateo 8, a continuación, WH se refiere a siete versiones antiguas (latinas, etc.); a tres «Padres de la iglesia» (Orígenes, Crisóstomo, Epifanio); y a los manuscritos alejandrino, occidental y bizantino (siriano).

- El objetivo declarado de WH no era cambiar la Biblia, sino ser respetuoso y humilde: Escribieron: "Esta edición es un intento de presentar exactamente las palabras originales del Nuevo Testamento, en la medida en que pueden determinarse ahora a partir de los documentos supervivientes". (*The New Testament in the original Greek*, p. 1, nuestra traducción).

- Cualquiera que piense que los dos hombres simplemente moldearon el texto según sus caprichos debería examinar su nota sobre una sola palabra de Mt 8:28 (p. 11), para determinar una palabra: ¿fue "tierra de los gadarenos", o "los gergesenos, o "los gerasenos"? (Concluyen que "los gadarenos" es el texto original de Mateo 8). Cualquiera que decida dedicar dos décadas a este tipo de detalles extraordinarios está demostrando que tiene un profundo cuidado por la exactitud del texto bíblico.

> viii 28 Γαδαρηνῶν] Γερασηνῶν
> Western (?Gr. Lat. Syr. Eg.); Γεργε-
> σηνῶν Alexandrian and Syrian (Gr.
> Eg. Æth. Arm. Goth.). In Mc v 1
> Γερασηνῶν is changed to Γεργεσηνῶν,
> Alexandrian (Gr. Syr. Eg. Æth.
> Arm.), and Γαδαρηνῶν, Syrian (Gr.
> Syr. Goth.); and in Lc viii 26, 37
> Γερασηνῶν to Γεργεσηνῶν, Alexan-
> drian (Gr. Syr. Eg. Æth. Arm.),
> and Γαδαρηνῶν, Syrian (Gr. Syr.
> Goth.). Orig. Jo. 140, incidentally
> discussing the three names on geo-
> graphical grounds and without refer-
> ence to difference between the Gos-
> pels, rejects Gadara (found by him
> ' in a few' copies) and Gerasa in
> favour of Gergesa. Epiph (Haer.
> 650 BC) assigns Γεργεσηνῶν to Mc
> and Lc (the form of sentence sug-
> gesting however that Γερασηνῶν was
> meant in one Gospel); and Γαδα-
> ρηνῶν, with Γεργεσηνῶν in ' some
> copies', to Mt.
> There is no need to assume that
> all three forms must have found a
> place originally in one or other
> Gospel. Documentary evidence
> shews clearly Γαδαρηνῶν as the true
> reading in Mt, Γερασηνῶν in Mc

> and I.c. The Western text simply assimilates all three variations by introducing Γερασηνῶν in Mt. The Alexandrian text likewise assimilates all three, but substitutes for both the original names a name supposed to be more correct geographically, and also resembling the Γεργεσαῖοι of the LXX. Thirdly, the Syrian text in the earlier form represented by syr.vg inverts the Western process by reading Γαδαρηνῶν in all three places; though again the Greek Constantinopolitan form of it adopts in Mt the Alexandrian Γεργεσηνῶν: Chrys, strange to say, avoids using any name in discussing the narrative, but in the next Homily (342 c) speaks retrospectively of τῶν ἐν Γαδάροις. In Lc Γεργεσηνῶν has an exceptionally good attestation, though of a distinctly Alexandrian colour, and might claim a place as an alternative if v. 26 stood alone: the fuller evidence however preserved in v. 37 is decisive for Γερασηνῶν.

- Vivieron en una época en la que estaba de moda negar la deidad de Cristo. Westcott se alzó como un vigoroso defensor de esa doctrina: "Pero la asunción de la humanidad, no por un tiempo, sino para siempre, por el Verbo, que es Dios, fue una verdad inimaginable hasta que se realizó" (*The Gospel of Life*, p. 252, nuestra traducción). Sobre la eterna trinidad en Jn 1:1 – "Las relaciones absolutas, eternas e inmanentes de las Personas de la Divinidad proporcionan la base de la revelación" (*Gospel according to St. John*, p. 4, nuestra traducción). Defendió la encarnación, contra el gnosticismo: "Se hizo 'hombre'. El modo de existencia del Señor en la tierra fue verdaderamente humano, y estuvo sujeto a todas las condiciones de la existencia humana; pero nunca dejó de ser Dios (...). La humanidad del Señor fue real y permanente, en contra de diversas formas de gnosticismo, según las cuales Él solo asumió en apariencia, o por un tiempo, lo que era y permanecía ajeno a sí mismo" (*Gospel according to St. John*, p. 20, nuestra traducción).

20   GOSPEL ACCORDING TO ST. JOHN   [CH. I

μονογενοῦς παρὰ πατρός, πλήρης¹ χάριτος καὶ ἀληθείας)
15 ⟨Ἰωάνης μαρτυρεῖ περὶ αὐτοῦ καὶ κέκραγεν λέγων Οὗτος

¹ πλήρη D; πλήρης NABCL.

remaining the same Person as before, did not simply assume humanity as something which could be laid aside: σὰρξ ἐγένετο. He did not simply become "a man": He became "man." The mode of the Lord's existence on earth was truly human, and subject to all the conditions of human existence; but He never ceased to be God. And the flesh, and not *a body* or the like.)

2. The Lord's humanity was real and permanent, as against various forms of Gnosticism, according to which He only assumed in appearance, or for a time, that which was and remained foreign to Himself. (The Word *became* flesh, and did not *clothe Himself in* flesh.)

1 Westcott sobre 1 Juan 1:2

Es decir, Westcott no es un sospechoso probable de alguien que eliminaría la referencia a la trinidad en 1 Jn 5:7 por algún prejuicio contra la doctrina de la trinidad.

- Westcott también se dedicó a las misiones extranjeras, y cuatro de sus hijos fueron a servir en la India.
- También Hort fue un devoto profesor del Nuevo Testamento y promovió la idea de que todo aprendizaje debía tener como base la Biblia. Sus conferencias sobre Jn 14:6 son un modelo de exposición cuidadosa y de corazón para el evangelio. Por ejemplo: "Muchas cosas pueden permanecer oscuras para nosotros; pero los propósitos de la vida reciben una dirección clara y poderosa en el momento en que creemos que el único Camino supremo de la vida es ese Jesucristo, el Hijo de Dios, nuestro Señor, que se nos ha dado a conocer desde el principio en el Credo" (Hort, *The way, the truth, and the life*, p. 38).

No me interesa mucho defender a personas que llevan mucho tiempo muertas, pero cada cristiano es responsable de poner fin a los chismes y de preguntarse: "¿Cómo sabe usted que lo que dice de otras personas es cierto? ¿Tiene usted conocimiento *de primera mano*? ¿O es algo que has oído en el pasillo o en YouTube?". ¿Y qué hay del doble estándar que vemos en estos ataques? La gente denuncia a WH como católicos ocultos (¡no eran católicos!); pero no ponen ninguna objeción al hecho de que el primer editor de lo que más tarde se llamaría el *Textus receptus* –Erasmo– rechazó la Reforma; que fue un católico devoto; que fue adorador devoto de María; ¡y que dedicó su primera edición del Nuevo Testamento griego (1516) al papa León X! Tampoco se escandalizan por el hecho de que el papa León escribiera a Erasmo para decirle lo altamente impresionado que estaba con el TR. Tampoco se quejan de que Erasmo no incluyera 1 Jn 5:7 antes de la tercera edición, ni de que Martín Lutero no incluyera el versículo en su primera traducción al alemán. Tampoco se quejan de que Erasmo dijera que "he añadido anotaciones propias para mostrar al lector los cambios que he realizado" en el texto griego. Bueno: no tengo ningún interés en hacer una crítica a un hombre que fue uno de los grandes intelectuales de su época; lo único que pido es que utilicemos los mismos criterios cuando evaluemos el trabajo de todos los eruditos y sus obras.

RESUMEN

- La gran mayoría de los eruditos –incluida la gran mayoría de los cristianos creyentes en la Biblia– afirman que debemos traducir el Nuevo Testamento tal y como se deduce de todos los manuscritos disponibles; y por regla general, pero no absolutamente, dando preferencia a los más antiguos. Este es el principio subyacente de la 28a edición de Nestlé-Aland de 2012. Una pequeña minoría cree que una impresión del siglo XVI o XVII del Nuevo Testamento, el Textus receptus (TR), es el texto más fiable o el único fiable.
- Todas las traducciones modernas –como todas las traducciones basadas en el TR– enseñan claramente la deidad de Cristo y todas las demás doctrinas cardinales (las excepciones son la Traducción del Nuevo Mundo de los Testigos y ciertas versiones "mesiánicas").

- La teoría de la conspiración de que los gnósticos pervirtieron los primeros manuscritos carece de pruebas y es fácilmente refutable.
- Westcott y Hort fueron dos eruditos del Nuevo Testamento sobresalientes y creyentes en la Biblia que pasaron muchos años produciendo un texto actualizado del NT en 1881; la mayoría de los ataques contra ellos han circulado como chismes durante generaciones.

FUENTES

B. F. Westcott y F. J. A Hort, *The New Testament in the original Greek: introduction and appendix* (New York: Harper and Brothers, 1882). https://archive.org/details/newtestamentinor82west/page/n177/mode/2up?view=theater.

F. J. A. Hort, *The way, the truth, and the life.* (El camino, la verdad y la vida). The Hulsean Lectures for 1871 (New York: MacMillan and Co., 1908). https://archive.org/details/waytruthlife00hortuoft.

B. F. Westcott, *The Gospel of Life* (London: Macmillan and Co., 1892). https://archive.org/details/in.ernet.dli.2015.45188.

B. F. Westcott, *The Gospel according to St. John.* https://www.google.com/books/edition/The_Gospel_According_to_St_John/9vxKAwAAQBAJ?hl=en&gbpv=1&dq=%E2%80%9CThe+mode+of+the+Lord%E2%80%99s+existence+on+earth+was+truly+human%22+westcott&pg=PA20&printsec=frontcover.

B. F. Westcott, *The Epistles of St. John.* https://www.google.com/books/edition/The_Epistles_of_St_John/Tk9Wa8KE-JoC?hl=en.

Gary Shogren. "¿El Códice Vaticano niega la deidad de Cristo? ¡Mentira!" https://razondelaesperanza.com/2022/03/02/el-codice-vaticano-niega-la-deidad-de-cristo-mentira/

Gary Shogren. "¿Está la Biblia Nestle-Aland en contra de la deidad de Cristo? ¡No!". https://razondelaesperanza.com/2017/03/20/esta-la-biblia-nestle-aland-en-contra-de-la-deidad-de-cristo-no/

Gary Shogren. "La deidad de Cristo en las versiones modernas de la Biblia". https://razondelaesperanza.com/2014/09/13/la-deidad-de-cristo-en-las-versiones-modernas-de-la-biblia/

Gary Shogren. "El Códice Sinaítico – ¿un manuscrito corrupto?" https://razondelaesperanza.com/2022/02/14/el-codice-sinaitico-un-manuscrito-corrupto/

Gary Shogren, "El Texto de 1 Timoteo 3:16". https://razondelaesperanza.com/2018/11/02/el-texto-de-1-timoteo-316/

La mente humana:
Abra sus ojos

Abra los ojos, investigue por su cuenta, no confíe en los datos que alguien recopiló para usted.

Sigo encontrándome con un anuncio emotivo. El sitio Reportes Cristianos lo publica bajo el aterrador titular, "AQUI PUBLICAMOS TODOS LOS TEXTOS OMITIDOS POR LA NVI (NUEVA VERSION INTERNACIONAL)". ¿El problema? Todas de estas listas que he visto han copiado y pegado esta información de otros sitios o vídeos.

Otro problema es que asume que la verdadera Biblia es la Reina Valera 1960 y que, si la NVI difiere de ella en algo, entonces es la NVI la que debe ser falsa; que la única explicación posible era que cualquier diferencia entre las dos versiones debía haberse hecho con motivos siniestros (y quizás, "satánicos"), para destruir la Palabra de Dios.

Pero estas listas se basan en un factor que vimos antes en nuestro libro, el sesgo cognitivo. Porque cuando se obtiene una lista que dice: "¡Mira estos dos o tres versículos sobre la deidad de Cristo que no están en el NVI!". Entonces, por supuesto, ¡eso es todo lo que verá! Lo mismo ocurre con un efecto conocido como "pareidolia auditiva": si alguien le dice: "Ponga esta grabación al revés ("backmasking" o "mensajes al revés"); ¿escucha algún mensaje en este punto?". Usted podría decir: "Bueno, suena como mero ruido". O "suena como *me gusta mi sartén*". Pero si la persona dice: "Escuche de nuevo, ¿no está diciendo *me gusta mi Satanás*? ¡Pues por supuesto que ahora le suena así, no se puede evitar! La pareidolia auditiva consiste en escuchar algo en un ruido sin sentido, normalmente porque otra persona se lo ha sugerido.

Del mismo modo, las listas de citas sacadas de contexto no son la forma de evaluar una versión de la Biblia, cualquiera que quiera hacer circular uno de estos memes debería dedicar tiempo a leer realmente la NVI antes de correr el riesgo de dar un falso testimonio.

También hay listas de cosas que Westcott y Hort dijeron o supuestamente dijeron, citadas sin contexto (véase nuestro capítulo 17). Muchas personas han dicho que habían "hecho su propia investigación", pero lo que querían decir era que *habían leído esa misma lista*.

"Examinadlo todo", dijo Pablo. Si uno va a aceptar un rumor como verdadero, y sobre todo si quiere transmitirlo a otros, el requisito mínimo es estudiarlo con nuestros propios ojos.

En nuestro próximo capítulo nos ocuparemos de un chisme muy popular.

Capítulo 18

¿RUPERT MURDOCH PRODUJO LA NUEVA VERSIÓN INTERNACIONAL? NO. ¿ES LA NVI UNA BIBLIA GAY? NO.

Aquí una cita de "La verdad oculta sobre la Biblia Nueva Versión Internacional" (véase el enlace más adelante). Su autor parece suponer que dos y solo dos personas realizaron el NVI: Rupert Murdoch y Virginia Ramey Mollenkott, ¡una lesbiana!

¿Quiénes están a cargo de realizar esta Nueva Versión Internacional?

Rupert Murdoch, que es dueño de cantidad de matutinos, es además dueño de Fox Televisión que tuvo programas sumamente ofensivos al creyente como Los Simpson, Buffy la caza vampiros, los Expedientes "X", etc. Murdoch, que fue declarado juntamente con su esposa un "caballero de la orden de San Gregorio" por su "carácter impecable" por la Iglesia católica, es enemigo feroz de la Biblia Rey Jaime (King James versión) y de los evangélicos fundamentalistas o conservadores bíblicos y su firma de publicidad imprime literatura secular y hasta pornográfica. Recientemente donó 10 millones de dólares americanos para la edificación de una catedral católica romana en Los Ángeles. ¿Será esta la razón por la cual traduce Santiago 5:16 como "confiésense unos a otros sus *pecados*" lo cual apoya el dogma católico? [Gary: esto es de hecho lo que dice Santiago 5, que usa *jamartía*, "pecado"; ¡no tengo idea de por qué causaría ofensa! Qué ironía, esto en un artículo que se queja de "las malas traducciones"].

Y, por supuesto, eso significaría que la editorial Zondervan y la Editorial Vida son conspiradores en este malvado plan.

Los hechos reales son más complicados –y aburridos– que los chismes; es un titular más pegadizo decir "¡La NVI fue producida por notorios pecadores y homosexuales!", que explorar la verdad.

No hay "verdad oculta", sino información que siempre ha sido pública. Comenzamos con Murdoch. La familia Murdoch posee el 39,6% de FOX Corporation, que cotiza en bolsa, y Rupert Murdoch es su presidente. FOX Corporation es propietaria de Fox Television, Disney y muchas otras empresas, incluyendo, indirectamente, la políticamente conservadora Fox News. Fox News (¡no la CNN!) es, con mucho, la fuente de noticias más vista en Estados Unidos y el más ferviente partidario de Donald Trump.

Murdoch es también presidente de la empresa que cotiza en bolsa News Corp (antes News Corporation), que a su vez posee decenas de empresas, muchas de ellas australianas.

O sea: Murdoch no es "dueño" de Fox Television. Es presidente y posee muchas acciones de una corporación que la dirige. Si una persona se siente ofendida por las publicaciones de News Corp o por "Buffy" en Fox Television o por Fox News, es una cuestión de elección personal. La única pregunta relevante que queda es, ¿es Murdoch el "traductor" de la NVI y la New International Version en inglés?

¡De ninguna manera!

Rupert Murdoch no tuvo ninguna influencia en la traducción de la NVI ni en la de la NIV. La versión New International Version en inglés ha sido un trabajo en progreso desde la década de 1960; el Nuevo Testamento se publicó en 1973, la Biblia completa en 1978. Murdoch no poseía *ninguna* acción de Zondervan antes de *1988*. De hecho, pude conseguir un primer ejemplar de la Biblia NIV completa en un desayuno promocional en 1978, una década completa antes de que Murdoch comprara sus acciones.

Por lo tanto: La conexión de Rupert Murdoch con la NVI y la NIV es solo circunstancial, e irrelevante.

- Rupert Murdoch es el jefe de un conglomerado llamado News Corp, que compra empresas, especialmente en los medios de comunicación.
- HarperCollins es una empresa de News Corp desde 1987.
- Posteriormente, HarperCollins adquirió Zondervan en 1988.
- Zondervan no realizó ni la NIV ni la edición castellana de la misma. Solo tiene el *derecho de publicación* para vender la NIV y la NVI.

Lo más que se puede decir es: Murdoch en este momento es el accionista mayoritario de News Corp, que a su vez es el accionista mayoritario de HarperCollins, que a su vez es el accionista mayoritario de Zondervan y de Editorial Vida. Zondervan y Vida tienen los derechos de impresión y venta de ejemplares de la NIV y del NVI, cuyos textos son elaborados por comités independientes. Los derechos del texto de la NVI pertenecen a Biblica, que se llamaba la Sociedad Bíblica Internacional. Abra las primeras páginas del NVI –¡y muchos de los que critican a la NVI aún no la han abierto!–, y verán lo siguiente:

LA SANTA BIBLIA
Nueva Versión Internacional
©1999 por Sociedad Bíblica Internacional

¡No dice ©Murdoch, ni Zondervan, ni Vida, ni Fox! La Sociedad Bíblica encargó la NVI y la NIV, que a su vez fueron elaboradas por dos grupos de eruditos internacionales: el Committee on Bible Translation de la NIV y el Comité de Traducción Bíblica de la NVI. Pero ni Zondervan, ni la Editorial Vida, ni HarperCollins, ni News Corp, ni Rupert Murdoch tienen autoridad para añadir o quitar ni una jota ni una tilde de esos textos. Y si eso le parece complicado, lo es, porque el negocio corporativo estadounidense es una jungla de conexiones.

Ahora bien, hay un hombre llamado Shane Claiborne que expresó cierta preocupación por el hecho de que un hombre poco ético como Murdoch tuviera incluso esa lejana conexión con la editorial Zondervan y entonces estuviera ganando dinero con la venta de Biblias. Pero Claiborne no dijo nada sobre cualquier influencia "murdoqiana" en la traducción de la NIV o de la NVI. Eso es porque Murdoch *no tiene* esa autoridad.

Estamos redundantes, pero ampliamos nuestro esquema:

- Zondervan no ha traducido ni la NIV ni la NVI. Solo tiene el derecho de vender la NIV; Editorial Vida tiene el derecho de vender la NVI.
- Contractualmente, ni Biblica, ni Sociedad Bíblica Internacional, ni Zondervan, ni Editorial Vida, ni HarperCollins, ni News Corp, ni Murdoch tienen autoridad para cambiar ni un ápice de la Biblia de cómo fue producida por el Committee on Bible Translation de la NIV y el Comité de Traducción Bíblica de la NVI.

Ahora podemos desactivar el pánico de Buffy y Los Simpson como irrelevancias. También la Orden de San Gregorio.

¿Y qué hay de la afirmación de que Murdoch "es enemigo feroz de la Biblia Rey Jaime" (King James Version)? El autor no da ninguna prueba de ello. Parece ser un chisme y nada más, y un ataque que la gente suele utilizar contra los que usan cualquier versión que no es la King James.

Pero espere, aquí hay otra verdad: ¡Zondervan también imprime y vende la Reina Valera y la Versión Rey Jaime! Visite Zondervan.com si no me cree. Así que, si vamos a condenar la NVI por su tenue conexión con Murdoch, deberíamos hacer lo mismo y condenar la Reina Valera 1960.

Pero espere: ¿qué pasa con la "segunda" (y única otra, se da a entender) traductora, una homosexual declarada? El mismo sitio web dice:

> De hecho, el Comité Revisor de la NVI hasta ha producido una edición de la NVI para promover la igualdad génerosexual [*sic*] entre hombres y mujeres. Y terminar con la idea de que Dios aborrece el pecado de la homosexualidad al tergiversar palabras "ofensivas" como "sodomitas" o "afeminados" . . . O sea, que la NVI es la "Biblia" preferida de los homosexuales.

Empecemos por aquí: muéstreme una sola persona homosexual, hombre o mujer, que diga que la NIV o la NVI es su "Biblia preferida" por la forma en que trata las cuestiones de género. De hecho, ¿por qué no revisar el material de Tom Hanks de "Otras ovejas", un prominente defensor de los homosexuales en la iglesia latinoamericana? Hanks específicamente repudia la NVI, por ejemplo, rechaza 1 Cor 6:9 NVI por su condena de los "sodomitas" y 1 Tm 1 por sus "homosexuales" (véanse el enlace más, p. 29).

¿Cuáles son los hechos reales? Entre los grandes contratados para producir la New International Version en inglés, había una mujer llamada Virginia Ramey Mollenkott. Nunca fue traductora de la Biblia, pero sí consultó sobre el estilo de la lengua inglesa. Es decir, la consultaron sobre cuándo utilizar la coma, el punto y coma, cuáles son los sinónimos útiles, etc. Participó en el proyecto, en los años 70, sin haber declarado que era lesbiana. De hecho, estaba casada con un hombre y tenía un hijo. Cuando su sexualidad salió a la luz, fue despedida.

Por supuesto, la gente tiene nuevos argumentos, como: "¡Bueno, ella tenía un aspecto algo masculino, así que deberían haberlo sabido!", o "¡Si Dios permitió que una lesbiana formara parte del comité, eso demuestra que estaba en contra del proyecto!". Estos argumentos son un insulto tanto al sentido común como a la sabiduría divina.

Invito al lector a detectar cualquier "agenda gay" en Rm 1:26-27. O en el Lv 18:22 NVI – "No te acostarás con un hombre como quien se acuesta con una mujer. Eso es una abominación". O Jd 7 – Sodoma y Gomorra fueron destruidas "por haber practicado, como aquellos, inmoralidad sexual y vicios contra la naturaleza". De alguna manera, los conspiradores homosexuales se olvidaron de borrar o incluso diluir estos textos claves.

La NVI, como la NIV, como la Reina Valera, como muchas otras versiones son traducciones sólidas de la santa Palabra de Dios, y si una u otra no son nuestras favoritas personales, al menos merecen nuestro respeto. El artículo citado, "¿Quiénes están a cargo de realizar esta Nueva Versión Internacional?" resulta en múltiples mentiras.

RESUMEN

- Rupert Murdoch tiene una conexión muy indirecta y tenue con la Biblia, pero no tuvo nada que ver con su texto.
- Una perita en inglés que posteriormente declaró ser homosexual trabajó como consultora de estilo, gramática y vocabulario de la NIV, no de la NVI.

- Si aplicamos el mismo criterio de forma ecuánime, podríamos levantar sospechas sobre la Reina Valera y otras versiones de la Biblia.

FUENTES

Gary Shogren, "La Nueva Versión Internacional: ¿una versión diabólica?". https://razondelaesperanza.com/2010/03/27/la-nueva-version-internacional-y-las-teorias-de-conspiracion/

"La verdad oculta sobre la Biblia Nueva Versión Internacional". https://en.calameo.com/read/000333066820d5b97845f.

Article about Shane Claiborne, "Rupert Murdoch: Bible mogul". https://geezmagazine.org/blogs/entry/rupert-murdochs-big-bible-business.

Tom Hanks, "Biblias y prejuicios: 40 mitos". https://www.scribd.com/document/451889368/Biblia-y-prejuicios-40-mitos-de-Tom-Hanks.

MITOS SOBRE EL MUNDO MODERNO Y EL FIN DE LOS TIEMPOS

Capítulo 19

¿DEBEMOS CREER A LOS "EX", A TODOS LOS QUE DICEN SER EXSATANISTAS, EX ILLUMINATI, EX JESUITAS, ETC.? A VECES SÍ, A VECES NO, A VECES NO LO SABEMOS, PERO SEAMOS SIEMPRE PRUDENTES.

¿En quién podemos confiar para obtener información sobre actividades secretas? ¿Quién mejor que una persona que solía estar dentro de una organización, y que fue despedida porque amenazó con revelar sus horribles actos al mundo? Y que ahora es marcada como un loco por sus perseguidores, ¡y que vive temiendo por su vida!

Se trata de todo un género de libros, artículos, entrevistas y vídeos que siguen esta fórmula familiar: "Soy un ex [lo que sea] y voy a revelar impactantes secretos internos". Ex CIA. Ex NASA. Ex físico que trabaja para la CERN (Organización Europea para la Investigación Nuclear).

Pero ¡espera! ¡Algunas de estas personas no son quienes dicen ser! Lo crea o no, todos menos dos de los siguientes son falsos comprobables y los demás (el piloto, el ex Illuminati) tienen los signos de ser falsos.

- Ex piloto que roció las estelas químicas desde el avión (ver más).
- Ex sacerdote católico (Charles Chiniquy, en su libro *50 Years in the Church of Rome*, 1885 [*Cincuenta años en la Iglesia de Roma*]).
- Ex jesuita (el amigo de Jack Chick, Alberto Rivera, hizo toda una carrera con esa reclamación). Puede que no reconozca el nombre de Chick, pero quizás haya visto sus panfletos. Comenzaron en la década de 1960 con breves y atractivos folletos evangelizadores ("El único camino", "La dádiva"), pero con el paso de los años, Jack Chick aceptó una teoría de la conspiración tras otra. Promovió la King James Versión y la Reina Valera Gómez (Reina Valera que Humberto Gómez "corrigió" usando la King James) como recién inspiradas por Dios. (Vease "El lado oscuro..." por más).
- Ex monja (el libro, *Horrible Revelations of Maria Monk, or, The hidden secrets of a nun's life in a convent exposed*, 1836 [Revelaciones horribles de María Monk, o, Los secretos escondidos de la vida de una monja en un convento expuestos]).
- Ex satanista (John Todd, otro en el "círculo de los ex" de Jack Chick).
- Ex sacerdotisa satanista (Rebecca Brown Yoder fue amiga de Jack durante un tiempo, luego se volvió demasiado extremista incluso para él; se le prohibió ejercer la medicina por, entre otras cosas, diagnosticar mal a la gente y darles peligrosas dosis de drogas).
- Ex satanista y ex novia de Satán ("Elaine", que dice que se reunía regularmente con músicos de rock y con el papa y que luego fue rescatada por Rebecca Brown Yoder).
- Ex físico del Área 51 (Bob Lazar).
- Ex sacerdote de Satanás (Mark Warnke). Volveremos a hablar de él en breve.
- Ex terroristas musulmanes (Zak Anani, Kamal Saleem, and Walid Shoebat).
- Ex Illuminati. En 2011, Internet estaba lleno de "Yo estuve en los Illuminati: Voy a contarlo todo, a exponerlo de forma impactante" (véase el enlace más adelante). Además, "todavía tengo fuentes dentro de los Illuminati que me transmiten nueva información cada día". Pero, como suele ocurrir, ¡parece tener miedo de revelar su nombre! (No he visto nada de él después de 2015).
- Ex Illuminati Leo Lyon Zagami, *Confessions of an Illuminati: the whole truth about the Illuminati and the New World Order*

(Confesiones de un Illuminati: toda la verdad sobre los Illuminati y el Nuevo Orden Mundial, 2015).

Para ser justos, a veces las revelaciones de los "ex" son legítimas: hay muchos ex cienciólogos que parecen contar una historia coherente de lo que vieron por dentro. Algunos Testigos de Jehová, miembros de Nxivm, actrices porno, algunos mormones (pero otros mormones, no) y a veces las "fuentes anónimas" de niveles de poder filtran información a los medios de comunicación.

Sin embargo, algunos de estos "ex" no son quienes dicen ser, y se puede demostrar, con un poco de investigación, que no estaban donde decían estar y no tuvieron las experiencias que ahora están "revelando" al mundo.

¿Cuál podría ser su motivación? En algunos casos, sospechamos que hay una explicación psicológica. La historia nos dice que algunas personas cambian su identidad para borrar el hecho de que han vivido vidas muy ordinarias. Tras el hundimiento del Titanic, por ejemplo, los periódicos descubrieron una extraña tendencia: había individuos que decían ser supervivientes, llegando a contar detalles sobre en qué bote salvavidas estaban y qué ropa llevaban puesta y cómo era el barco cuando se hundió en el mar. Pero cuando se investigó, algunos de ellos no habían estado en el Titanic, ni estaban cerca del mar en ese momento. Algunos ni siquiera habían cruzado *nunca* el océano. Mientras que los farsantes podrían haber estado buscando dinero, otros parecen haber sido arrastrados por sus propias fantasías, creando una historia que se convirtió en parte de su personalidad. Como paralelo más reciente, una persona afirmó que había escapado a duras penas de una de las torres tras el ataque del WTC el 11S y que su amado prometido había muerto en el derrumbe de la otra torre. Se convirtió en una "superviviente famosa". Y luego se descubrió que ella no estaba en el WTC en ese momento, ni en Nueva York, ni en Estados Unidos, sino en España. ¡Ah! Y su prometido no pereció; ¡porque ella nunca tuvo prometido! (véase "The Woman Who Wasn't There" más = "La mujer que no estaba allí").

No examinaremos a todas las personas de nuestra lista, pero una de ellas merece una atención especial. Mike Warnke afirmó que había sido un sumo sacerdote satánico que se convirtió a Cristo. En 1972, publicó su historia en el bestseller *The Satan Seller* (El vendedor de Satanás). El problema es que la historia era una mentira, como descubrieron los investigadores evangélicos. Él sigue jurando que la historia es cierta. Su libro inició una ola de miedo en Estados Unidos: en los años 80 y principios de los 90, otras personas afirmaron haber estado en cultos satánicos e incluso haber sacrificado niños. Nunca se han presentado pruebas de estas afirmaciones. Recientemente, un predicador hispano afirmó ser un antiguo sacerdote satánico, no puedo determinar si lo era o no. Su mensaje incluía "información secreta y privilegiada": que si usted se disfraza incluso de ángel o sirena para Halloween, "le da al diablo los derechos legales para cambiar su identidad". Forme su propia opinión sobre Halloween, pero esperamos que no inventemos una nueva doctrina sobre los "derechos legales" del diablo.

Cuando se publicó, leí *The Satan Seller* y lo acepté como la verdad. ¿Por qué? Porque en el prefacio, Warnke aseguraba al lector: "Los hechos son absolutamente como se describen".

Entonces, ¿cómo podemos filtrar las falsificaciones? ¿Qué síntomas buscamos?

Una personalidad narcisista. Ellos y solo ellos tienen la información vital. Quieren ser vistos como los principales expertos en su área de conocimiento.

Afirmaciones grandiosas. Los ex no revelan aburridos detalles de algún grupo; sino que siempre es: "¡Tengo información sobre una amenaza para toda la humanidad! ¡El anticristo vive en mi país! ¡Los médicos nos están inyectando la marca de la bestia! ¡Un grupo de pedófilos dirige el planeta!". O, según Serge Monast y su teoría Proyecto Rayo Azul (Project Blue Beam), todos los que no adoren a Lucifer pronto irán a campos de exterminio.

En algunos puntos su historia contradice la realidad comprobada. Ellos dicen estar en un cierto lugar, en un cierto momento, tener un grado universitario, haber estado casado solamente una vez, o cualquier cantidad de hechos verificables. Pero cuando un investigador demuestra que sus dichos contradicen la realidad, ellos tienen lista una excusa: "ellos han borrado mi identidad y mienten sobre mí, con el propósito de invalidar mis revelaciones". Aquí mencionamos a Warnke, Rebecca Brown y su amiga Elaine; Alberto, Bob Lazar. Esto ocurrió constantemente: Mike Warnke, es comprobable, solo tenía un certificado de un programa de 9 meses en un instituto bíblico; pero sus afirmaciones de educación superior se volvieron más audaces con cada año que pasaba, eventualmente, se jactó de tener dos maestrías y un doctorado.

Afirman ser expertos, porque son expertos en algún otro campo no relacionado. Me encuentro regularmente con afirmaciones del tipo: "Trabajaba para la NASA, por lo tanto, soy un experto en profecía bíblica".

El anonimato. Algunos insisten en permanecer ocultos porque temen perder su trabajo o su reputación, o temen por su seguridad personal; por ejemplo, el piloto de nuestra lista afirma haber esparcido estelas químicas para destruir a la población, ¡pero es demasiado cobarde para dar su nombre o sus pruebas! YouTube está lleno de personas que supuestamente se mantienen en la clandestinidad. En Estados Unidos, algunas de las fuentes que están detrás de QAnon permanecen en el anonimato, pero millones de personas creen en todas sus afirmaciones.

Anhelan el dinero o la fama. Pero al mismo tiempo, pueden afirmar que no tienen ningún interés en ellos. Alguien publicó una defensa de Alberto Rivera argumentando: "¿Qué podría haber ganado mintiendo?". ¡Mucho! Pasó de ser un don nadie a un héroe internacional. Es posible que Alberto llegara a creerse su propia narración. Como le ocurrió a Mike Warnke, Alberto fue expuesto como un fraude *por los cristianos evangélicos*. Por supuesto, Alberto contraatacó diciendo que quien se oponía a él estaba bajo el control del Vaticano. Al hacerlo, creó un sistema que no podía ser probado: cualquier cosa que pareciera apoyar su historia era "la verdad"; cualquier cosa que demostrara que estaba mintiendo era un engaño del Vaticano.

RESUMEN

- Hay auténticos ex miembros de varios grupos clausurados, que podrían tener información vital.
- Hay ciertas personas que hacen afirmaciones falsas sobre su pasado y algunas de ellas están en la iglesia. Algunos de ellos pueden tener problemas psicológicos; otros buscan fama o dinero; algunos incluso pueden llegar a creer sus propias mentiras.

FUENTES

Anónimo, "I was in the Illuminati, I'm going to tell you EVERYTHING, Shocking Expose" (Yo estuve en los Illuminati: Voy a contarlo todo, a exponerlo de forma impactante). https://newspunch.com/i-was-in-the-illuminati-im-going-to-tell-you-everything-shocking-expose/

"Los tratados Chick – su lado oscuro". https://calvarychapelamistad.org/2007/11/26/los-tratados-chick-su-lado-oscuro/

Sobre el Titanic y sus sobrevivientes: Andrew Wilson, *Shadow of the Titanic: the extraordinary stories of those who survived* (New York: Simon & Schuster, 2011).

La mujer que dijo haber sobrevivido al 11S, el documental, "The Woman Who Wasn't There". (La mujer que no estaba allí). https://www.youtube.com/watch?v=Jh6Qmd64m9E.

"Ex piloto" que roció las estelas químicas desde el avión: "Secret Chemtrail Pilot Speaks". https://www.youtube.com/watch?v=lZaD-H_j3pU.

Proyecto Rayo Azul se describe en el libro *Climategate, the Marijuana Conspiracy, Project Blue Beam and other true stories from The Dot Collector Magazine* (2da ed., 2015). El libro es una colección variada de una afirmación extraña tras otra. ¡Y el Rayo Azul ni siquiera es la afirmación más extraña del libro!

La mente humana:
El efecto de afinidad

"El fraude de afinidad" suele referirse a un tipo de estafa financiera. He aquí una definición, extraída del artículo más abajo: "Cómo detener".

> Fraude de afinidad se refiere a las estafas de inversión que se aprovechan de los miembros de grupos identificables, a menudo grupos religiosos o comunidades étnicas. Los defraudadores que promueven estafas de afinidad con frecuencia son, o pretenden ser, miembros del grupo. A menudo reclutan líderes respetados dentro del grupo para difundir la palabra sobre el plan, convenciendo a aquellas personas que una inversión fraudulenta es legítima y que vale la pena.

Un ejemplo famoso entre las iglesias africanas-americanas fue la "Estafa de los carros milagrosos"; la historia es poco conocida fuera de Estados Unidos. Un "buen cristiano" decía que cualquier creyente podía recibir como regalo un carro de lujo con poco kilometraje. Todo lo que tenían que hacer era pagar unos 1000 dólares por adelantado en concepto de "cuota de transferencia" (¿le parece esto una señal de peligro?). La gente pagó el dinero. Los coches nunca llegaron. De hecho, ¡nunca hubo coches! Pero los perpetradores consiguieron robar más de 21 millones de dólares.

A principios de los años noventa, muchos grupos en Estados Unidos cayeron en un fraude por afinidad. El hombre que dirigía New Era malversó 135 millones de dólares en un "esquema Ponzi" (un plan para estafar), gran parte de ellos de grupos evangélicos.

"Afinidad" fue la apertura que hizo posible estas dos estafas. El perpetrador de los carros de milagro decía que un buen hombre cristiano había muerto y deseaba que su flota de coches se utilizara para bendecir a los creyentes pobres (de hecho, el difunto hombre cristiano nunca existió, también era una ficción). New Era estaba dirigida por un hombre muy conocido del que todos decían que era un buen filántropo cristiano. Hablaba de la necesidad de empoderar a la iglesia. No es de extrañar que el contador (cristiano) que descubrió por primera vez su fraude fuera excoriado por su empleador: ¡por el efecto de la "afinidad", plantear dudas era difamar a un buen hermano!

Pero la "afinidad" también puede funcionar con los mitos cristianos. Cuando oímos que una historia puede ser falsa, tendemos a reaccionar con nuestras emociones en lugar de con nuestra razón. Una persona que, como hemos visto, habla y piensa como nosotros debe estar diciendo la verdad secreta de los Illuminati o de la Iglesia católica. Pero la "afinidad" nunca debe impedirnos hacer preguntas razonables, por ejemplo, cuando alguien no deja de decirle que comparte su amor por la Biblia y, por cierto, "Por favor, done para que podamos hacer el trabajo de Dios y seguir explorando el verdadero Monte Sinaí"; es posible que se estén aprovechando de nuestros valores cristianos para obtener beneficios económicos.

FUENTES

"Cómo detener el fraude de afinidad en su comunidad". https://www.investor.gov/sites/investorgov/files/2019-02/Affinity%20Fraud_Spanish_0.pdf.

Estafa de los carros milagrosos, "Miracle Cars Scam". https://en.wikipedia.org/wiki/Miracle_cars_scam.

"Foundation for New Era Philanthropy". https://en.wikipedia.org/wiki/Foundation_for_New_Era_Philanthropy.

Capítulo 20

¿LOS SOVIÉTICOS EN SIBERIA PERFORARON UN HUECO TAN PROFUNDO QUE SE ENCONTRARON CON EL INFIERNO? NO.

Estaba esperando en la fila de un supermercado cuando vi por primera vez este titular en un periódico sensacionalista: "¡Los investigadores grabaron los gritos de los condenados!". Este tabloide posiblemente fue la fuente original de todo esto, sin embargo, no es cierto.

Antes de explorar si los soviéticos perforaron hasta el infierno, algunos antecedentes: tanto Estados Unidos como la Unión Soviética intentaron perforar el agujero más profundo jamás realizado en la corteza terrestre; los soviéticos lo consiguieron finalmente al alcanzar una profundidad de más de 12 kilómetros en 1989 con el "Pozo Superprofundo de Kola" (o SG-3). Kola, por cierto, se encuentra en el extremo occidental de Rusia, es decir, en ninguna parte de Siberia. Al parecer, el proyecto de Kola dio a alguien la idea del Pozo al Infierno, pero son dos historias distintas.

Aquí está la historia original del "pozo del infierno" (nuestra traducción del inglés):

Los geólogos que trabajaban en algún lugar de la remota Siberia habían perforado un pozo de unos 14,4 kilómetros de profundidad cuando la broca empezó a girar repentinamente de forma salvaje. Un tal Sr. Azzacov (identificado como el director del proyecto) fue citado diciendo que decidieron que el centro de la tierra estaba hueco. Supuestamente, los geólogos midieron temperaturas de más de 2000 grados en el profundo agujero. Bajaron micrófonos supersensibles al fondo del pozo y, para su asombro, escucharon los sonidos de miles, tal vez millones, de almas sufrientes chillando.

Trinity Broadcasting Network (la versión inglesa de Enlace) anunció esta historia como un hecho en 1989, como prueba científica de la existencia del infierno.

Como suele ocurrir, la historia se embelleció con los años. Más tarde se descubrió que gran parte de la información adicional procedía de un profesor noruego que pensaba que todo era una tontería. Es que, como un chiste, se puso en contacto con TBN y dijo: "¡Esperen, hay más!". Contó que una columna de fuego salió disparada de la fosa; y que hubo una aparición de un murciélago que escapó y voló por Rusia, dejando un rastro de fuego. (Más tarde el hombre admitió libremente que hizo esto para exponer la falta de discernimiento de TBN).

Se añadió otro elemento para explicar por qué el Pozo no aparece en las noticias. ¡Por supuesto, no iban a emitir nada que pruebe la Biblia, así que suprimieron la historia! Además, se afirmó después que todos los científicos que trabajaban en el agujero renunciaron. O que los trabajadores estaban tan traumatizados que se les administraron fármacos que borraron su memoria a corto plazo.

La cosa se pone mejor: "Coast to Coast AM" de Art Bell en Estados Unidos era un programa de radio nocturno especializado en ovnis, Pie Grande, conspiraciones gubernamentales, pseudociencia, etc. En el 2002 alguien les envió un correo electrónico para decirles: "¡Esperen, mi tío tiene *una grabación* de esos gritos de los condenados!". Los reprodujeron en el programa de radio y, más tarde, se emitieron –¡lo ha adivinado!– en la Trinity Broadcasting Network. Hoy en día se puede escuchar esa grabación (véase el enlace más adelante). Luego, un experto en sonido la analizó y concluyó que se trataba de un fragmento tomado de la banda sonora de la película de terror de 1972 "Baron Blood". Otro problema, por supuesto, es que cualquier micrófono se habría fundido mucho antes de alcanzar los 2000 grados.

¡Hay un capítulo más! Hay rumores de que el afamado explorador submarino, Jacques Cousteau, abandonó el trabajo de su vida debido a los espantosos gritos que escuchó mientras estaba en las profundidades de las cuevas del océano.

¿Por qué los cristianos están tan fascinados por esta historia que la han repetido durante más de tres décadas? Dejaremos que el (aparentemente inexistente) Dr. Azzacov lo diga con sus propias palabras, que traducimos del inglés.

Como comunista no creo en el cielo ni en la Biblia, pero como científico ahora creo en el infierno. No hace falta decir que nos sorprendió hacer tal descubrimiento. Pero sabemos lo que vimos y sabemos lo que oímos. Y estamos absolutamente convencidos de que hemos perforado las puertas del infierno.

El periódico sensacionalista Weekly World News volvió a publicar la misma historia en 1992, con algunos detalles cambiados. Esta vez, la perforación tuvo lugar en Estados Unidos, en Alaska. El diablo en persona apareció y mató a 13 trabajadores. Por eso no lo vio en las noticias: ¡los testigos están muertos!

Cuando la gente pone objeciones a la historia, siempre hay explicaciones convenientes, pero tremendamente improbables. Era un tipo especial de micrófono, ¡del tipo que no se derrite! ¡A los trabajadores de Siberia se les dio una droga (aunque no se sabe que exista tal cosa)! ¡Todos los testigos de Alaska murieron al instante!

RESUMEN

- En los años 70 y 80, los soviéticos y los estadounidenses competían por cavar el agujero más profundo; en 1989, los soviéticos alcanzaron la mayor profundidad jamás alcanzada, en Kola, Rusia, es decir, a miles de kilómetros al oeste de la "remota Siberia".
- La historia original del "infierno" parece haber aparecido muy poco después, en un periódico sensacionalista y en Trinity Broadcasting Network.

- Los elementos adicionales de la historia (columna de fuego, murciélago ardiente) procedían de un profesor noruego, que más tarde admitió que le gastó una broma a TBN.
- La supuesta banda sonora de los condenados es un fragmento, que parece haber sido tomado de una película de terror, "Baron Blood".
- No solo las fuentes "seculares" sino también las cristianas –incluyendo "Científicos descubren el infierno en Siberia" en la prestigiosa *Christianity Today* (1990)– desacreditaron el mito.

FUENTES

El texto original de la historia: https://www.snopes.com/fact-check/the-well-to-hell/

Una versión en español: "Científicos graban gritos provenidos del infierno". https://creepypasta.fandom.com/es/wiki/El_pozo_de_Kola#:~:text=llamado%20%E2%80%9CAmmennusatia.%E2%80%9D-,El%20pozo%20de%20Kola.,el%20centro%20de%20la%20tierra.

Como una broma, un noruego envía a TBN información falsa: "Pozo del infierno". https://es.wikipedia.org/wiki/Pozo_del_infierno.

Los gritos que vienen del infierno: Brian Dunning, "The Siberian Hell Sounds". https://skeptoid.com/episodes/4307; también un análisis que sugiere que proceden de la película "Baron Blood" (1972). http://www.youtube.com/watch?v=VWo6kTsoiv4.

"Jacques Cousteau y las voces del infierno". http://milenigmas.com/?load=enigmas&enigma=jacques_cousteau_y_las_voces_del_infierno

Rich Buhler, "Scientists Discover Hell in Siberia," *Christianity Today* 34.10 (July 16, 1990), pp. 28-29.

Capítulo 21

¿CELEBRÓ EL PAPA UNA MISA LUCIFERINA EN EL VATICANO? NO. ¿HIZO CIERTAS OTRAS COSAS MALVADAS QUE SE ENCUENTRAN EN YOUTUBE? NO.

¡Una noticia absolutamente impresionante!, dijeron en 2014. *Debe ver este vídeo y mostrarlo a sus amigos. El papa Francisco ofreció una misa a Lucifer en el Vaticano, llamándolo "dios" e insistiendo en que todos los católicos se unan a su culto. Le dice al diablo: "Permíteme decirte, oh Lucifer, que no conoces ocaso (...) Cristo es tu Hijo".*

Algunos han afirmado que el papa anterior, Benedicto, había hecho lo mismo.

No importa que alguien diga, "fue catalogado por muchos como rito satánico" (la falacia de que, si mucha gente cree una cosa, eso la hace cierta). Incluso si una persona mira el vídeo, su editor le dice "lo que realmente significan las palabras en latín". En este caso, "ver no debe ser creer". Ahora bien, me tomé muchas molestias, a última hora, para aprender latín, e incluso con mi nivel intermedio pude ver dónde está el problema del vídeo: es una mentira decir que el texto en latín significa lo que se afirma que dice el papa.

Sí, la misa incluye el término latino "lucifer". Pero demos un paso atrás para observar que, no es cierto que el diablo se llame "Lucifer" en la Biblia. En Isaías 14:12 está hablando de un "hombre", 14:16, el rey de Babilonia, que se apropió sacrílegamente del gran título de "estrella de la mañana", *lucero*, para sí mismo. Lucero significa "resplandeciente"; no es un nombre, por lo que Isaías no llama al diablo "Lucifer".

Estoy mirando "lucifer" en el *Oxford Latin Dictionary* (versión 1968), una autoridad en este idioma, y le da dos significados similares: 1. Lo que da luz, lo que porta la luz (adjetivo); 2. El lucero del alba.

La definición (2) es como Pedro utiliza el término en 2 P 1:19, en la versión latina: "cui benefacitis attendentes quasi lucernæ lucenti in caliginoso donec dies elucescat, et *lucifer* [in the original Greek, *phosphóros*/ φωσφόρος = "el portador de luz"] oriatur in cordibus vestris". La Reina Valera lo toma como referencia a Cristo, "hasta que (...) el lucero de la mañana salga en vuestros corazones". ¡Pedro no está diciendo que Cristo sea Lucifer el diablo! Otra vez, en Ap 22:16 RV 60, Cristo es "la estrella resplandeciente de la mañana". Tanto en 2 Pedro como en el Apocalipsis, los apóstoles interpretan Nm 24:17 como una predicción de Cristo – "Saldrá estrella de Jacob". Así es como se utiliza la palabra lucifer en la liturgia en cuestión, "Exsultet" ("Que los ángeles se regocijen").

El "Exsultet" es un himno de Semana Santa. Y es antiguo, al menos desde el año 400 d. C., y existen copias medievales del mismo. Es decir, ninguna persona moderna lo ha compuesto como un himno al diablo. Aquí está el texto relevante del "Exsultet" con una traducción que yo mismo he confirmado en latín:

*Flammas eius **lucifer matutinus** inveniat:*
   Y el **lucero matinal** lo encuentre ardiendo:
*ille, inquam, **lucifer**, qui nescit occasum.*
   ese **lucero** que no tiene ocaso.
Christus Filius tuus,
   Cristo, tu Hijo,
   qui, regressus ab inferis,
   que volviendo de los abismos [esta cita tomada del Credo Apostólico]
humano generi serenus illuxit,
   para todos los brilla sereno,

et vivit et regnat in sæcula sæculorum.
y él vive y reina por los siglos de los siglos.

No solo no es un himno a Satanás, sino que ¡ni siquiera lo menciona a lo largo de sus numerosas estrofas! Tanto si le gusta la música litúrgica como si no, el "Exsultet" es un himno de alegría incontenible, centrado en el hecho de que Cristo "asciende victorioso del abismo". Así, en el contexto, la estrella del alba es Cristo. ¿Y por qué no? Incluso en español tenemos cantos evangélicos como "Cristo es el Lucero" y "Cristo Lucero de la Mañana". ¡De hecho, ayer mismo en la iglesia cantamos dos himnos diferentes que llamaban a Cristo el lucero!

Antes de dejar "Lucifer", aquí hay una más:

¿Es cierto que el Vaticano tiene un telescopio secreto en una instalación en Arizona, Estados Unidos? ¿Se llama Telescopio Lucifer? ¿Y que están buscando un ser extraterrestre que vendrá a reinar como anticristo? NO. Sí tienen un telescopio llamado Telescopio Vaticano de Tecnología Avanzada (VATT, inaugurado en 1993). En el mismo recinto hay dos telescopios que se inauguraron años después, llamados LUCI1 y LUCI2. Estos dos son operados por empresas alemanas, no por el Vaticano. Algún bromista apodó a un instrumento adosado a LUCI como Lucifer, pero luego lo cambiaron porque la gente se quejó de que era de mal gusto. Pero no hay ningún telescopio que se llame "Lucifer", ni el del Vaticano ni los alemanes. Tampoco existe ningún telescopio que sea lo suficientemente potente como para detectar vida inteligente en otros planetas. Esta ficción fue completamente inventada por Tom Horn y Chris Putnam en un libro llamado *Exo-Vaticana* (marzo de 2013) en el que afirmaban que el Vaticano estaba buscando un anticristo de otro mundo, ¡que sería revelado en 2013! Entonces, el 1 de enero 2014, su mito fue desmentido, solamente nueve meses después de la publicación del libro. Por cierto, en su libro anterior, afirmaban que a Benedicto le seguiría el último papa, Pedro, otro mito que se ha mantenido vivo durante siglos. Horn y Putnam fueron refutados en menos de un año cuando Francisco –no ningún "Pedro"– fue nombrado papa). La conspiranoia es un buen negocio: ambos siguen vendiendo predicciones descabelladas y exponiendo encubrimientos.

¿Por qué estoy defendiendo al papa? Ojo: no estoy defendiendo al papa, estoy defendiendo la verdad, que es una acción justa y bondadosa para cualquier creyente. De la misma manera es importante averiguar la verdad sobre chismes sobre cualquier grupo. Aquí está una leyenda sobre la mormona Brigham University: que las estudiantes regentaban un burdel desde su dormitorio. Se dice que dejaban una raqueta de tenis en la ventana para señalar que estaban disponibles. Otro que es popular entre los evangélicos, que Alá era originalmente el dios de la luna, y por lo tanto los musulmanes de hoy están "realmente" adorando a la luna. Tanto la leyenda sobre los mormones como el mito sobre el islam como este anterior mito sobre el papa son falsos.

Seguimos.

¿El papa dijo que "Jesucristo, Mahoma, Jehová, Alá. Estos son todos los nombres utilizados para describir una entidad que es claramente la misma en todo el mundo"? NO. Parece que la fuente fue NationalReport.net, un sitio que inventa historias para el entretenimiento y obtiene beneficios de la publicidad. Anuncian que "Todos los artículos de noticias contenidos en National Report son ficción, y presumiblemente noticias falsas. Cualquier parecido con la verdad es pura coincidencia". Ahora bien, hay muchos católicos que creen que la posición de Francisco hacia el islam es demasiado liberal, demasiado ambigua (véase el artículo de más adelante, "No existe una fe común..."), pero nunca ha equiparado el islam y el cristianismo. Ni ha dicho que el cristianismo y el islam deben combinarse.

¿El papa dijo que "El Corán y la Biblia son lo mismo?" NO. La fuente de este chisme fue USA Snich, un sitio que mezcla noticias reales con rumores.

¿Dijo un portavoz del Vaticano que la Iglesia dejaría de creer en la Segunda Venida? NO. Lo crea o no, estaba en medio de la edición de este mismo capítulo cuando apareció un rumor más en Facebook. "Un vocero del Vaticano (Católico romano) anunció de manera personal que la Segunda Venida de Jesús, el Unigénito de Dios, puede que no acontezca después de todo. 'Pareciera que Jesús no ha de volver por lo que parece' afirmó el Cardenal [Giorgio Salvadore]". Descubrí que esto había estado circulando desde 2016; que su fuente era un sitio web satírico; y que –lo que no me sorprendió– no existe el Cardenal Giorgio Salvadore.

¿Ha declarado el papa que todo el mundo debe recibir un microchip? ¿Porque esto es la marca de la bestia? NO. De nuevo, esto es del mismo sitio de humor NationalReport.net de 2017. Para tener una idea del tipo de "noticias" que promueven, un artículo reciente dice que los paneles solares son peligrosos, ¡porque pueden drenar la energía del sol! (Esta historia y la anterior sobre el islam han sido retiradas desde entonces de NationalReport, ¡pero siguen siendo difundidas por los cristianos!).

¿Cree el papa que la cruz de Cristo fue "el fracaso de Dios"? NO, NO COMO TAL. Hay vídeos subtitulados en YouTube, donde Francisco definitivamente dijo esto. El problema es que, solo se ve una pequeña parte, y está sacada de contexto. Esto es lo que dijo:

> 'Mirá' al Hijo de Dios. Dios lo entregó para salvarnos a todos. Dios mismo se hizo tragedia. Dios mismo se dejó destruir en la Cruz. Y cuando estés que no 'entendés' algo, cuando estés desesperado, cuando se te venga el mundo encima 'mirá' la Cruz. Ahí está el fracaso de Dios. Ahí está la destrucción de Dios. Pero también ahí está un desafío a nuestra fe. La esperanza. Porque la historia no terminó en ese fracaso, sino en la resurrección que nos renovó a todos.

Si lo tomamos con justicia, lo que está diciendo es que la cruz es un fracaso a los ojos de los que no tienen fe; pero para los creyentes, no terminó en fracaso, sino en victoria. Fue un "fracaso temporal". Yo, un evangélico, podría haber descrito el evangelio con un lenguaje similar.

Ahora que lo pensamos, ¿a quién le parece justo aislar la frase "la palabra de la cruz es locura" de 1 Cor 1:18 RV 60, y publicar un vídeo de cómo prueba absoluta que Pablo denigró la cruz? ¿No diría usted que hay que leerlo absolutamente en su contexto: "la palabra de la cruz es locura *a los que se pierden*; pero *a los que se salvan*, esto es, a nosotros, es poder de Dios"?

Otras cuestiones

¿Declaró el papa Francisco en 2020 que está a favor de los matrimonios civiles entre personas del mismo sexo? SÍ. En 2022, ¿pidió a los padres que apoyaran a sus hijos homosexuales? SÍ. Esta vez, ambas cosas son ciertas. Y tenemos más credibilidad a la hora de informar sobre ellos ya que nos hemos mostrado dispuestos a rechazar los rumores tontos sobre Lucifer y los extraterrestres.

Para concluir: ¿Hay doctrinas católicas que, a mi parecer, erróneas? Sí, absolutamente. Rechazo la doctrina de la transubstanciación. Rechazo la oración a la Virgen y a los santos; no considero al obispo de Roma como la cabeza de la Iglesia; no sostengo la infalibilidad papal. Pero es importante separar los hechos de los rumores.

RESUMEN

- El papa no ofreció una misa a Satanás.
- El Vaticano no tiene un telescopio diseñado para localizar al anticristo extraterrestre e invitarlo a gobernar nuestro planeta.
- Ciertamente hay doctrinas católicas que debemos analizar cuidadosamente y quizás rechazar.
- En los círculos evangélicos hay muchos rumores falsos sobre el papa, porque encajan dentro de nuestros sesgos cognitivos.
- Muchos de los falsos rumores provienen de fuentes que no tienen la capacidad de analizar sus fuentes.

FUENTES

Acusación *falsa*, "Los Misterios y Secretos Satánicos del Vaticano – Misa Satánica por el Papa Francisco". https://www.youtube.com/watch?v=cRdmZhDYo5M.

Letra auténtica del himno antiguo "Exsultet". https://www.lyrics.com/lyric-lf/3593736/Eduardo+Meana/Preg%C3%B3n+Pascual+-+Exultet.

Deshonesta acusación sobre el Telescopio del Vaticano. "Proyecto L.U.C.I.F.E.R. y su relación con el Monte Graham en EE. UU". http://losreptiliano.blogspot.com/2018/05/proyecto-lucifer-y-su-relacion-con-el.html. Refutación: "Does the Vatican have a Telescope Called LUCIFER?" https://answersingenesis.org/astronomy/does-vatican-have-telescope-called-lucifer/

Documento *genuino* en contra de Francisco, "No existe una fe común en Dios compartida por católicos y musulmanes". https://fsspx.news/

es/news-events/news/no-existe-una-fe-com%C3%BAn-en-dios-compartida-por-cat%C3%B3licos-y-musulmanes-59579.

Vídeo con una acusación *deshonesta* – "El Papa Francisco dice que la cruz de Cristo fue un fracaso". https://www.youtube.com/watch?v=Q1xilHRZjJw. Una representación *honesta* – "Discurso del Papa en el encuentro con los jóvenes en el Estadio Kasarani". https://www.aciprensa.com/noticias/texto-discurso-del-papa-francisco-en-el-encuentro-con-los-jovenes-en-el-estadio-kasarani-76427.

La mente humana:
La cámara de eco

Si utiliza los medios sociales, experimentará una "cámara de eco", se dé cuenta o no. Cuanto más señale que le atrae un tema (la política liberal, o la teología reformada, o el terraplanismo), automáticamente lo verá más y más en su pantalla. Así es simplemente como funcionan los medios de comunicación social: quieren que usted pase más tiempo mirando sus anuncios, y le hacen "sentirse bien" por invertir ese tiempo haciendo que vea las cosas que desea. Una definición de la cámara de eco es:

> Los algoritmos personalizan la experiencia en las plataformas sociales seleccionando la información más adecuada a nuestro perfil. Para ello, se combinan datos de comportamientos previos con datos del comportamiento de personas de perfiles y gustos similares, contenidos próximos y, por supuesto, las tendencias del momento. Junto a las tendencias definidas por los algoritmos estarán aquellas seleccionadas personalmente. Y con ello terminamos de dar forma a la cámara.

En lo que respecta a nuestros "mitos", si se interesa por las explicaciones poco ortodoxas de la Gran Pirámide y hace clic en una historia, se encontrará con más y más historias sobre la historia alternativa sobre su fecha. En poco tiempo llegará a la conclusión de que todos los eruditos con los que se cruce apoyan el punto de vista de que las pirámides fueron construidas por gigantes o extraterrestres hace 12 000 años, cuando en realidad, casi todos los eruditos las fechan hace 4500 años.
"Leer ampliamente" es el mejor consejo que puedo dar.

FUENTE:

"Cámaras de eco, los peligrosos atajos que los algoritmos provocan en nuestra mente". https://theconversation.com/camaras-de-eco-los-peligrosos-atajos-que-los-algoritmos-provocan-en-nuestra-mente-172118.

Capítulo 22

¿CIERTO LOGOTIPO CORPORATIVO DEMUESTRA QUE TIENE CONEXIONES SATÁNICAS? PROBABLEMENTE NO.

Siempre hay una persona que parece tener mejor vista que el resto de nosotros. Mientras usted mira inocentemente el cielo nocturno, lee un libro, escucha música, ve una película, esta persona ve mensajes escondidos en los rincones oscuros. Muchos de ellos abren canales de YouTube en los que muestran lo que han encontrado. Sus seguidores escriben felicitándoles por su percepción.

Un ejemplo: *¡El logotipo de Procter and Gamble es satánico!* Su logotipo contiene un hombre en la luna y también estrellas. Utilizan esta imagen desde 1882, cuando este tipo de símbolo era popular en la publicidad norteamericana: las 13 estrellas representaban las 13 colonias originales de Estados Unidos. Pero de repente, alrededor de 1980, comenzó el rumor de que su presidente había salido en la televisión para anunciar que estaban vinculados a la Iglesia de Satanás y que su logotipo también era satánico. Esto condujo a un boicot masivo de sus numerosos productos. El rumor sigue circulando. Este rumor le costó a P&G miles de millones en ventas y en 2007 ganaron una importante demanda contra cuatro personas por hacer circular la calumnia (véase el artículo más adelante).

¡Starbucks es satánico! Un investigador escribe página tras página para rastrear el origen simbólico de su logotipo. Llega a la conclusión de que Melusina, el espíritu del río, es el supuesto modelo (véase el enlace "El mal oculto tras el logo de Starbucks", más adelante). Y Melusina también es un dragón, es decir, ¡es satánica! Y la mujer es también, sin duda, la malvada Lilith. (Otros han relacionado el logotipo con Dagón, dios-pez de los filisteos, pero este bloguero lo rechaza, pues Dagón es un dios masculino, esta es una diosa). "Existen muchas pruebas más que sostienen la teoría de Melusina en relación con el logotipo de Starbucks. Aun así, en cualquier caso, el simbolismo del logo de Starbucks está relacionado con el mal". Menciona que una mujer atea de Ohio EE. UU. recibió un mensaje místico mientras miraba una taza de café de Starbucks en el sentido de que no necesitaba a un dios, solo a ella misma. En otro sitio, dio a entender que alguien fue poseído por un demonio mientras bebía café de Starbucks (véase "The Devil Revealed Himself", El diablo se reveló, más). Aunque el exorcismo parece real, supongo que el artículo sobre el mismo pretendía ser una provocación a los cristianos, que a veces critican a Starbucks.

¡El logotipo de Facebook es el mismo que el ancla masónica! Sí, el ancla es uno de los muchísimos símbolos masónicos; he visto solamente un símbolo masónico que se parece al logotipo de Facebook.

El logotipo del sobre de Gmail es el delantal del Arco Real de los masones. Bueno, se parece algo, pero solo si se mira la versión con el delantal rojo; hay muchas otras versiones. Tal vez alguien en Google fuera masón, pero no veo ninguna razón para considerar a Gmail como un complot masónico.

El logotipo del navegador Google Chrome tiene tres seises. Quizás, pero requiere mucha imaginación.

Hay una bandera musulmana que supuestamente tiene el 666 en letras árabes, pero la persona que la encontró sin duda no lee árabe (véase "666 PaleoBabble" más).

Algunos dicen que el logotipo de Walt Disney tiene tres seises.

He aquí un candidato a mensaje satánico que lleva rondando desde 2014: la bebida energizante "Monster" tiene como logotipo tres marcas de garras. Y algunos lo han "descifrado" como tres de la letra hebrea *vav*, y *vav* puede simbolizar 6 en hebreo.

Bueno: de hecho, la marca *no* parece a la *vav* . . .

vav ו

. . . sino a la *zayin*, la letra a su lado izquierdo:

zayin ז

Y la *zayin* simbolizaría 7. Si fueran letras hebreas, diría 7-7-7.

Ningún escriba hebreo leería la lata del Monstruo y vería tres *vav*. Y lo que es más importante, el número de la bestia en Ap 13:18 no es 6-6-6 (es decir, tres seises), sino seiscientos sesenta y seis, como la mayoría de las versiones en español (BJL, NBLH y NTV tienen 666, lo que posiblemente causa confusión). En hebreo, el número seiscientos sesenta y seis se compondría de varias letras, de las cuales solo una es la *vav*:

תרס"ו

Si se lee de derecha a izquierda, lo es: *Tav, resh, samech, vav* = 400 + 200 + 60 + 6 = 666

Si como hemos argumentado, no es 6-6-6 sino 666, entonces es improbable que el 666 simbolice a un hombre que intenta alcanzar la perfección de la trinidad (7-7-7) y se queda corto. ¡Se quedaría corto sería 776! ¡O menos!

Al mismo tiempo, hemos desmentido otro rumor popular: ¡que la "World Wide Web" es satánica! La *vav* suena como "w", entonces W-W-W, en hebreo podría ser 6-6-6, pero no seiscientos sesenta y seis.

Como hemos dicho, la mente humana está diseñada para detectar e interpretar patrones. Esto significa que si mira alrededor de su casa puede encontrar un mensaje secreto. He aquí un 666 que encontré. Si usted lo hubiera visto, ¿no hubiera concluido que fue los poderes malvados enviándole un mensaje?

Pero ¡no se preocupe! De hecho, es el candado de mi maletín. Y los números no son 666, son 999. Y parecen así pues no había cambiado la combinación del candado, ¡siempre ha sido 000!

¿Qué le parece la Super Bowl? Cada año, los dos mejores equipos de fútbol americano se enfrentan por el campeonato. También es famoso por su espectáculo de medio tiempo. Y cada año, la gente afirma que la extravagancia musical fue infundida deliberadamente con mensajes satánicos. Un hombre afirmó en 2021 que la actuación de Jennifer López y Shakira era una celebración del tráfico sexual de niños. El apagón de la *Super Bowl* de 2013, el año en que cantó Beyoncé, acaba de confirmar su teoría: en la segunda mitad del partido, la electricidad se cortó durante 33 minutos y 55 segundos; ¡algunos encuentran la influencia de los Illuminati en esas cifras exactas! Seguro que podría ver el "mensaje", ¡pero solo después de que alguien se lo indique!

La patronicidad (el "ver patrones") también puede explicar los rumores sobre el Aeropuerto Internacional de Denver. En 2012, el evangelista William Tapley dijo que el sótano del aeropuerto es la sede de control del futuro imperio del anticristo. Señala todo tipo de detalles –pero ignora muchos otros– como prueba. Para empezar, ve una esvástica en la disposición de algunas pistas de aterrizaje. Y recientemente ha anunciado que un precioso cachorro en un anuncio de cerveza estadounidense es una señal del anticristo. Ah, y Tapley afirma ser uno de los profetas de Apocalipsis 11.

¿Por qué los cristianos parecen especialmente abiertos a estos rumores? Uno de nuestros fundamentos es que Dios nos ha revelado que el mundo no es lo que parece. Las cosas malas tienen una explicación: el mundo está en la oscuridad y es susceptible de "todo engaño de iniquidad para los que se pierden, por cuanto no recibieron el amor de la verdad para ser salvos" (2 Ts 2:10 RV 60). Por lo tanto, nuestra interpretación del mundo es por definición "alternativa" y va en contra de la corriente principal. Desgraciadamente, eso también significa que cuando oímos un rumor que parece confirmar nuestra visión del mundo, nos sentimos tentados a aceptarlo como cierto, esté o no bien fundado.

Para comprobar si una determinada hipótesis de logotipo es útil, hay que probarla con logotipos al azar. Así que, como experimento, seleccioné el logotipo de una cadena de restaurantes de comida rápida en Norteamérica. Y con solo tres o cuatro minutos de investigación, ¡demostré que también contenía un mensaje oculto! (No les mostraré el logotipo, porque no quiero iniciar un falso rumor; además, a mi mujer le gustan sus sándwiches). En primer lugar, pude demostrar que contenía tres 6 a la vista; luego había un gallo, que nos recuerda a la negación de Cristo por parte de Pedro; luego hay una cinta roja, que se parece a una que apoya los derechos de los homosexuales; luego hay una "pata" de animal, que me recuerda a la Bestia. Ahora tal vez usted esté tentado a decir: *Espere un minuto, usted está encontrando formas y patrones al azar en un logotipo y concluyendo que debe contener un mensaje satánico; que el mensaje es que el número de la Bestia es el 666, que él quiere que usted reniegue de Jesús y que abrace el estilo de vida gay.* Siendo yo quien inventó esta historia, puedo decirle, que es totalmente falsa.

Además, este negocio es famoso por ser dirigido por una familia cristiana y tienen una reputación nacional de valores cristianos.

Esto nos deja dos alternativas: que el restaurante esté dirigido por satanistas que se hacen pasar por cristianos desde los años 1940; o que realmente esté dirigido por cristianos y el logotipo sea lo que son todos los logotipos: una imagen memorable que está vinculada al producto que venden. Sin ningún mensaje oculto.

Piense en un negocio o producto famoso, búsquelo en Google junto con "simbolismo satánico" y no se sorprenda si alguien ha llegado allí antes que usted. Al azar, acabo de buscar Coca-Cola y Pepsi-Cola. Sí: cada una parece satánica para una u otra persona.

Algunos en el mundo –por ej., grupos de rock heavy metal– utilizan símbolos demoníacos. Y supongo que en algún lugar debe haber algunos logotipos que se entremezclan con simbología satánica o masónica. Ninguno de los que he visto era convincente, pero eso no significa que no haya ocurrido o no pueda ocurrir. Mi consejo es: No se deje engañar por los llamados "expertos" que afirman ver el significado oculto detrás de todo. Si todo –¡incluso un restaurante cristiano de comida rápida!– puede tener un significado oculto, entonces quizás la gente está buscando más profundamente en el simbolismo de lo que es razonable.

RESUMEN

- Tal vez haya logotipos con símbolos malignos ocultos en ellos, pero no parecen ser tan comunes como algunos dicen que son.
- Deberíamos etiquetar cualquier afirmación de símbolos ocultos como "no probada" a menos que la evidencia sea convincente.

- Por "convincente" queremos decir: ¿habría visto usted el simbolismo si alguien no lo hubiera señalado y le hubiera dicho lo que era? Si solo lo ve cuando otra persona le ha dicho lo que significa, quizás esté experimentando "pareidolia" (véase "La mente humana: patrones" anteriormente en el libro).

FUENTES

"Cambió Procter & Gamble logo al que creían satánico". https://www.infobae.com/2007/03/21/307302-cambio-procter-gamble-logo-al-que-creian-satanico/

"El Mal Oculto tras el Logo de Starbucks". https://www.thescottsmithblog.com/2021/02/el-mal-oculto-tras-el-logo-de-starbucks.html.

El diablo se reveló – "The Devil Revealed Himself at a Texas Starbucks; The War on Christmas Just Got Real". https://www.esquire.com/news-politics/news/a40073/war-on-christmas-starbucks-exorcism/

Michael Heiser, "666 PaleoBabble". https://drmsh.com/666-paleobabble/

Capítulo 23

¿LA NASA SUPRIMIÓ LAS FOTOS DE LA NUEVA JERUSALÉN ACERCÁNDOSE DESDE EL ESPACIO? NO.

Aquí está la historia original, y Pinterest está lleno de fotos de la Ciudad Celestial, tomadas, supuestamente, por el telescopio Hubble.

Científicos de la NASA logran fotografiar a la Nueva Jerusalén

En 1994, un investigador de contrabando, uno top-secret del Telescopio Espacial Hubble ha tomado fotos de lo que supuestamente es el Cielo. Weekly World News fue el primero en imprimir la imagen e informar sobre los resultados de [la Dra.] Masson, pero a pesar de la cobertura mediática, la NASA se negó a reconocer la existencia de la foto... La investigadora Marcia Masson publicó las imágenes que muestran claramente una vasta ciudad blanca flotando misteriosamente en la oscuridad del espacio. Y el experto citó fuentes de la NASA diciendo que la ciudad es definitivamente el Cielo "La Nueva Jerusalem", "porque la vida tal como la conocemos no podría existir en el espacio helado y sin aire... Esto es todo, esta es la prueba que hemos estado esperando. A través de un enorme golpe de suerte, la

227

NASA apuntó al Telescopio Hubble precisamente en el lugar correcto en el momento preciso para capturar estas imágenes en el rollo de fotografía. No soy particularmente religiosa, pero no dudo de que alguien o algo haya influido en la decisión de apuntar el telescopio a esa área particular del espacio", dijo Masson a los reporteros.

"Después de revisar y volver a revisar los datos, llegaron a la conclusión de que las imágenes eran auténticas. También teorizaron que la ciudad no podría ser habitada por la vida como la conocemos. La única explicación lógica era que la ciudad estaba habitada por las almas de los muertos. Como dijo una de mis fuentes, 'Encontramos donde Dios vive'".

Por cierto, este supuesto avistamiento no es el mismo que el del cúmulo estelar Messier 72, que fue descrito como una ciudad vista desde la ventana de un avión por la noche. Messier fue descubierto en 1780, pero solo se ha examinado recientemente con el Hubble.

En primer lugar, empecemos por el hecho de que contiene muchos rasgos típicos de un mito. Al igual que en la historia del pozo infernal, hay un encubrimiento por parte de una agencia gubernamental (la NASA es siempre una opción popular). Los científicos hacen afirmaciones que no están en absoluto capacitados para decir: "encontramos donde Dios vive"; solo "las almas de los muertos" podrían vivir allí. No podían creer lo que veían, pero tuvieron que aceptar la verdad. "La única explicación lógica". "No soy particularmente religioso, pero...".

Las imágenes se pueden encontrar en Pinterest, pero no en los sitios de la NASA o de la Agencia Espacial Europea; tampoco ningún astrofísico cristiano afirma que sean una prueba del cielo, lo que sin duda querría hacer. Por supuesto, algunos afirmarán que la NASA está controlada por los Illuminati o el NOM y, por supuesto, nunca revelarían información que animara a la gente a confiar en la Biblia. Por mi parte, prefiero mantener mis explicaciones sencillas: en lugar de decir: "¿Quién silenció las pruebas?", una mejor primera pregunta sería: "¿Existe realmente alguna evidencia?".

En segundo lugar, si se encontrara en el "borde del universo" –como sigue diciendo el informe– eso la situaría a quizás 46 500 millones de años luz de distancia. Incluso si viajara a la velocidad de la luz, la ciudad no estaría "de camino" a una aparición inminente.

Pero, en tercer lugar, y lo más importante, consideremos la fuente de la historia. Tuvo su origen, no en la NASA, sino en Weekly World News, ¡el hogar de la historia del Pozo al Infierno! La historia de la Ciudad Celestial se publicó por primera vez en 1994 y luego se repitió en 2009. Weekly World News solía ser un tabloide impreso. Ahora es un sitio de humor, y a menudo crea historias para burlarse de los crédulos. La broma comienza en el banner (traducimos a español): "Las únicas noticias fiables del mundo". Actualmente tiene anuncios del sitio de humor "Sociedad de Investigación Zombie". Una de las noticias es "Ocho senadores estadounidenses que son extraterrestres". (Este anuncio llegó a través de P'Lod, ¡que es él mismo un alienígena espacial!). Otra es "¡Los alienígenas espaciales adolescentes están robando nuestros glaciares para hacer fiestas!", y son los causantes del cambio climático.

A Weekly World News, en particular, le encanta burlarse de los cristianos, por ejemplo: "¿Partieron los extraterrestres el mar Rojo?". El artículo "10 maneras de identificar a los satanistas" sugiere que "tienden a vestirse con ropa de abrigo incluso cuando hace calor". Y también: "Se encuentra el Huerto del Edén: EE. UU. cultiva un nuevo árbol a partir de una semilla". Por cierto, el Edén se encontró en Colorado, EE. UU.

Un dibujo borroso; uno que recibe interpretaciones sin fundamento por parte de personas no identificadas de la NASA; y al mismo tiempo, la NASA lo silenció (¡pero no lo suficiente, ya que el dibujo está por todo Internet!); la historia proviene de un sitio web satírico. Calificamos la historia de la Ciudad Celestial de "mito".

RESUMEN

- Cuando escuche una historia fascinante, ¡compruebe la fuente original!
- Los mitos "cristianos" pueden compartir estos rasgos: los ateos encuentran algo que no pueden creer; se ven obligados a admitir que se alinea con la Biblia; el incrédulo dice: "¡va en contra de mis creencias, pero tengo que admitir que mi punto de vista ha cambiado!"; los otros ateos tratan de silenciarlo; pero se difunde de todos modos; la gente insta a los incrédulos a dejar de ser hipócritas.
- La gente de los sitios web de humor o sátira a veces tiene la intención de burlarse de los cristianos.

- Las "noticias" que aparecen en Twitter, pero no en los sitios científicos, tienen poco valor.

FUENTES

El artículo original de 1994 en Weekly World News, "Heaven Photographed by Hubble Telescope" (El cielo fotografiado por Hubble). https://weeklyworldnews.com/headlines/11684/new-hubble-images/

Versión en español publicado en 2018, años después de haber sido desacreditado. "Científicos de la NASA logran fotografiar a la Nueva Jerusalén". https://www.noticiasprofeticas.com/2018/03/09/cientificos-de-la-nasa-logran-fotografiar-a-la-nueva-jerusalen-video/

La historia se desacredita aquí: "NASA descubrió Nueva Jerusalén es falsa noticia y sátira". https://www.biblia.work/noticias/nasa-descubrio-nueva-jerusalen-es-falsa-noticia-y-satira/

Una foto de Messier 72 tomada por el Hubble en 2010: "Las nuevas fotos del telescopio Hubble de la NASA te dejarán sin palabras". https://www.univision.com/explora/las-nuevas-fotos-del-telescopio-hubble-de-la-nasa-te-dejaran-sin-palabras.

Capítulo 24

¿LA NASA HA OCULTADO QUE EL PLANETA NIBIRU, O EL PLANETA X, O EL 7X, O EL COMETA 7P ESTÁ A PUNTO DE DESTRUIR LA TIERRA? NO.

Cada pocos años, alguien da la voz de alarma sobre un cometa fatal o un planeta rebelde o un asteroide, y lo relaciona con la profecía bíblica. Gill Broussard (como Nancy Lieder, que se enteró del 7X por un extraterrestre, a través de un supuesto implante en su cerebro; como el astrónomo aficionado Carlos Muñoz Ferrada, que tiene una larga lista de predicciones; como los alarmistas sobre el cometa ISON en 2013; como David Meade, en 2017; como Paul Begley, que predice que el asteroide Apofis chocará con la Tierra en 2029. O quizás en 2036 como muy tarde) forma parte de una larga lista de observadores de estrellas. Como tiene una fuerte presencia en la web, Broussard será nuestro caso de prueba. Advierte sobre el Planeta 7X, un cuerpo de nuestro sistema solar, pero uno que nadie ha visto. Sigue una trayectoria muy elíptica y, aunque ahora no podemos verlo, su órbita lo llevará a pasar por delante de la Tierra y causará una destrucción masiva. Y, naturalmente, cuando la NASA o la Agencia Espacial Europea niegan que exista tal planeta, es porque los señores del mal están encubriendo la verdad, para evitar el pánico o quizás incluso para esclavizar a la población.

(Nota: este 7X no es lo mismo que un teórico Planeta 9 o Planeta X, que podría ser un gran planeta que pasara de la órbita de Plutón y que, de ser real, tardaría miles y miles de años en llegar a la Tierra).

Los científicos cambian sus conclusiones cuando encuentran nuevos datos; es un procedimiento normal. Por eso Plutón fue descubierto y nombrado noveno planeta en 1930, pero fue desclasificado en 2006. Las conclusiones de los estudiosos de la Biblia también cambian. Pero hay toda una clase de expertos en profecías bíblicas que fijan fechas, y fallan, y luego extienden esas fechas una y otra vez. Harold Camping, por ejemplo, dijo que el Día del Juicio ocurriría el 6 de septiembre de 1994. Luego el 29 de septiembre. Luego el 2 de octubre. Luego el 21 de mayo de 2011. Luego el 21 de octubre de 2011.

Al igual que Camping, Broussard tiene la capacidad de manejar un gran número de fechas y datos, y como él, afirma ser el único capaz de trazar los acontecimientos futuros. También admite –al menos en el momento de escribir esto– que nadie ha visto o fotografiado realmente el 7X, aunque insinúa que la NASA podría estar involucrada en un encubrimiento.

Pero Internet nunca olvida, y como varias de las predicciones de Broussard se produjeron en la década de 2010, es posible rastrear cronológicamente toda la cadena de sus fracasos. Broussard elaboró un colorido gráfico mural tras otro en el que trazaba la órbita del Planeta 7X y mostraba cuándo llegaría. Pero su gráfico se sigue actualizando con fechas corregidas. El 7X llegará, ha dicho:

¡Entre 2012 y 2030!
¡Entre 2013 y 2023!
¡En 2013!
¡En 2015!
¡En 2016!
¡En 2021!
¡En 2022!
¡En 2023!

Y esos son solo los que he podido localizar: cuando se trata de una persona con tantas predicciones, es casi imposible elaborar una lista de todos sus fracasos. ¿De dónde sacó estas fechas? "¡Tres años de investigación junto con los modelos de software astronómico de cada evento que tienen una superposición de repetición a una profundidad y grado en el que los datos se validaron de forma cruzada fue más allá de las expectativas!". Broussard también recurre a la astrología. He mirado sus datos: son mucho menos impresionantes de lo que parecen; tampoco tres años son una cantidad de tiempo considerable para hacer estas "estimaciones".

Dice que los acontecimientos bíblicos (el Diluvio, Sodoma y Gomorra, la caída de Jericó, etc.), ocurrieron cada cierto número de años; postula que fue este Planeta 7X invisible el que debió pasar cerca de la Tierra, causando los desastres naturales. Esto lo sitúa en el ámbito del modelo naturalista, del tipo promovido por el pseudohistoriador Immanuel Velikovsky en *Worlds in Collision* (Mundos en colisión, 1950). Velikovsky afirmó, por ejemplo, que los acontecimientos del Éxodo ocurrieron cuando Venus o Marte pasaron cerca.

Al igual que Velikovsky, Broussard asigna fechas a los acontecimientos históricos, más o menos de la nada: si un acontecimiento 7X fue la tormenta que destruyó a la familia y los rebaños de Job, entonces debió de tener lugar –¡a ver qué fecha queda abierta!– en el año 1342 a. C. Todo ello sin ninguna prueba. No solo esto, sino que está bastante dispuesto a cambiar *las fechas que él mismo había asignado recientemente como las verdaderas,* ¡porque con cada falla todas las fechas pasadas se desajustan! Si una predicción anterior, como la del 2013, resultó ser con 8 años de antelación para el Planeta 7X, ¡entonces uno tiene que recalibrar en 8 años la fecha de cada uno de los acontecimientos de su línea de tiempo! Así, en sus cálculos posteriores, Jesús debió ser crucificado en el año 36 d. C. (su tabla anterior lo tenía en el 28 d. C.). Y ahora Dios ha creado los cielos y la tierra, no en el 3678, como afirmaba Broussard en un momento, sino en el 3670 a. C. Además, algunas de las fechas que da a los acontecimientos históricos contradicen completamente la Biblia. Por ejemplo, data el Éxodo en el 1518 a. C. Algunos estudiosos dicen que tuvo lugar quizás en 1440 más o menos, o quizás en 1290 más o menos, pero 1518 es simplemente un número inventado. Cualquier lector de la Biblia sabría que se equivocó al fechar Sodoma en el mismo año que la Torre de "Babal" (y sí, él lo escribe mal).

Todo esto ridiculiza la exégesis, la lógica, la historia, las matemáticas, la astronomía. Pero en este tipo de sistema cerrado, el líder da la teoría, y luego se erige en el único proveedor e intérprete de todos los datos, y he aquí que los datos y su teoría se respaldan mutuamente. Y cuando no se alinean, el investigador tiene una razón: las autoridades globales conspiran para ocultar los hechos, planean cerrar Internet o encarcelar a cualquier astrónomo aficionado que anuncie haber avistado el 7X. Todo esto explica por qué algunos de sus seguidores se aferran a él con una devoción casi religiosa.

La posibilidad más probable es que todos los científicos rechacen la hipótesis sobre este planeta (1) porque la hipótesis carece de datos que la respalden y (2) no logra hacer predicciones precisas.

La última vez que me fijé en Broussard fue para ver dos entrevistas. En una afirmó que el 7X aparecería en abril de 2022 (escribo esto en agosto de 2022). Pero luego, en una entrevista fechada en marzo de 2022, Broussard dijo que aparecería en octubre de 2022, ¡y colócale la palabra "probablemente"! Y sigue diciendo que, todavía no se ha visto, y no hay fotos ni datos científicos que lo respalden. Además, ahora dice que probablemente no sea un planeta 7X, sino un cometa gigante. Y ¡espera! Acabo de ver un gráfico actualizado: ¡El 7X llegará en 2023! En abril de 2022, en octubre de 2022 y luego en 2023, y ni siquiera menciono los fracasos anteriores; es decir, al menos tres veces en el transcurso de 18 meses que el niño gritó "lobo".

RESUMEN

- No se ha visto ni fotografiado ningún Planeta 7X, Planeta X, Nibiru o Cometa 7X; es una especulación.
- Los que crean y cambian constantemente las fechas es casi seguro que solo adivinan.
- Los que crean estos sistemas recurren a menudo a la astrología, a la historia falsificada, a la simple conjetura.
- Utilizar constantemente el argumento "¡La NASA siempre miente!" es una alerta de pereza intelectual.
- La palabra "probablemente" unida a una predicción que luego fracasa, no disculpa al creador de la fecha.

FUENTES

Paul Begley sobre Apofis: "10 años para el impacto" el 13 de abril 2029. https://www.extra.com.pe/actualidad/10-anos-para-el-impacto/

Entrevista de enero de 2022. https://www.youtube.com/watch?v=EtBLvuQfNzU. En ella tiene la carta 7X actualizada, pero ahora la tribulación comienza en la Pascua de 2022 (pero pone un signo de interrogación después de 2022). En cualquier caso, esta fue una profecía fallida.

¡ESPERE! ¡Ahora el planeta 7X llegará en 2023! Pero según él, el 7X ya está dentro de la órbita de Júpiter, es decir, sería perfectamente visible desde la Tierra. ¿Dónde está? https://www.facebook.com/photo/?fbid=10229011969744416&set=pcb.10229011974584537.

La última entrevista que he visto: "Jim from Alabama, Interview Gill Broussard, March 13 2022". https://www.youtube.com/watch?v=57gZnx7G6Sg.

Los cálculos anteriores: "Exact Biblical Dates" (Rev 6 and 7, 2012 to 2030). https://drive.google.com/drive/folders/1cV1QbVVmanS-QSfVtdtXa_fdzN5LEGho.

Tengo un análisis completo de este mito en mi sitio web, en el que muestro las matemáticas defectuosas que implica. Incluso muestro cómo inventar una línea de tiempo falsa, una vez que es tan convincente e históricamente precisa c omo las diversas de Broussard. "¿El Planeta 7X? ¿Nibiru? ¡No se preocupe!". https://razondelaesperanza.com/2019/11/12/el-planeta-7x-nibiru-no-se-preocupe/

La mente humana:
Superhéroes maravillosos de la iglesia

Esto será breve.

Ya sean de DC o de Marvel, las películas de superhéroes saturan nuestra cultura. Los buenos defienden a la raza humana con sus poderes sobrehumanos. Solo ellos pueden llegar y salvar la situación.

Hay cristianos que afirman que también son superhéroes. No, no pueden lanzar un martillo contra sus enemigos, ni quemar cosas con su visión. Más bien, su poder especial consiste en que ellos, por fin, han develado los misterios más profundos de las Escrituras (los códigos de la Biblia; los cálculos de la Luna de Sangre; los cálculos de la fecha de cada evento histórico; los Nefilim; la conspiración que produjo una versión homosexual de la Biblia). O que, después de miles de años, ellos y solo ellos han descubierto todos los principales artefactos de la historia de la Biblia, empezando por el arca de Noé.

Pregúntese: ¿Cuáles son las probabilidades de que alguien acabe de descubrir las claves para entender la Biblia? ¿Claves que ni los profetas ni los apóstoles parecen haber tenido? ¿O descubrimientos que personas muy preparadas que han trabajado durante siglos no han encontrado?

Tales calculadores de fechas escatológicas aman mucho la advertencia de Pedro: "en los postreros días vendrán burladores, andando según sus propias concupiscencias, y diciendo: ¿Dónde está la promesa de su advenimiento? Porque desde el día en que los padres durmieron, todas las cosas permanecen así como desde el principio de la creación" (2 P 3:3-4). Usan el texto, incorrectamente, de dos maneras: (1) una persona reclama que, si alguien no está de acuerdo conmigo, es un burlador, no un creyente real; (2) el hecho de que hay burladores (supuestamente), es prueba de que estamos en los postreros días y que mis cálculos son correctos! Y quizás responden: "¡Ya ves, estamos en los últimos días, por eso Dios nos permite descubrir cosas nunca vistas! Como dijo Daniel, 'la ciencia se aumentará'".

Tal vez. Pero sobre todo debemos tener en cuenta que por 2000 años muchas sectas empezaron precisamente así, con revelaciones escatológicas (unos pocos son los montanistas del siglo II d. C., el swedenborgianismo, los mormones, la ciencia cristiana, los Testigos de Jehová). Una persona que hace afirmaciones extraordinarias debe ser vista con un discernimiento extraordinario.

Capítulo 25

¿HAY UN COMPUTADOR GIGANTE EN BÉLGICA LLAMADO "LA BESTIA", QUE CONTIENE TODOS LOS DATOS SOBRE CADA PERSONA EN EL MUNDO? NO.

La primera vez que oí hablar de La Bestia fue en una conferencia sobre profecías, quizás en 1976. En aquella época, el computador se describía como un objeto masivo, que recordaba al de la película de ciencia ficción "Colossus: the Forbin Project" (1970); vea la película alguna vez y verá a qué me refiero.

Esta historia había estado circulando desde al menos 1973, pero se difundió ampliamente cuando fue publicada por la revista estadounidense *Christian Life* (Vida Cristiana) en 1976. Al igual que el mito del Largo Día de Josué, tiene una historia compleja, por lo que compartiré más detalles de lo que suelo hacer.

Empezamos aquí: encontré la revista *Christian Life* en un seminario local; está en la página 14 del número de agosto de 1976 (nuestra traducción del inglés). Dice que la historia es de 1974.

El Dr. Hendrick Eldeman, analista jefe de la Confederación del Mercado Común, anunció recientemente que un plan de restauración informatizado [¡recuerde esa frase "plan de restauración"!] ya está en marcha en Bruselas, según el Altoona (Pennsylvania) Mirror. "La Bestia" es un computador gigantesco que ocupa tres pisos del edificio administrativo de la sede del Mercado. Esta unidad autoprogramable cuenta con más de 100 fuentes de entrada de información.

Los expertos en informática han estado trabajando en un plan para computarizar todo el comercio mundial. Este plan maestro implica un sistema de numeración digital para cada ser humano en la tierra para todas las compras y ventas. El número se "tatuaría con láser" de forma invisible en la frente o en el dorso de la mano, y aparecería bajo un escáner de infrarrojos que se colocaría en todas las cajas y lugares de negocio.

El Dr. Eldeman sugirió que, utilizando tres conjuntos de unidades de seis dígitos, se podría asignar a todo el mundo un número de tarjeta de crédito que funcionara. Los billetes de crédito se intercambiarían a través de un Centro de Compensación del Banco Mundial.

Por supuesto, la implicación es que está relacionado con la marca de la bestia de Apocalipsis 13. En versiones posteriores, su apellido es a veces "Edelman"; o su nombre es "Hanrick".

Analicemos esos detalles, muchos de los cuales pueden parecernos sospechosos.

1. No puedo encontrar a ningún Dr. Hanrick (o Hendrick) Eldeman (o Edelman) como analista jefe de la Confederación del Mercado Común en 1974. No puedo encontrar ninguna evidencia de ninguna persona con este nombre, en ningún lugar. Corrección. Se le menciona, ¡pero Google lo encuentra exclusivamente en rumores sobre La Bestia! Sospecho que la persona fue inventada a estos efectos de la historia.

2. Una reunión de crisis en 1974 de todos los líderes del Mercado Común, asesores y científicos, debería ser un asunto registrado. No lo es.

3. Un gigantesco computador de tres pisos situado en el edificio administrativo. Este edificio se llama "El Berlaymont". Fue construido en los años 60 y ampliado posteriormente; es un edificio muy

conocido. He visto una foto con el "666" en su fachada, pero se hizo con Photoshop. Sin embargo, a lo largo de medio siglo, nadie ha tomado nunca una foto de un computador de tres pisos en su interior. (Cuando hice clic en un enlace que pude encontrar a una supuesta foto, era un virus).

4. Lo he comprobado con un programador de software; hasta la fecha, todavía no existe un verdadero "computador autoprogramable".

5. Hoy en día, mi computador portátil HP, que ni siquiera es nuevo, tiene más espacio de almacenamiento y potencia de cálculo que cualquier "Bestia" que hubieran podido construir entonces.

6. No existe hasta hoy "un plan para computarizar todo el comercio mundial", ciertamente no en 1974.

7. "Un sistema de enumeración digital de cada ser humano en la tierra". Piense en los millones y millones de personas que nunca han sido identificadas y contadas, por no hablar de tribus enteras que ni siquiera hemos descubierto: sus nombres no están registrados en ningún computador central.

8. Además, la idea básica de que 666 significa "tres conjuntos de seis" es errónea: como vimos en el capítulo sobre Logotipos, el griego original dice claramente, seiscientos sesenta y seis, NO 6-6-6 (véase el cap. 22).

Al igual que la historia del pozo infernal de Siberia, la Bestia ha "evolucionado" con el tiempo. Así, en los años 80, alguien añadió un nuevo componente, que el computador de Bruselas era solo un primer paso, y que se construiría uno más potente en Luxemburgo. El rumor también circula por toda Rusia desde los años 80, según la crónica de Alexander Panchenko (véase más adelante). Acabo de leer un post de alguien en 2009 que decía que la Bestia puede rastrear a más de 15 000 millones de personas y no (como insinuaba "Eldeman" en 1974) solo a 4000 millones. Más recientemente, hay un vídeo de YouTube de 2019 del pastor Jorge Porras Benedetti en Bruselas (véase el enlace más adelante), que adorna la historia aún más, añadiendo nuevos detalles: que la Bestia fue diseñada por IBM; que el papa Francisco está de alguna manera involucrado; que Francisco es probablemente el «Falso Profeta».

Tal vez "ellos" hicieron desaparecer a Edelman y borraron su nombre de todos los registros públicos; tal vez "ellos" hicieron desaparecer misteriosamente a todas las personas que instalaron la Bestia; tal vez el supercomputador es más poderoso de lo que cualquier experto en informática cree posible. (¡Y quizá la Bestia intentó contagiarme un virus cuando busqué su foto!). Lo más probable es que la Bestia de Bruselas no existe.

Retrocedamos en el tiempo y tratemos de averiguar de dónde salió la historia. Una vez que empezó a circular y se publicó en *Christian Life*, un Joe Musser escribió a un programa de radio cristiano para decir que él había inventado la historia, como ficción, para su libro *Behold a Pale Horse: a prophetic novel* (Mira un caballo amarillo: una novela profética), publicado en 1970. Logré conseguir un ejemplar –como una "telenovela" del Fin de los Tiempos– pero no contiene nada sobre un supercomputador o la marca de la bestia. Musser dijo que luego prestó la idea para el guion de la película "The Rapture" (El rapto), que su grupo de producción, FourMost Productions, coprodujo con David Wilkerson, se estrenó en 1972 y se encuentra en IMDb.com. Es en la *película*, no la novela, donde el supercomputador europeo hace su primera aparición, para seguir el rastro de los supervivientes de una catástrofe mundial. Aunque no pude encontrar una copia de la película, sí localicé una grabación en el disco LP; alguien había adaptado "The Rapture" como un drama de tipo radiofónico, que transcribo aquí. Observe que el Sr. Ohring (si es que su nombre se escribe así) es la persona que describe a la Bestia en la película; no el Dr. Eldeman/Edelman. Traducimos del inglés:

Anunciador: ...un interesante evento se está desarrollando en este mismo momento en Bruselas, y para el informe, aquí está Porter Nelson en el World Trade Center.

El reportero Nelson: Este es Porter Nelson en Bruselas, para la reunión más importante de la Comunidad Económica Europea desde que se organizó la Confederación del Mercado Común en Roma en 1957. Líderes de alto nivel de todos los países miembros de la Comunidad del Mercado Común llegaron aquí y se apresuraron a participar en una reunión especial convocada para discutir posibles cursos de acción. En el orden del día figurarán en primer lugar las consideraciones para la recuperación de Europa, y después las respuestas que la Confederación pueda encontrar para ayudar al resto del mundo.

En contraste con el caos y la confusión en todo el mundo, la sede de la Confederación es el escenario de un orden bien disciplinado. Para saber más de lo que ocurre aquí, estamos en el despacho de Thomas Ohring, director de relaciones públicas del Centro de la Confederación. Sr. Ohring, ¿qué puede decirnos sobre las reuniones de alto nivel que están teniendo lugar aquí?

Ohring: Bien, la Confederación ha reunido a científicos, asesores y líderes para ayudar a determinar una estrategia para estas próximas horas cruciales. La instalación del computador está reuniendo la información más precisa y actualizada disponible en cualquier parte del mundo. El computador es una unidad de juicio autoprogramable, en efecto, puede pensar por sí mismo. Pero en lugar de cinco sentidos como los que tenemos nosotros para proporcionar información al cerebro, el computador tiene más de 100 fuentes de entrada sensorial (...) el computador puede controlar cualquiera de sus entradas y resolver los problemas de cien programadores simultáneamente. Ya tenemos algunas soluciones importantes para los problemas graves del mundo. Por ejemplo, nuestra central de computadores ha desarrollado un brillante plan maestro de reconstrucción económica y política. La Confederación del Mercado Común es la clave de la restauración, porque tenemos el control de la información esencial del mundo, la base necesaria para la reconstrucción. El marco europeo se convertirá en la moneda internacional, ya que nuestra riqueza no se ha visto afectada por el desastre.

Nelson: Pero ¿cómo se propone lograr esto?

Ohring: El computador asignará a cada ciudadano del mundo un número, que se utilizará para todas las compras y todas las ventas. Llevará unas semanas completar un censo mundial, pero funcionará. Este número consta de tres series de seis dígitos, cada uno que se asigna como una tarjeta de crédito.

Nelson: ¿Pero no será este sistema terriblemente difícil de mantener? Quiero decir, ¿qué pasa con la gente que no sabe leer, o escribir? O, digamos que pierden su tarjeta.

Ohring: Excepto que, no usaremos tarjetas como tal. Lo estamos preparando para que cada persona se tatúe una marca invisible, una especie de tarjeta de crédito andante. Yo ya me he tatuado mi número en la mano y en la frente.

Nelson: ¡Eso es increíble! ¿Pero por qué el tatuaje en la mano o en la frente?

Ohring: Pronto habrá un escáner de televisión muy parecido a este, en todas las cajas. La frente y la mano están casi siempre expuestas, y será más fácil para el computador leer...".

La historia que se encuentra en el artículo de *Christian Life* se derivó, al menos en parte, de este texto. Entre otras pruebas, también se refiere al "plan de restauración", que no tiene sentido en el contexto del artículo; es en la película donde "La Confederación del Mercado Común es la clave de la restauración". ¡Este es el plan que volvería a poner el mundo en orden después de la sorpresiva desaparición de millones en el rapto y la posterior destrucción de la economía!

En otra versión que he visto, el burócrata dice que si alguien no quiere recibir el tatuaje, será obligado a recibirlo.

Cuando tratamos con mitos, recordemos que nuestros cerebros están configurados para aceptar las historias que se ajustan a nuestro sistema de creencias y rechazar las que se sienten improbables. Hal Lindsey en *La agonía del planeta Tierra* afirmó que la Unión Europea era el imperio del anticristo; por lo tanto, una historia sobre una Bestia se "siente" totalmente plausible.

Bueno: al final, lo que nos queda son dos posibilidades básicas.

Uno, que un supercomputador de la Bestia, no visto y no probado, ha existido durante medio siglo, aunque cuanto más circula la historia, menos plausible parece. Que la función de la Bestia coincide más o menos con el Apocalipsis 13.

Dos, una mejor explicación de los hechos conocidos es que el novelista Musser dijo la verdad cuando afirmó que había creado la Bestia. Se acordó mal de ponerla en la novela, pero en algún momento la inventó para el guion de la película. Para que la trama se ajustara a la Biblia, Musser tenía abierto el Apocalipsis 13 para guiarse en los detalles; interpretó erróneamente que el 666 significaba "tres conjuntos de seis"; para que se cumpliera la Biblia, dijo que la Bestia rastrearía, cito, "a cada ser humano de la tierra"; habría que tener la marca para comprar o vender; estaría "en la frente o en la mano". Y como ocurre con muchas historias que se repiten a lo largo de muchos años, los nombres de las personas se cambian al igual que la ortografía de los mismos.

Hay lagunas aquí, ciertamente, pero sugerimos esta línea de tiempo:

(1) A pesar de la afirmación de Joe Musser, la Bestia *no* aparece en la novela *Behold a Pale Horse* en 1970. Como todo el mundo, su memoria no es perfecta.

(2) Musser *sí* lo inventó como parte de un guion para una película, también con un personaje Sr. "Ohring", en 1972.

(3) El rumor se difunde a través de la comunicación oral, impresa y radiofónica en la que el Dr. Edelman sustituye al Sr. Ohring.

(4) Es ampliamente difundido por la revista *Christian Life* en 1976, que dice que el anuncio había sucedido en el año 1974.

(5) También lo he visto descrito de forma diferente en el boletín "Nueva era", *Revelations of Awareness* 84.2, la Bestia apareció en una "revelación" espiritual supuestamente de 1976.

(6) En 1981 un cierto Pavel Vaulin tradujo la historia al ruso, y se distribuye ampliamente en Rusia.

(7) Más gente lo cuenta y se añaden nuevos detalles a lo largo de los años (El edificio Berlaymont; IBM).

(8) Un predicador de YouTube cuenta la historia; ahora incluye al papa Francisco, que se convirtió en papa en 2013.

Por favor, recuerde esta historia de más de 50 años, la próxima vez que alguien le diga que acaba de escuchar algo nuevo sobre un supercomputador en Bélgica. Hoy en día nos preocupa, con razón, el robo de identidad y nos preguntamos si el gobierno tiene demasiada información sobre nosotros. Pero la máquina la Bestia solo vive en el rumor.

Terminemos con una historia similar sobre computadores, difundida por Chick Publications; véase nuestro capítulo 19, "¿Debemos creer a los "ex"?". Chick defendió las teorías conspirativas de Alberto Rivera, de quien escribe (nuestra traducción): "El Gran Hermano nunca soñó que uno de sus principales agentes encubiertos [Alberto], que trabajaba en su división de inteligencia, encontraría realmente a Cristo y haría explotar sus planes de juego". ¿Y cuál era su plan? El tratado "Mi nombre... ¿en el Vaticano?" "revela" que Roma tiene una lista de todos los verdaderos cristianos en un computador, solo esperando para matarlos en una nueva Inquisición. Como todas las teorías de la conspiración, esta es "no refutable", es decir, si usted presenta algún argumento o prueba en contra de la idea, ¡la única explicación posible es que usted es un incauto de los poderes que dirigen el mundo! Pero recuerde el lema de este libro: que las afirmaciones extraordinarias requieren pruebas extraordinarias.

RESUMEN

- Hay poca, o ninguna, evidencia de la existencia del computador Bestia.
- Hay muchas razones para sospechar que la historia es falsa, sobre todo teniendo en cuenta la constante evolución de los detalles de los cambios en los nombres y las realidades de la informática.
- Es posible rastrear la creación de la historia hasta personas específicas en momentos concretos, sobre todo del autor de un libro publicado en 1970; y rastrear su crecimiento y embellecimiento hasta el presente.
- No hay pruebas de que el Vaticano tenga los nombres de todos los verdaderos creyentes en una base de datos informática.

FUENTES

La versión larga de la historia: "Truth or Fiction – 'The Beast,' a supercomputer in Belgium with every person on earth in it – Fiction!" https://www.truthorfiction.com/beastofbelgium/

El vídeo de 2019 por Porras Benedetti: "La BESTIA 666 – La Super Computadora del Falso Cristo". https://www.youtube.com/watch?v=uzRxCr8cZGc.

En 2017 el antropólogo ruso Alexander Panchenko publicó un artículo técnico sobre la leyenda de la Bestia – "The Beast Computer In Brussels: religion, conspiracy theories, and contemporary legends in post-Soviet Culture". (El computador de la Bestia en Bruselas: religión, teorías conspirativas y leyendas contemporáneas en la cultura postsoviética). https://www.folklore.ee/folklore/vol69/panchenko.pdf.

Joe Musser explica cómo creó la Bestia. https://joemusserco.livejournal.com/

La película "The Rapture", guion por Joe Musser: https://www.imdb.com/title/tt4665050/

Texto del disco LP, basado en "The Rapture": KillUgly Radio, "The Rapture". https://uglyradio.wordpress.com/2009/11/22/the-rapture/

"My Name… in the Vatican?" (Mi nombre... ¿en el Vaticano?) https://www.youtube.com/watch?v=0ovSo6lVBII.

Capítulo 26

¿LOS PILOTOS CRISTIANOS DEBEN VOLAR CON LOS NO CRISTIANOS EN CASO DE RAPTO? NO.

La tripulación de un avión típico está formada por dos pilotos, que hacen las veces de capitán y copiloto. Según esta historia:

> Algunas compañías aéreas no emparejan a dos pilotos cristianos en el mismo vuelo, por si acaso ocurre el rapto y uno de ellos desaparece. El que se queda "atrás" puede aterrizar el avión con seguridad. Por eso un cristiano siempre va de pareja con un no cristiano.

Leí un post de un hombre que informaba de que había escuchado esta historia, dos veces, del mismo predicador. Podríamos pensar que un predicador sería fiable, pero probablemente lo oyó de otra persona, que la escuchó en la radio, y así sucesivamente, y siempre sin comprobarlo.

Como ocurre con muchos rumores, los detalles cambian con los años: ¡Es la política de la compañía American Airlines (AA)! ¡No, es una norma de la FAA (la agencia gubernamental estadounidense, la Administración Federal de Aviación)!

Un verificador de hechos afirma que el cuento empezó a circular, al menos, desde 1993; aunque la idea de que los pasajeros (no un piloto) desaparezcan de un avión se popularizó en *Dejados Atrás*, de Tim LaHaye, en 1995. Continúa diciendo:

Preguntamos a la FAA (...) y uno de sus representantes nos dijo: "La FAA no tiene ninguna normativa que haga referencia a las creencias religiosas". Del mismo modo, nuestra consulta en este sentido a American Airlines fue respondida con la seguridad de que AA no tiene ahora una política de este tipo, ni la ha tenido nunca.

Supongo que alguien replicaría: "¡Pues claro que lo negarían, porque admitirlo significaría dar credibilidad a la Biblia!". Pero es más probable que lo nieguen porque es un mito. Además, ¿dónde están los pilotos *cristianos* que confirman que así se les asigna a determinados vuelos?

Puede que la gente de otros países no lo sepa, pero en Estados Unidos es ilegal pedir a los solicitantes de empleo que declaren su religión. Históricamente, esto se diseñó para evitar la discriminación de los judíos, pero se aplica a todos. La ley (Título VII) establece que "los empleadores no pueden discriminar por la religión de un empleado... [ni pueden tomar] decisiones laborales, como a quién contratar, ascender o despedir, basándose en su religión". Por su parte, a los trabajadores se les permiten ciertas concesiones según su fe, por ejemplo, si un judío no quiere trabajar el sábado. Más allá de eso, sería muy irregular que una aerolínea sepa cuál es la religión de una persona, y mucho menos si ha nacido de nuevo y, por tanto, es candidata a ser arrebatada.

Nuestro veredicto: las personas que pilotaban un avión, no son asignadas en función de su religión.

RESUMEN

- No hay pruebas que respalden la historia de los pilotos cristianos/no cristianos.
- Hasta donde se puede comprobar, ningún piloto cristiano o no cristiano ha confirmado que se le asignara o se le retirara de los vuelos a causa de su religión.

- Hay pruebas de que la historia es falsa: los detalles cambian con el tiempo; contradice la ley; dos de los candidatos (American Airlines, la FAA) la niegan explícitamente.

FUENTES

"Christian Pilots and the Rapture" (Pilotos cristianos y el rapto) en Snopes.com. https://www.snopes.com/fact-check/skyway-to-heaven/
"Aerolíneas, pilotos y el Arrebatamiento". https://pseudociencia.miraheze.org/wiki/Aerol%C3%ADneas,_pilotos_y_el_Arrebatamiento.

Capítulo 27

¿UN AUTOESTOPISTA ANUNCIÓ QUE JESÚS VENDRÍA PRONTO, E INMEDIATAMENTE DESAPARECIÓ? MUY PROBABLEMENTE NO.

Esta es la historia con la que comenzamos nuestro estudio; la contaremos de nuevo, añadiremos su conclusión, y daremos su significado.

El autoestopista desaparecido

En el sur de Estados Unidos, dos hombres conducían por una carretera rural. Vieron a un hombre haciendo "autostop" y se ofrecieron a llevarle. Se sentó atrás y los tres hablaron durante un rato; pero luego, el hombre declaró abruptamente: "Jesús va a volver y muy pronto". Cuando se volvieron para preguntarle qué quería decir con esto, ¡vieron que el desconocido había desaparecido!

(Y ahora, escuchemos el resto de la historia).

Los dos se detuvieron inmediatamente, pensando que podría haberse caído y resultar herido o muerto. Fueron corriendo de un lado a otro y no pudieron encontrarlo, así que se detuvieron en el siguiente pueblo para avisar al alguacil. Este respondió: "Normalmente esto constituiría una emergencia; sin embargo, ¡ustedes son la décima persona esta semana que me dice que ha tenido la misma experiencia!".

Y ha tenido un renacimiento en el siglo XXI, pero con un nuevo giro: ahora el pasajero desaparece después de decir: "Gabriel está poniendo la trompeta en sus labios; el Señor está regresando".

Si amamos la venida del Señor, ¡la historia hace que nuestro corazón lata más rápido! Y tal vez usted haya escuchado la misma historia y quiera interrumpir: "¡Pero si eso ocurrió de verdad! Escuché a un predicador visitante contarlo. Salió en la radio cristiana. Quizá fue un ángel". ¿El único problema? Se trata de una "leyenda urbana", una historia no verificada ni comprobable.

El "autoestopista desaparecido" es la única "leyenda urbana" de nuestro libro de mitos; este género podría llenar otro volumen.

¿Cuál es la diferencia entre una leyenda urbana como esta y otros mitos?

Un *mito* es una afirmación que supuestamente ocurre en la actualidad, quizás en un lugar determinado y quizás (como con el "Dr. Eldeman") el nombre de la persona involucrada y una fecha general (la NASA y el 'Día largo'). O un *mito* puede ser un rumor sobre el número 666. Un *mito* me llevó una vez a contar mis costillas durante la escuela dominical. En el mundo global, el Monstruo del Lago Ness es (¡en mi opinión!) un mito.

Una leyenda urbana (a veces llamada *leyenda contemporánea*) es, por el contrario, una historia con una trama, una *narración* de algo que tuvo lugar. Se presenta como: "Esto realmente ocurrió". También se caracteriza por el desarraigo y la fluidez de los detalles (ocurrió en California; no, ocurrió en España; ocurrió en los años 80; no, ocurrió el año pasado). Una parte vital de una leyenda urbana: el narrador nunca afirma que le haya ocurrido a él, sino que afirma con rotundidad que le ocurrió a una persona *de la que* ha oído hablar.

Las leyendas urbanas solían transmitirse de boca en boca; o desde el púlpito; ahora florecen en Internet.

El fantasma autoestopista es una leyenda urbana clásica, y una de las mejor documentadas. De hecho, un importante experto en la materia, Jan Harold Brunvand, escribió un libro entero titulado *The Vanishing Hitchhiker: American urban legends and their meanings* (El autoestopista desaparecido: las leyendas urbanas americanas y sus significados). Cuando leí su libro, el tema me fascinó lo suficiente como para ponerme en contacto con el Dr. Brunvand, e intercambiamos varias historias. Su investigación muestra que la historia básica del autoestopista ha circulado durante siglos en cuentos sobre los fantasmas o los ángeles. Las primeras versiones contaban con un hombre a caballo que ve a otro caminando; luego hubo un caballo y un carruaje que recogía a alguien; y en el siglo XX, el automóvil pasó a formar parte del cuento. En algunas versiones, el autoestopista era el fantasma y fue el aniversario de su muerte. En otras, el fantasma predice algo: durante la Segunda Guerra Mundial hubo un autoestopista que anunció que Hitler moriría en ese año; a veces los autoestopistas predijeron buenas cosechas para el año siguiente; o algún desastre. Otras leyendas urbanas se crean después de un acontecimiento, como un desastre natural. La gente cuenta que alguien fue advertido por un visitante extraño, ¡pero no se lo contaron a nadie hasta después!

Las leyendas urbanas suelen tener una lección moral. Por ejemplo, está la historia de un hombre que pasó la noche con una prostituta; a la mañana siguiente se despertó en una bañera llena de hielo y descubrió que ella le había robado un riñón. Está la de la mujer que metió a su perro en el microondas para secarlo. En EE. UU. hay muchas historias sobre una pareja joven que se besa en un carro, solo para ser atacada por un maníaco. *¡No haga estos pecados y tonterías!*, advierten las leyendas modernas.

Otra característica vital de la leyenda urbana es que, nunca se puede localizar a la persona a la que le ocurrió el suceso. A menudo se introducen con: "Le ha pasado a un amigo de un amigo" (amigo de un amigo = ADUA; en inglés el término técnico es "friend of a friend" = FOAF). "Le pasó a la tía de un amigo de mi marido; o a la madre del amigo de mi peluquera; o al amigo de un amigo de un compañero de trabajo". ¿Ve el patrón? Y cuando vaya a preguntar a la tía, o a la madre, o al amigo, inevitablemente le dirán: "No, se equivoca, yo compartí esa historia, pero no me ocurrió a mí. Le ocurrió al entrenador de fútbol del sobrino de mi pastor". Siga tirando de esa cuerda, y nunca encontrará la fuente: en ningún momento nadie confirma: "Sí, yo mismo estuve en ese coche con mi amigo "fulanito", y vi al ángel con mis propios ojos, en este lugar, en esta fecha, y aquí están los detalles".

Y cuanto más respetable sea el narrador de la historia, más credibilidad le dará la gente. De ahí que un predicador de profecía bíblica llamado Claude Ignerski, fue famoso por su predicción del rapto que nunca sucedió. En su charla: "¡El Rapto de la Iglesia tendría lugar en septiembre de 2015!", transmitió esta historia (véase "Septiembre 15", Prefacio, p. 4):

En 2012 tuvieron lugar algunas apariciones de ángeles en el mundo a varios cristianos; aquí un testimonio que un hermano me ha enviado: "En lo que concierne a las trompetas, yo también he escuchado testimonios de personas en Suiza y en la región de Grenoble a quienes sucedió lo mismo: Un autoestopista que es tomado en plena autopista, porque el conductor estaba convencido de tener que pararse, se sienta al lado del chófer (uno de los ocupantes es pastor). Y después de un momento este le dice: '¿Saben ustedes que el Regreso de Jesús está cerca? ¿Y que las trompetas están a punto de sonar? ¿Que están en la punta de los labios?'. Luego el autoestopista desaparece... [y la policía luego dice que], '¿Sabe usted que es ya la quinta persona que nos cuenta la misma historia?'". Etc.

Ah, sí: Ignerski, que lo recibió en una carta, de alguien que ha escuchado "testimonios de personas". Hasta que sepamos quiénes eran esos suizos, los asignaremos a la categoría, ADUA.

Escuché el cuento, más o menos en la forma que inicia el capítulo, a principio de los años 1970. Confieso que yo también era creyente y repetía la leyenda del autoestopista angélico como verdadera, aunque los detalles fueran vagos. Me faltó preguntar: *Ahora bien, ¿dónde ocurrió esto exactamente? ¿Cuándo? ¿Cómo se llamaba el alguacil? ¿En qué periódico se informó de ello?*, y así sucesivamente. Fue años más tarde cuando supe que se trataba de una leyenda urbana.

Califiqué la historia del autoestopista como MUY PROBABLEMENTE NO. Es la naturaleza de las leyendas urbanas que no pueden ser refutadas, en particular porque se han presentado en cientos, si no miles, de formas. Sin embargo, mi política es dudar de tales historias, no transmitirlas a otros, no utilizarlas como ilustraciones de sermones, sino centrarme en las verdades importantes. No necesitamos ninguna historia de fantasmas ni de visitas de ángeles para saber que Cristo vendrá y que debemos estar preparados.

Hay otras leyendas modernas cristianas. Una de ellas es una historia sobre cómo el hijo de un misionero tocaba música rock en África, y los habitantes les dijeron que ese era el tipo de música que utilizaban para invocar a los demonios. Los misioneros somos responsables de la circulación de muchas leyendas.

Hay leyendas urbanas sobre profesores ateos enfadados, y sobre cómo un estudiante defiende a Cristo y pone al profesor en evidencia (en una versión, resulta ser el joven Albert Einstein). Hay una sobre un profesor que deja caer un trozo de tiza, desafiando a Dios para que no se rompa. Hay estudiantes que destruyen las pruebas de la evolución de su profesor.

Probablemente haya escuchado esta, una de las leyendas cristianas modernas más populares. Solía tener lugar en la Unión Soviética, pero ha evolucionado desde entonces.

Una iglesia realizaba una reunión ilegal. De la nada, dos soldados irrumpieron con sus rifles automáticos apuntando a la multitud. "¡Estamos aquí para matar a todos los verdaderos cristianos!", gritaron. "¡Quien no esté dispuesto a morir por Cristo, que se vaya ahora mismo!". Algunas personas huyeron. Los soldados cerraron las puertas con candado y arrojaron sus armas. Exclaman con grandes sonrisas: "¡Nosotros también somos cristianos, hermanos! Pero teníamos que asegurarnos de que no hubiera informantes o espías aquí".

Esta historia tiene muchos de los rasgos de una leyenda. Refuerza lo que ya creemos: que los verdaderos cristianos se enfrentarán a la muerte antes que negar a Cristo; y queremos creer lo mismo de nosotros mismos.

RESUMEN

- Una leyenda urbana/contemporánea puede circular durante muchos años, siglos incluso.
- No tiene raíces específicas de personas, tiempo, lugar.
- Como todas las historias de este tipo, evolucionan con el tiempo, con nuevos adornos: en el caso suizo, "¿Saben (...) que las trompetas están a punto de sonar? ¿Qué están a punto de los labios?".
- La historia provoca emociones fuertes como el miedo, el horror, el humor.
- Se dice que la historia es "verdadera", normalmente porque "le ocurrió a un amigo de un amigo" (ADUA). Sin embargo, aunque

el narrador de la historia no haya sido testigo presencial, puede enfadarse si se cuestiona su autenticidad.

- Como la historia de los soldados soviéticos, tiene un final irónico y sorprendente.
- La historia podría humillar a los oponentes del narrador y reivindicar al grupo del narrador.
- La conclusión da un fuerte apoyo a nuestro sistema de creencias, motivándonos a aceptar la historia como verdad.

FUENTES

Wikipedia tiene una página entera dedicada a la historia del "Autoestopista fantasma". https://es.wikipedia.org/wiki/Autoestopista_fantasma.

Una lista de leyendas urbanas muy conocidas. "15 leyendas urbanas terroríficas y universales". https://www.esquire.com/es/actualidad/a23862741/leyendas-urbanas-halloween/

Jan Harold Brunvand, *Encyclopedia of Urban Legends* (New York: W. W. Norton & Co., 2002).

Jan Harold Brunvand, *The Vanishing Hitchhiker: American urban legends and their meanings* (New York: W. W. Norton, 1981).

Jan Harold Brunvand, *Too Good to be True: the colossal book of urban legends* (New York: W. W. Norton & Co., 2000). Disponible en español, *Fabuloso libro de las leyendas urbanas: demasiado bueno para ser cierto* (Barcelona: Alba Editorial, 2004).

Mi propio artículo: "Cristianos y las leyendas urbanas". https://razondelaesperanza.com/2012/08/31/cristianos-y-las-leyendas-urbanas/

Alberto Granados, *Leyendas urbanas: entre la realidad y la superstición* (Madrid: Punto de Lectura, 2010).

Claudio Soler, *Leyendas urbanas: Historias fascinantes e increíbles aceptadas como verosímiles* (Robinbook, 2022). Este volumen contiene muchas de las historias clásicas. El Autoestopista desaparecido no, pero sí incluye otra versión de recoger a una hermosa chica que hace autoestop. Resulta que había muerto en un accidente de coche y la chica era un fantasma.

Claude Ignerski, "Septiembre 2015: 7 pruebas irrefutables de la fecha del rapto de la Iglesia". https://la-sentinelle.info/phocadownloadpap/tome%203%20espagnol.pdf.

Una versión de la historia sobre los soldados soviéticos: Charles Swindoll, *Cómo vivir sobre el nivel de la mediocridad: Un llamado a la excelencia* (Grand Rapids, MI: Vida, 2007).

La mente humana:
El antiintelectualismo en la iglesia

En nuestros ejemplos de mitos hay una veta de "antiintelectualismo". Puede tratarse de una desconfianza u hostilidad activa hacia cualquiera que esté formalmente capacitado en algún campo de estudio. Puede significar una hacia esas personas. Incluso puede dar lugar a asumir que cualquier "experto" forma parte del plan de Satanás para esclavizar al mundo y hacer entrar al anticristo.

Existe un antiintelectualismo en el mundo en general también. Especialmente durante la pandemia del COVID, existía un sentimiento generalizado de que los especialistas en enfermedades infecciosas eran incompetentes; eran engañadores; estaban motivados puramente por el dinero; o estaban haciendo todo lo posible para matar a millones de personas inocentes. El antiintelectualismo es un arma de doble filo. Las personas que rechazan la ciencia médica pueden ser las primeras en quejarse si su médico no puede curarlas.

¿Y el desarrollo de la mente cristiana? Hay personas que quieren estudiar la Biblia en un seminario, pero sus pastores se oponen a la idea e incluso les prohíben asistir. ¿Por qué? Algunos pueden sentirse amenazados por el hecho de que la gente de la iglesia sepa más que ellos. Algunos dicen: "Simplemente confíen en el Espíritu, no en la letra". A algunos les preocupa que "un Seminario es un Cementerio", donde la gente pierde su fe.

Yo no reconozco ningún desacuerdo entre el intelecto y el crecimiento espiritual. En el seminario, suelo empezar el semestre con un versículo favorito, uno que según nuestro Señor era el mayor mandamiento: "Amarás al Señor tu Dios con todo tu corazón, y con toda tu alma, y con toda tu mente" (Mt 22:37 RV 60, tomado de Dt 6:5). Les digo, "Miren con atención. No solo con el corazón, sino también con la mente. Con cada parte de nuestro ser. Dios nos hizo para tener una mente, un intelecto; y mientras estudiamos juntos, adoremos a Dios con todo nuestro ser, incluido el sacrificio del estudio duro".

Concluyamos con algunas palabras de la breve entrada de mi blog, "¿Habría Pablo despreciado la educación teológica?":

Sin lugar a dudas, yo he conocido cristianos que tienen poca educación y entrenamiento, y muchos de ellos son usados maravillosamente por el Señor; eso a pesar de esa desventaja. Por otro lado, yo nunca he conocido a alguien que sería un mejor cristiano o pastor si solo él conociera menos acerca de la Biblia, sana doctrina, o herramientas prácticas para el ministerio. El entrenamiento sólido es el amigo, no el enemigo, del trabajo del Espíritu.

FUENTE

Gary Shogren, "¿Habría Pablo despreciado la educación teológica?" https://razondelaesperanza.com/2019/06/05/habria-pablo-despreciado-la-educacion-teologica-1-corintios/

CONCLUSIÓN

Puesto que Jesús es la Verdad, la verdad debe importarnos, en las cosas grandes y en las pequeñas. No debemos decir falsedades a sabiendas. También exige que tengamos cuidado de no transmitir accidentalmente la falsedad.

Algunas falsedades son perjudiciales. Destruyen las reputaciones. Hacen daño a los más vulnerables: en los titulares de hoy leo cómo los cristianos de Zimbabue no aceptan las vacunas debido a los rumores que las relacionan con la adoración de Satanás; sus pastores intentan convencerles de lo contrario. Antes hablamos de Harold Camping, que predijo que el Día del Juicio Final llegaría en 2011. Esta equivocación causó una devastación generalizada. La gente renunció a sus trabajos, alejó a sus familias, donó a Camping todo su dinero. Solo Dios sabe cuántas personas perdieron su fe en la Palabra. Y sé de al menos un centroamericano que se suicidó (lo supe por un testigo presencial); además de una adolescente rusa que se suicidó; además de una madre que intentó suicidarse con sus dos hijos (véase más adelante). Esta mentira de Camping resultó ser letal. La gente ha demolido la reputación de dos creyentes, Westcott y Hort, para avanzar su propia agenda; ha dañado a los cristianos al hacer tambalear su confianza en la Palabra inspirada de Dios.

Por otra parte, una persona leyó una vez mi artículo sobre los Códigos Bíblicos y se molestó porque yo pretendía refutarlos. Su testimonio fue que cuando se enteró de sus (supuestos) mensajes ocultos en el hebreo, los tomó como prueba de que la Biblia era algo milagroso y eso la salvó de la incredulidad. Me solidaricé con ella, pero me enfoqué en mostrarle otras formas en las que podía crecer en la fe.

Esto me recordó que, como en toda la vida cristiana, el gran mandamiento nos muestra el camino: "Amarás a tu prójimo como a ti mismo".

Hay textos que muestran el estrecho vínculo entre el amor y la verdad. Empezamos con Efesios: "Más bien, al vivir la verdad con amor, creceremos hasta ser en todo como aquel que es la cabeza, es decir, Cristo" (Ef 4:15 NVI). Pablo se refiere específicamente a la verdadera *doctrina* (es decir, se refiere a "comunicar con amor a otros creyentes el verdadero evangelio y edificarlos"). Sin embargo, podemos ampliar su aplicación, como hace más adelante en el capítulo: "Por lo tanto, dejando la mentira, hable cada uno a su prójimo con la verdad, porque todos somos miembros de un mismo cuerpo" (4:25 NVI).

Cuando las almas están en peligro, hay que reprender al falso maestro. Cuando un rumor abusivo o peligroso se hace viral, debemos corregir a la persona que lo ha publicado. Pero no creo que seamos siempre responsables, todo el tiempo, de corregir a todos los que creen en un mito. Aquí nos ayuda David Croteau, que escribe unos libros sobre las malas interpretaciones populares de la Biblia. No es exactamente el tema de nuestro libro, sino que es relevante: "A veces es mejor no abordar el tema si es pequeño. Ore y pida a Dios sabiduría antes de abordar enseñanzas legendarias en el ministerio de otra persona" (*Urban Legends*, p. 241, nuestra traducción). Como dice el proverbio, "El que es entendido refrena sus palabras" (Prov 17:27a).

Es seguro que 1 Corintios tendrá más información sobre el amor y los mitos.

"El conocimiento envanece, mientras que el amor edifica" (1 Cor 8:1b). Pablo escribió a una iglesia en la que algunos cristianos creían que comer carne sacrificada a los ídolos, era inaceptable. He llegado a la conclusión de que lo hacían *a causa de un mito*, que decía que los demonios infestaban la carne y de alguna manera entraban en la persona que la comía. "El conocimiento envanece" significa, no humillar a las personas que creen esto. ¡*No sea un sabelotodo*!

"Sabelotodo" es un arma de doble filo, porque una persona que está difundiendo un mito puede haber caído ella misma en ese pecado. Sabe algo que el resto de las ovejas no sabe, ¡y no puede esperar a contar lo que sabe! Tengamos cuidado con la tentación de contraatacar; parafraseando

Proverbios: "No respondas al sabelotodo según de la misma manera, o tú mismo pasarás por sabelotodo".

En cambio, una persona cariñosa podría utilizar un lenguaje como el siguiente: "sugiero que investigue"; "quizás"; "me parece que"; "entiendo su preocupación, pero ¿ha considerado que?". También podríamos decir: "¿No cree que debería retractarse del rumor que acaba de compartir?".

1 Corintios 13, por supuesto, es perspicaz:

> El amor es paciente, es bondadoso. El amor no es envidioso ni jactancioso ni orgulloso. No se comporta con rudeza, no es egoísta, no se enoja fácilmente, no guarda rencor. El amor no se deleita en la maldad sino que se regocija con la verdad. Todo lo disculpa, todo lo cree, todo lo espera, todo lo soporta (1 Cor 13:4-7 NVI).

Si amamos a los demás, seremos "pacientes" y nos detendremos antes de hablar. Con humildad, gracia, bondad. No seremos enciclopedias orgullosas de los mitos. No nos alegraremos cuando algún adversario nuestro caiga en la "maldad": oraremos y esperaremos lo mejor para él.

"Todo lo cree" (13:7) no significa que creamos ciegamente todo lo que oímos. Yo lo interpreto como "en la medida de lo posible, crea lo mejor de otras personas", (y añadamos) especialmente de las personas con las que no está de acuerdo. Esto no encaja bien con nuestros procesos cognitivos: tendemos a creer que los que están de acuerdo con nosotros están del lado de la justicia. Y atribuimos todo tipo de males a aquellos con los que no estamos de acuerdo; este fenómeno psicológico se llama "proyección negativa".

Por poner un ejemplo: cuando veo que la gente dice una mentira sobre un político con el que *no* estoy de acuerdo, me siento responsable de señalar que esos chismes son falsos, aunque estén en contra de una persona que me gustaría ver saliendo de la oficina. Otro: no soy católico y, de vez en cuando, otros no católicos me critican por desmentir los falsos rumores sobre el papa. O se justifican: "Bueno, aunque estos dos mitos, la misa satánica o el telescopio de Lucifer, no sean ciertos, seguimos teniendo derecho a difundirlos, ¡ya que probablemente estén haciendo otras cosas más perversas!".

Como cristianos, todos debemos comprometernos a defender la verdad, todo el tiempo, y punto. Y sí, incluso si al desacreditar una mentira se ayuda potencialmente a un grupo al que no pertenecemos o que incluso no nos gusta. Si queremos ser "contadores de la verdad", tenemos que hablar de nuestros adversarios con tanta precisión, entusiasmo y amor como lo hacemos con nuestros más queridos amigos y aliados. Y con tanta precisión, entusiasmo y amor como queremos que tengan nuestros adversarios cuando hablen de nosotros.

¡Que todas nuestras palabras contribuyan a la necesaria edificación y sean de bendición para quienes escuchan!

En un sentido muy real, no estoy escribiendo sobre los veintitantos mitos que he elegido. Estoy escribiendo para ayudarle a prepararse para los que escuchará dentro de 5 años, o en 10 años, o en 50. Por eso he destilado algunos consejos en el Apéndice. Si aprendemos estas cosas –cómo surgen los mitos; los motivos, siniestros o inocentes, que hacen que la gente los comparta; cómo analizarlos; cómo hablar de ellos a la manera de Cristo– de este modo, daremos un paso más para hablar de la verdad con nuestro prójimo.

Por favor, no se salte el Apéndice: "Cómo analizar los posibles mitos". Damos una lista de pasos prácticos para las próximas historias que se encuentre.

FUENTES

Las predicciones de Camping y el suicidio –https://www.prwatch.org/spin/2011/05/10779/rapture-pr-campaign-led-russian-teens-suicide.

David A. Croteau, *Urban Legends of the New Testament: 40 common misconceptions* (Nashville: B&H Publishing, 2015).

"Proyección (psicología)". https://es.wikipedia.org/wiki/Proyecci%C3%B3n_(psicolog%C3%ADa).

APÉNDICE
Cómo analizar los posibles mitos

Usted oye o lee una historia. No está seguro de que sea fiable. ¿Qué hace?

PRINCIPIOS GENERALES

- Asuma que puede ser cierto o que puede ser falso. Esté dispuesto a mantener una mente abierta. Sea paciente y no se apresure a juzgar. No se deje guiar por pasiones como la indignación.
- Sea humilde sobre lo que sabe y lo que no sabe.
- Si todos sus amigos creen lo mismo, puede ser una cámara de eco. Añada amigos diferentes a su círculo.
- "Sesgo de confirmación" significa que vamos a creer más fácilmente las historias que nos parezcan correctas y no creeremos las que no encajen con nuestras creencias previas. Por esta razón, si se entusiasma con una historia, porque parece respaldar lo que ya cree, sea *más* cauteloso, no menos.
- Pregúntese, ¿qué evidencia contraria haría que yo crea/no crea la historia?
- La verificación de hechos es una forma de poner a prueba y superar en parte nuestros propios prejuicios.

- Lea ampliamente; la Biblia y libros cristianos sólidos, pero también libros sobre temas actuales y la historia.
- Aprenda algo de lógica básica (véase los enlaces más adelante).
- Busque en Google: "[esta historia] + bulo", o "estafa", o "falso" para ver lo que aparece.

SEÑALES DE ADVERTENCIA ESPECÍFICAS

- El título de la noticia no coincide con el contenido de la misma; podría ser un clickbait, ciberanzuelo.
- La historia aparece así: ¡¡¡LETRAS MAYÚSCULAS!!! Y sigue diciendo que ¡¡¡ESTO NO ES UN BULO!!! ¡¡¡HAY QUE COMPARTIRLO!!! Si yo tuviera que adivinar, diría que menos de la mitad de estos mensajes que recibo en FB son legítimos. Mentira, menos de un cuarto.
- Alguien dice que todas las versiones de la Biblia están equivocadas, solo él puede decir cómo traducirla.
- Alguien enseña una doctrina; pero usted no la habría encontrado en la Biblia, leyéndola usted mismo.
- La historia está etiquetada como: "solo mi grupo conoce la verdad".
- El autor parece más interesado en demoler a sus enemigos que en enseñar la verdad.
- La historia se basa en que "los expertos no quieren que usted sepa esto", o que la NASA, o el Smithsonian, o algún grupo lo está encubriendo.
- Si depende de los extraterrestres, ¡es una historia más dudosa!
- Si depende de una conspiración no probada, ¡es una historia más dudosa!
- Si depende de pruebas que han desaparecido, ¡es una historia más dudosa!
- Si la gente dice tener información privilegiada porque solía ser miembro de un grupo malvado, no es necesariamente más confiable.
- Si alguien le muestra una imagen, un vídeo, o un audio y le dice qué mensaje oculto contiene: pregúntese si lo habría encontrado sin que alguien se lo dijera. Si no es así, podría tratarse de una "apofenia".
- Si una historia concluye con: "El dinero no es importante para nosotros, pero lo necesitamos, ¡así que por favor envíenos dinero!".

LAS FUENTES

- Si se dice que la historia es "nueva", busque en Google para ver cuántos años tiene. Ayer mismo vi una "urgente y nueva": sin embargo, ya tenía seis años de existencia.
- Algunas fuentes son conocidas como satíricas, o sus historias no están verificadas por ninguna investigación. Vaya al propio sitio y vea qué otras historias hay: sabrá en pocos minutos la seriedad con la que debe tomarlo.
- Si varios sitios dicen lo mismo, pero se limitan a tomar prestado uno del otro, no se trata de múltiples testigos, sino que podría ser un único testigo, copiado y pegado.
- El canal History y otras plataformas son conocidos por el entretenimiento más que por la investigación histórica sólida; incluyendo en esto muchos documentales sobre la Biblia o la historia.
- Mucho de lo que veo en YouTube es poco fiable. Y muchos de los vídeos de YouTube comienzan con alguien que dice: "¡Acabo de ver esto en *otro* vídeo de YouTube y ahora te lo cuento!". Es decir, lo ha copiado y pegado.
- El hecho de que un amigo se lo haya contado no significa que sea fiable.
- Muchos sitios cristianos transmiten historias sin comprobarlas. Incluso los famosos como TBN/Enlace o CBN y los sitios web cristianos pueden ser descuidados.
- Recuerde que las fotos (con Photoshop) y hasta los vídeos (Deep-Fake) pueden ser falsificados.
- Si alguien calcula una fecha para el Fin de los Tiempos, busque su nombre en Google, casi siempre la persona ha hecho lo mismo en el pasado y sus predicciones ya han fallado.

OTRAS PRUEBAS

- "Afirmaciones extraordinarias requieren siempre de evidencia extraordinaria".
- Pregunte a un experto auténtico.
- Si oye lo que podría ser una leyenda urbana: deténgase y pregunte: *¿Dónde ocurrió esto? ¿Cuándo? ¿Cuáles eran sus nombres?*

- No dependa de las listas de cosas que la gente le dice que es "toda la información relevante". Haga su propia investigación.

CARÁCTER CRISTIANO

- Si descubre que algo es una historia equivocada o aun dudosa, *demuestre su amor al no transmitirla a los demás.*
- No repita una historia a otros, razonando: "Bueno, no sé si es verdad o no, pero *por si acaso* es verdad...".
- No tenga un doble criterio: utilice el mismo rigor para probar todas las historias.
- Céntrese en las cosas importantes: por ejemplo, cómo comunicar el evangelio a un amigo católico o vecino musulmán, es mejor que transmitir rumores sobre ellos.
- Sea paciente y bondadoso con las personas que le cuentan mitos. Y cuando sea apropiado, dígales que ha descubierto que no es verdad.

REFERENCIAS SOBRE LA LÓGICA

Un libro largo gratuito: "Lógica para principiantes". https://logicafhuc. files.wordpress.com/2017/03/marc3ada-manzano-logica-para-principiantes-1.pdf.

Algo más sencillo: "Los 10 tipos de falacias argumentativas". https://psico logiaymente.com/inteligencia/tipos-falacias-logicas-argumentativas).